명가의 탄생

명가의
탄생

감동으로 엮은
리세스 오블리주 이야기

홍순도 지음

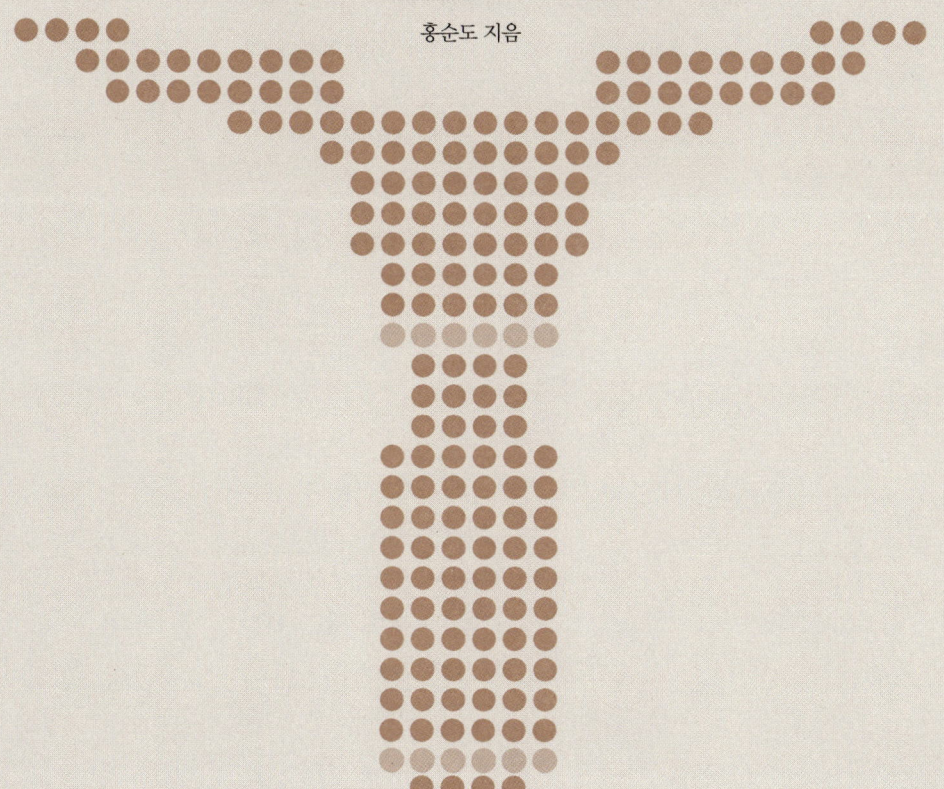

서교출판사

content

Part 1

Part 2

Part 3

　우리가 살고 있는 지구촌에는 지난 수백여 년 동안만 해도 수많은 명문가들이 탄생했다. 이 중 상당수는 언제 영화를 구가했나 싶게 빠르게 혹은 천천히 역사의 뒤안길로 사라졌다. 세상에 영원한 것은 없다는 불후의 진리를 실감나게 해주는 대목이 아닌가 한다. 그렇다, 세상살이에는 예외란 없다. 불후의 진리에 대한 증명을 잠시 유예하도록 만드는 가문 역시 적지 않은 것이다. 이 책에 등장하는 인물들이 이를테면 그렇다. 그들은 지금까지 최선을 다해 자신의 행복과 인류의 번영을 위해 노력해왔다.

　이 책은 바로 이런 명가에 대한 기록이다. 가문 전체가 한국 최초 노블레스 오블리주 정신을 실천한 이회영 가문의 감동적이고 눈물겨운 이야기부터 무에서 유를 창조한 미국 최초 흑인 대통령 버락 오바마 일가의 교육 방법과 처세훈까지를 아우르는 책이다.

　각론으로 들어가 살펴보면 문화재 보존을 통해 한국인의 우수성과 면면한 역사, 나아가 민족 정체성을 고취시킨 전형필 선생과 그 일가의 삶이 우선 놀랍기만 하다. "네가 하고 싶은 것을 스스로 찾아서 하되 후회하는 일이 없도록 하라"면서 자녀의 창의성 계발에 주력했던 마에스트로 정명훈 가문의 철학이나 에피소드 역시 오늘을 살아가는 우리들에게 큰 감동과 교훈을 준다. 인도의 시성이라 불리는 타고르와 그 가문의 에피소드는 사교육이 공교육의 머리 위에 올라가 있는 오늘날에 특히 곰곰이 되새겨야 할 대목이 아닌가 싶다. 타고르의 선친은 인도 최고 명문가 출신 중 한 명이었음에도 불구하고 허울 좋은 신분의 계급장을 떼고 자녀를 훌륭하게 교육하기 위해 여행의 중요성과 그 가치를 증명해 보인다. 결혼을 통해 신분을 상승시킨 다음 자녀들을 엘리트 교육을 받도록 한 독일의 자존심 괴테 가문의 가훈은 또 어떤가? 반드시 부정적으로만 볼 수 없지 않다.

이 책은 세계 최고 거부였던 미국 록펠러 가문, 일본 최고 기업가인 마쓰시타 가문, 대를 이어 총리를 배출한 싱가포르의 리콴유 총리 가문, 용서와 화해를 통해 흑백 갈등을 종식시킨 남아프리카 공화국의 만델라 대통령 가문, 세계 금융계 황제 로스차일드 가문, 존경받는 부자가 돼라고 가르쳤던 스웨덴의 발렌베리 가문, 애국심을 갖고 기업을 경영하면서 국가를 재건하려고 노력했던 유일한 박사의 가문 등도 소개한다. 이 시대를 살아가는 우리들에게 새삼 리세스 오블리주를 깨우쳐 주는 귀중한 기록이라고 단언해도 좋다. 또 이 책은 프랑스 대문호 빅토르 위고 어머니의 교육법도 자세히 들려준다. 21세기를 살아가는 우리에게 꿈과 용기, 도전 정신을 불러 일으켜 주는 계기가 돼 줄 것으로 믿는다.

지금 우리나라는 핵가족 시대의 정점에 처해 있다. 아니 최소 단위 공동체인 가족마저 빠른 속도로 해체되는 시대에 들어섰다고 해도 과언이 아니다. 이혼율과 저출산율은 가히 세계 최고 수준이다. 가족의 중요성이 완전히 상실된 것이다. 여기에 더해 전통적인 미풍양속마저 묵은 것, 지나간 것으로 배척하고 손쉽게 버리려는 경향이 확산된 지 오래다. 따라서 지금이야말로 자신의 행복과 가족의 번영, 나아가 국가와 민족을 위해 너 나 할 것 없이 가족 바로 세우기에 최선을 다해야 할 때다. 다시 말해 옛 것에서 오늘을 배운다는 온고지신을 되살려야 할 시기인 것이다. 이런 의미에서 볼 때 세계를 주름잡은 '명가의 탄생'은 확실히 가족해체시대를 살아가고 있는 우리에게 인생의 나침반이 되고 삶의 지침이 될 것이라고 생각한다.

이 책에 등장하는 주요 인물들 대부분은 세상을 떠났다. 그러나 그들의 정신과 빛나는 업적은 결코 사라지지 않고 지금도 우리 모두에게 큰 감동과 교훈을 준다. 이 책에 등장하는 명문가 사람들의 삶과 철학을 본받아 땀을 흘리는 사람들은 노력 여하에 따라 빌 게이츠 같은 거부도 될 수 있고 아인슈타인 같은 과학자도 될 수 있다. 또 정명훈 같은 예술인이 될 수도 있을 것이다. 그렇다. 교육이 힘이다. 교육이 경쟁력의 원천이다. 어린 시절의 교육, 즉 가정교육의 중요성은 아무리 강조해도 지나치지 않다. '명가의 탄생'에 나오는 주인공들은 특별한 사람들이 아니다.

이들이 자기 집안을 세계 최고 명문가 반열에 올릴 수 있었던 원천은 남 모르는 부단한 자기 노력을 했기 때문이다.

인간은 누구나 행복한 삶을 살 권리가 있다고 본다. 사라져가는 좋은 표양을 찾아내 우리 각자의 행복을 추구할 뿐만 아니라 사회에 긍정적 인 역할을 할 수 있도록 노력해야 한다. 이 점 하나만 봐도 이 책의 가치 는 충분하다. 마지막으로 필자의 역량으로는 수많은 세계 최고 명가 사 람들의 삶과 업적을 전부 소개하기에 턱 없이 부족했음을 고백하지 않 을 수 없다. 독자 여러분의 충고와 질정을 바란다.

용인에서 홍순도

part 1

노력하는 자만이
훌륭한 결과를 얻을 수 있다

현 대 사회에서 세습은 부정적 이미지가 강하다. 민주주의 국가
에서는 더 말할 필요가 없다. 개인이 창업한 기업이라도
조금만 커져도 자식에게 물려주는 것을 그다지 바람직하게 보지 않는다.
그러니 한 나라의 수반을 지낸 사람이 아들에게 그 자리를 물려준 것이
나 다름없게 되면 욕을 바가지로 먹게 된다. 그러나 별로 그렇지 않은 나
라가 있다. 동남아의 강소국으로 유명한 싱가포르가 그렇다. 약 5년 전
총리를 지낸 아버지 리콴유李光耀가 후임자였던 고촉동吳作棟 전 총리를 중
간에 끼어 넣은 채 건너뛰는 절묘한 방법으로 아들 리셴룽李顯龍에게 자신
의 자리를 물려줬지만 이를 크게 비판하는 싱가포르 국민은 드물다. 이
유는 다양하다.

부전자전이라고 워낙 훌륭한 지도자였던 아버지 못지않게 아들이 뛰어난 정치인이라는 사실을 그 첫째 이유로 꼽을 수 있다. 또 적법한 절차를 거쳐 총리가 됐다는 사실 역시 그 이유로 부족함이 없다. 그러나 아무래도 가장 큰 이유는 아버지가 일궈놓은 싱가포르를 더 격조 있는 나라로 만들기 위해 아들이 총리가 되겠다는 목표를 내걸고 부단히 노력하는 모습을 보여줬다는 사실이 아닐까 한다. 최선을 다하는 그 모습과 이를 통해 보여준 능력이 국민들로부터 인정을 받았다는 얘기다.

이 점에서는 대표적인 강소국의 대정치가로 불리는 리콴유도 크게 다르지 않다. 자신이 원하는 목표를 이루기 위해 자식들과 싱가포르 국민에게 모범을 보이듯 스스로 노력하는 일생을 산 인물로 유명하다. 지금은 이런 생활 태도가 싱가포르에서는 최고 명문가인 리콴유 가문이 지켜야 하는 최고 덕목의 생활신조로 받아들여지고 있기도 하다. 장남인 리셴룽뿐만 아니라 차남인 리셴양과 딸 리웨이링도 언제 어디서나 이런 진지한 모습을 보이는 것을 보면 진짜 그렇지 않나 싶다.

이처럼 남에게 의지하지 않고 스스로의 노력을 통해 자신이 원하는 것을 얻기 위해 최선을 다하는 리콴유 가문의 몸에 밴 습관은 출신 성분과 무관하지 않다. 역사를 한참 거슬러 올라가면 잘 알 수 있다.

영국식 · 중국식 교육을 동시에 받다

때는 청나라 말기인 19세기 말이었다. 중국 남부 광둥廣東성 외곽에 리복분李沐文이라는 청년이 살고 있었다. 당시는 이른바 중국의 봉건 암흑기 시대였다. 중국의 백성들 누구 하나 할 것 없이 먹고살기가 힘든 시절이었다. 이 청년 역시 먹고살기 위해 동남아를 무대로 장사를 하고 있었다. 똑똑하고 수완이 좋아 그랬는지 장사는 그럭저럭 잘 됐다. 그러던 어느 날 이었다. 그가 쌀 무역을 하기 위해 싱가포르에 체류하고 있을 때였다.

그에게 중국 상인들을 대상으로 대서방을 운영하던 한 화교가 "자네 올해 몇 살인가"라고 은근하게 물었다. 아직 결혼을 하지 않아 보이는 그에게 중매를 서 주려는 것 같았다. 리복분은 지체 없이 "18세인데요"라고 들뜬 어조로 대답했다. 그가 다시 고개를 끄덕이면서 "내가 그동안 죽 지켜봤네. 자네는 독립심과 성실성을 겸비한 청년 같구먼. 사실 나한테 딸이 하나 있네. 어떤가, 가정을 이루고 이곳에 눌러 살지 않겠나"라며 결혼을 권유했다. 리복분은 마다할 이유가 하나도 없었다. 조촐한 결혼식은 곧 치러졌다. 1866년 봄이었다.

결혼한 다음해 그는 훈령雲龍이라는 이름의 아들을 얻었다. 이 아이가 바로 리콴유의 할아버지였다. 리복분은 이역만리에서 아들을 낳자 무척 기뻤다. 번듯하게 잘 키워야겠다는 생각에 아들을 위한 투자를 아끼지 않았다. 집에는 언제나 노력하는 자만이 훌륭한 결과를 얻을 수 있다는 교훈적인 글을 써 붙여놓고 아들을 공부시키는 것을 잊지 않았다. 기대는 헛되지 않았다. 리훈렁은 16세 때 영국계 학교를 우수한 성적으로 졸업한 후 선박 회사에 입사하여 탄탄대로를 달린다. 그러나 호사다마라고 리복분에게 행복한 순간은 짧았다. 고향으로 부모를 만나러 갔다 갑자기 병을 얻어 싱가포르 가족에게 돌아오지 못하고 36세를 일기로 세상을 떠나고 말았다. 리훈렁에게 남겨진 것은 홀로된 어머니와 언제나 노력을 강조한 정신뿐이었다.

아버지의 죽음은 리훈렁에게 큰 부담으로 다가왔다. 그는 아버지의 유훈이 없었더라도 성공이라는 목표를 위해 더욱 분발하는 모습을 보여야 할 상황이었다. 끝없이 노력한 결과, 리훈렁은 얼마 후 한 선박 회사 이사가 될 수 있었다. 싱가포르는 유럽과 아시아를 연결하는 해운 중심지였다. 리훈렁은 이 기회를 놓치지 않기 위해 더욱 일에 매진했다. 한 눈 팔지 않고 오로지 목표를 향해 노력하던 그에게 기가 막힌 인연도 나타났다. 업무차 인도네시아를 빈번하게 출입하다가 그곳의 화교 여성인 첸진추千金秋와 꽃피운 사랑이 결실을 보게 된 것이다.

1903년에는 아들도 태어났다. 그는 아들에게 친쿤進坤이라는 이름을 지어줬다. 자신의 아버지가 그랬듯 그 역시 자신의 아들에게 대물림 교육을 했다. 아들 역시 기대대로 잘 따라줬다. 그러나 리친쿤은 성격이 무척 내성적이었다. 성격 탓이었는지 아버지가 회사 퇴직 후 시작한 선박 사업을 대를 이어 경영하는 것을 망설였다. 반면 리훈형은 아들이 대를 이어줬으면 하는 생각이 무척 강했다. 그는 급기야 아들을 조용히 불러 설득하기 시작했다.

"친쿤, 나는 네가 내 사업을 잇기를 바란다. 가업이잖아."

리친쿤은 아버지의 말에 한참을 생각하다 조용히 대답했다. 얼굴에 고민한 흔적이 역력했다.

"아버지, 저는 내성적인 성격을 갖고 있어요. 그런 일은 못할 것 같아요."

"그럼 무슨 일을 하려고 그러는데?"

"이미 미국 석유 회사인 쉘의 싱가포르 지사에 취직을 했어요. 저는 이 일이 좋아요. 평생 동안 하고 싶어요."

"그렇다면 좋다. 이왕 하기로 했다면 절대로 포기하지 말고 최선을 다해라. 스스로의 노력만을 통해 자신이 원하는 것을 얻을 수 있도록 말이야. 우리 화교들은 이런 정신이 없으면 절대로 생존할 수 없단다. 이건 네 할아버지가 체험적으로 몸에 익힌 교훈이야."

리친쿤은 그러나 어렸을 때와는 딴판으로 나이가 들면서부터 아버지의 기대를 저버렸다. 아버지와 갈등도 빚기 시작했다. 특히 추이짐나와 결혼을 하고 1923년 9월 리콴유를 낳은 다음부터는 더욱 그랬다. 우선 리콴유를 교육하는 방식에서 두 사람은 정면으로 충돌했다. 영국식 교육을 받은 리훈렁은 당연히 영국 학교로 손자를 보낼 것을 주장했다. 이를 위해 그는 그동안 모아둔 거금까지 아낌없이 내놓겠다는 입장을 밝혔다. 심지어 손자의 이름을 영국식으로 해리라 지어 부르기도 했다. 눈물겨운 정성이었다. 이에 반해 리친쿤은 아들에게 중국식 교육을 하기 원했다. 하루는 둘의 갈등이 급기야 극심한 충돌로까지 이어졌다.

"친쿤, 자꾸 이러면 안 돼. 스스로의 노력을 통해 자신이 원하는 것을 얻으라고 가르친 우리 집안의 정신을 벌써 잊었느냐? 이런 생활 습관은 영국 학교가 잘 가르쳐. 그러니 내 말대로 콴유를 영국 학교로 보내라."

리훈렁은 마치 최후통첩을 하듯 아들을 다그쳤다. 얼굴에는 노기가 좀처럼 사라지지 않고 있었다. 하지만 리친쿤도 물러서지 않았다.

"아버지, 중국식 교육을 받아도 우리 가문에서 강조하는 덕목은 충분히 잘 익힐 수 있어요. 저는 콴유를 중국 학교로 보내겠습니다."

"정말 그럴 거냐. 이 아비 말을 거역할 테야?"

"다른 말씀은 다 들을 수 있습니다, 아버지. 그러나 내 아들 일만큼은 저에게 맡겨 주세요."

분위기는 점점 더 험악해지고 있었다. 자칫하면 부자 간에 돌이키기 어려운 상황까지 도래할 가능성도 있었다. 옆에서 잠자코 시아버지와 남편의 대화를 듣고 있던 추이짐나는 도저히 안 되겠다고 생각했는지 가만히 입을 열었다.

"이러지들 마세요. 괜히 별 일 아닌 것 가지고 부자 간에 의가 상하면 되겠어요. 이렇게 하자고요. 콴유는 처음에는 아버님 말씀대로 영국계 학교에 갔다가 나이가 조금 들면 중국 학교로 보내자고요. 그러면 영국식과 중국식 교육을 동시에 받을 수 있잖아요."

나름대로 상당한 설득력이 있는 추이짐나의 제안에 리훈렁과 리친쿤은 고개를 끄덕였다. 리콴유가 당시에는 드물게 초등과 중등 교육을 각각 영국식과 중국식으로 받은 다음 래플즈 대학에 들어가 수학하게 된 데에는 바로 이런 배경이 있었다.

리콴유의 아버지 리친쿤은 이후에도 사사건건 자신의 아버지와 부딪혔다. 그러다 아버지가 세상을 떠난 다음에는 아예 보란 듯 아들까지 실망시키는 일탈을 저지르기 시작했다. 도박에 빠져 가족을 돌보지 않기 시작한 것이다. 스스로 노력해 원하는 것을 얻으라는 가훈을 완전히 엉뚱한 곳에 적용했다고 볼 수 있었다. 리콴유는 이에 대해 자신의 자서전에서 다음과 같이 술회하고 있다.

"어릴 때의 생활은 완전히 엉망진창이었다. 아버지는 자주 술에 취해 가지고 밤늦게 집에 돌아오곤 했다. 이럴 때는 대체로 도박을 해서 적지 않은 돈을 잃었을 경우가 많았다. 아버지는 성질이 죽지 않으면 어머니에게 패물들을 전당포에 잡혀 돈을 빌려오라고 하는 경우도 있었다. 이럴 때마다 부모님들 간의 싸움은 격렬했다."

아버지의 일탈은 부정적인 것만은 아니었다. 리콴유가 집안의 가르침을 항상 가슴에 새기도록 하는 교육적인 효과가 있었다. 그는 일단 할아버지의 말년 사업 실패와 아버지의 도박으로 기울어진 집안의 경제를 돕는 일에 눈을 돌렸다. 게다가 일본의 침략으로 대학을 다니는 것도 쉽지 않았다. 타피오카를 이용해 만든 스틱파스라는 접착제를 암거래한 것은 그가 집안의 생계를 꾸리기 위한 고육지책이었다. 이어 연합군의 비밀전보를 번역하는 일도 하게 된다. 이때 그는 일본군이 싱가포르 청년 전원에게 내린 강제 징집영장을 받고 전선으로 떠나기 직전 가까스로 탈출에 성공해 위기를 넘긴다.

공부도 필수, 노력도 필수

2차 세계 대전이 끝난 후 그는 일을 해서 집안을 돕는 것도 좋지만 공부를 더 해야 한다고 결심했다. 전문적인 지식이 없으면 원하는 것을 얻으려는 자신의 노력에도 한계가 있을 것으로 본 것이다. 그가 선택한 곳은 할아버지의 영향 탓이었는지 케임브리지 대학의 필즈 윌리엄 캠퍼스였다. 이곳에서 우선 법학을 전공한 다음 런던 경영 대학에도 잠시 적을 뒀다. 1949년 싱가포르로 돌아온 그는 변호사로서 본격적으로 사회에 첫발을 내딛는다.

5남매의 맏이였던 리콴유는 가문의 기둥이라는 생각에 빨리 가정을 가지려고 노력했다. 1950년 그의 노력은 결실을 봤다. 영국 유학 동창생인 궈걱추柯玉芝에게 청혼해 이해 9월 결혼식을 올릴 수 있었다.

그는 결혼을 한 후 부인과 함께 변호사로 일하면서 비교적 풍족한 생활을 누릴 수 있었다. 그러나 항상 마음 한 구석에는 자신이 갈 길은 변호사가 아니라는 생각이 일었다. 자신이 진정으로 원하는 것은 다름 아닌 조국 싱가포르의 독립과 번영이라는 생각을 떨쳐버릴 수가 없었던 것이다. 그는 어느날 부인과 네 명의 동생들을 불러 자신의 속내를 털어놨다.

"나는 화교 출신 싱가포르 사람으로서 내 책임과 의무를 다하려고 한다. 싱가포르를 영국으로부터 독립시킨 다음 번영한 나라로 이끌고자 한다. 이를 위해서는 정치가 가장 이상적이다. 정치만이 내 스스로의 노력으로 내가 진정으로 원하는 내 조국의 독립과 번영을 가져오게 할 것이라고 나는 믿는다. 나를 지지해주기 바란다."

　동생들과 부인은 리콴유의 평소 생각을 잘 알고 있었다. 집안의 장남이자 남편인 리콴유의 정치 참여를 반대할 이유가 없었다.

　1954년 11월 21일 그는 성공적인 정치 인생의 거보를 내디뎠다. 이날 창당된 싱가포르 독립운동의 주체인 인민행동당의 서기장에 선출된 것이다. 이어 59년에는 인민행동당을 이끌고 선거에 압승해 영연방의 자치구가 된 싱가포르의 총리가 됐다. 그의 나이 불과 35세 때였다.

　총리가 된 뒤 가훈이기도 했던 그의 인생관은 자연스레 통치 철학으로 이어졌다. 그는 싱가포르를 부강한 나라로 이끌기 위해서는 끊임없는 경제 개혁이 무엇보다 필요하다고 확신했다. 61년 경제개발 4기년 계획과 공단 및 주택 건설 5개년 계획을 수립해 착수한 것도 다 그래서였다. 이런 그의 헌신적인 노력 덕에 싱가포르는 1965년 8월 9일 드디어 말레이시아로부터 독립을 쟁취할 수 있었다.

　그는 독립이 되자 자신의 목표를 더욱 확실하게 달성하기 위해 자신의 철학에 기초를 둔 국정 운영 청사진을 밝혔다. 일체의 정부 비판과 적대 행위의 금지, 매춘을 비롯해 마약 도박 부정부패 등의 사회악 일소가 핵심 내용이었다. 어떻게 보면 독재 국가의 독재자가 내놓은 철권통치의 내용과 크게 다를 바 없었다. 물론 일부 반발이 없지 않았으나 대부분의 싱가포르 국민은 그의 진정성을 믿었다. 이후 싱가포르는 세계가 놀랄 정도의 비약적인 발전을 구가한다.

　현재 싱가포르는 인구가 480만여 명에 불과하다. 그러나 리콴유가 1990년 고촉통에게 총리 자리를 물려주기 전까지 30여 년 동안 닦아놓은 경제 실적은 대단하다. 1인당 GDP의 경우 3만달러 전후로 일본에 이어 아시아 두 번째를 자랑한다. 한국보다 최소한 1만달러 이상 많다. 하지만 더 중요한 사실은 지속 가능한 성장잠재력 부문에서 항상 세계 최고를 자랑한다는 사실이다. 홍콩과 더불어 늘 세계 경쟁력 랭킹 조사에서 상위 순위를 점하는 데에는 그런 까닭이 있지 않나 싶다.

아시아의 선두 주자로 발돋움하다

사실 싱가포르의 놀라운 경쟁력의 원천은 직접 방문해보면 더욱 확실하게 볼 수 있다. 무엇보다 동남아의 경제강국인 태국이나 베트남 등에 비해 도시 자체가 엄청나게 깨끗하다. 쓰레기는 물론 길거리에 종이쪽지 한 장 발견하기가 쉽지 않다.

깨끗한 정부의 구축이 100년이 가도 흔들리지 않도록 확고한 것도 매우 인상적이다. 리콴유는 총리로 재직하면서 경제 발전의 가장 중요한 요인이자 선결 과제는 깨끗한 정부라고 생각했다. 아무리 경제가 발전하더라도 부패가 만연하면 아무런 의미가 없다고 생각한 것이다. 또 시간이 지나면 발전은 한계에 봉착할 것이라고 예측했다.

그의 이런 신념은 1960년대에 제정돼 지금도 실시되고 있는 부정부패 방지법으로 이어졌다. 이어 총리 직속 부정부패 행위 조사국의 설립으로도 연결됐다. 이후 싱가포르 정부 안에서는 어떤 부정과 부조리도 발을 붙일 수 없었다.

혹자는 싱가포르에도 그 흔하디 흔한 정치자금이라는 게 있지 않겠느냐고 할지 모른다. 그러나 지금까지 이런 말이 널리 사용된 적은 거의 없다. 선거 구조 자체가 돈이 들지 않도록 돼 있기 때문이다. 집권당인 인민행동당만 봐도 어느 정도인지는 별로 어렵지 않게 파악할 수 있다. 선거 비용과 선거 자금을 최소화해 당비로 충당하는 것이 기본 원칙이다. 또 지역구의 경우는 바자회 개최, 유치원 운영과 같은 부대사업을 통해 벌어들이는 자금으로 충당한다. 막대한 선거 자금이 근본적으로 필요하지 않다. 모두 리콴유가 싱가포르의 발전과 번영을 위해 열정적으로 기울인 노력의 결과라고 봐야 한다.

그의 이런 행보는 자식들에 대해서도 예외가 아니었다. 장남인 리셴룽에 대해서는 더욱 그랬다. 1952년에 태어난 그는 84년 32세의 나이에 공군 준장으로 예편한 뒤 싱가포르 의회에 진출했다.

부친의 후광이 크게 작용하기는 했으나 그의 노력 또한 컸다. 이는 그가 케임브리지대 수학과를 졸업한 다음 하버드대 케네디 행정대학원 행정학 석사를 받은 학력을 보면 잘 알 수 있다. 집안의 가르침대로 나름의 노력을 다 했다고 봐도 좋다.

1990년은 이들 부자 둘이 어느 정도로 가문의 가르침에 충실했는지를 보여주는 유명한 일화를 낳은 해로 기록된다. 당시 30년 동안 싱가포르를 통치했던 리콴유는 은퇴를 결정해 놓고 있었다. 많은 싱가포르 국민들은 리콴유의 뒤를 이어 내각부장 겸 부총리로 있던 리셴룽이 총리를 승계하지 않을까 생각하고 있었다. 정치권 역시 크게 다르지 않았다. 심지어 그의 가족도 그렇게 생각했다. 그러나 리콴유의 생각은 달랐다. 하루는 그가 아들을 불러 자신의 의중을 밝혔다.

"셴룽, 너는 차기 총리가 되겠다는 생각을 하고 있겠지?"

"저도 언젠가는 아버지처럼 총리를 해야 한다고 생각합니다. 그러나 솔직히 시기는 잘 모르겠습니다."

"솔직하게 말해줘서 고맙다. 내 생각은 이렇다. 너는 아직 너무 어려. 겨우 38세야. 아버지가 35세 때 총리를 했으니 네 나이도 적지 않다고 생각할지 모르겠다만 내 생각은 전혀 달라."

"저도 아버지와 같은 생각입니다. 저는 아직 많은 것이 부족하다고 생각합니다. 아버지가 총리를 처음 했을 때와는 시절 또한 다르다고 생각합니다. 배울 것도 많은 것 같고요."

"고맙구나. 더구나 총리라는 자리는 개인 재산이 아니야. 능력이 아직 검증이 안 된 아들에게 물려줄 수는 없어. 물론 나는 네가 총리가 될 때 받을 비난을 겁내는 게 아니야. 내가 겁내는 것은 네가 능력도 안 되는데 아버지의 자리를 물려받았다는 말을 듣는 거야."

"옳으신 말씀입니다. 저는 아버지에게 의지하지 않고 제 노력으로 총리가 되도록 하겠습니다."

대를 이어 총리가 되다

리셴룽은 자신의 생각을 실천에 옮겼다. 총리가 될 수 있는 능력과 경륜을 쌓기 위해 어느 때보다 더 많은 노력을 기울였다. 이 결과 98년 중앙은행의 성격을 가지고 있는 통화국 총재를 거쳐 2001년 사실상 싱가포르 정부의 2인자인 재무장관 겸 부총리가 될 수 있었다.

당시 싱가포르 국민들은 이 인사를 두고 그가 아버지의 후광에 힘입었다는 말을 하지 않았다. 그 자신의 노력이 큰 역할을 했다고 봤다는 얘기다. 그는 2004년에는 드디어 아버지에게 약속한 대로 자신의 노력으로 총리에 올라 자신의 가문에 2대째 총리 배출이라는 기록을 남겼다.

리콴유 가문의 가훈은 둘째아들인 리셴양에게도 똑같이 적용됐다. 역시 형과 마찬가지로 육군 준장으로 예편한 그는 원래 정치에 관심이 있었다. 의회에 진출하려고 했던 것은 당연한 수순이었다. 그러나 리콴유는 아들에게 다시 한 번 자신이 가장 잘 할 수 있는 분야가 어떤 것인지를 물었다. 아버지에게 기댈 생각을 하지 말고 스스로 노력하라는 충고 역시 곁들였다.

아들은 고민을 거듭한 얼마 후 자신의 생각을 접었다. 이후 자신의 적성을 살려 재계에 투신해 차근차근 단계를 밟아나갔다. 그는 이 노력 덕에 나이 42세이던 1999년에 싱가포르 최고 텔레콤 회사인 싱텔의 CEO가 될 수 있었다. 지금은 동남아 최대 은행인 DBS 그룹 최고경영자로 활약하고 있다.

외동딸인 리웨이링은 아예 처음부터 아버지의 후광은 전혀 보지 않고 자신의 노력만으로 성공한 사례에 해당한다. 의과대학 재학 중일 때에도 리콴유의 딸이라는 사실조차 숨겼다고 한다. 현재 신경외과 의사로 자신만의 길을 걷고 있다.

리콴유는 지금 총리 이후 재임했던 선임 장관에서도 완전히 물러나 은퇴 상태에 있다. 이쯤 되면 과거의 비리가 조금씩 드러날 법도 하다. 더구나 그는 무려 30여 년이나 한 국가의 총리로 있었다. 털어 먼지가 날 수도 있는 것이다. 그러나 그는 아직도 싱가포르의 중심이자 정신적 리더로 남아 있다. 심지어 국민 대부분은 그가 40여 년 동안이나 싱가포르를 이끌어오면서 보여준 국가 경영철학에 대해 머리 숙여 존경심을 표한다. 아무리 자신이 지명한 후계자와 아들이 총리를 지냈다고 해도 이렇게 되기는 쉽지 않다.

물론 일부에서는 그를 권위주의적인 독재자라고 폄하하기도 한다. 하지만 현실적으로 보면 그는 과보다 공이 훨씬 많은 지도자다. 경제성장의 기적을 이룩했을 뿐 아니라 깨끗한 국토와 청렴한 정부를 만들어냈다. 그를 전지전능한 계몽군주로 선의에서 평가하는 사람들이 있는 것은 모두 이 때문이다.

한마디로 그의 독재는 싱가포르의 현실적인 부와 동남아에서는 단연

코 최고인 국민들의 생활의 질로 상쇄되고도 남는다고 해도 좋다. 그의 가문이 싱가포르에 있다는 자체가 싱가포르 국민들에게는 축복이라고 해도 틀린 말이 아니다.

| 리콴유 가계도 |

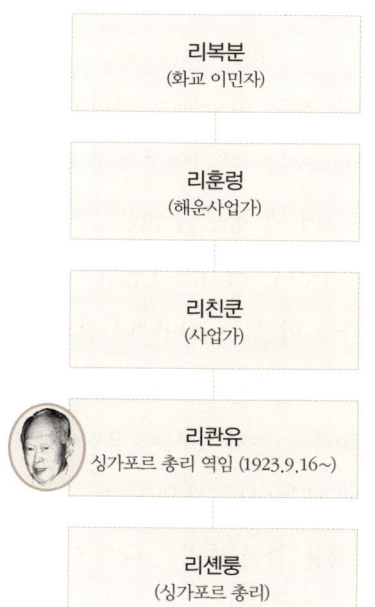

리복분
(화교 이민자)

리훈렁
(해운사업가)

리친쿤
(사업가)

리콴유
싱가포르 총리 역임 (1923.9.16~)

리셴룽
(싱가포르 총리)

*리셴양(둘째 아들): 사업가(주 싱텔 CEO)
*리웨이링(장녀): 의사. 국립신경학회 운영
*과격추(부인): 법률 회사 리&리 공동 이사장

나라와 사회를 위해 일하라

지금부터 40여 년 전인 1971년만 해도 한국에는 대기업이 그다지 많지 않았다. 지금 내로라하는 대기업들조차 당시에는 이름을 크게 드높이지 못하던 때였다. 그저 별 경쟁력 없는 고만고만한 기업들이 도토리 키 재기를 하던 시절이었다. 하기야 1인당 GDP가 지금의 웬만한 아프리카 국가들과 별로 다를 바 없는 300달러 전후였던 시기였다. 현재 통신분야 굴지의 대기업도 당시에는 학생복을 팔았다. 이런 현실을 볼 때 지금은 50대 그룹 반열에도 들지 못하는 유한양행의 입지는 단연 독보적이었다. 더구나 세계에 내놓아도 괜찮을 몇 안 되는 대단한 기업 중 하나로 꼽혔다. 이 유한양행을 일군 주역은 다름 아닌 유일한이라는 기업인이었다.

1971년 3월 11일 새벽, 바로 이 유일한이 이승에서의 마지막 날을 보내고 있었다. 그가 입원해 있던 세브란스병원 병실에는 병세가 급박했던 만큼 담당 주치의의 연락을 받고 황망히 달려온 유한양행 관계자들과 평소 절친했던 지인들이 속속 몰려들고 있었다. 병실은 여명이 부옇게 밝아왔을 즈음에는 사람들로 완전히 꽉 찼다.

얼마 후 병실에서는 유일한의 딸 유재라와 여동생 유순한의 통곡소리가 흘러나왔다. 중국계 부인인 후메이리와 아들 유일선도 없는 가운데 그가 76세를 일기로 줄곧 올곧았으나 파란만장했던 생을 마감한 것이다.

영결식이 끝난 20일 후인 4월 4일 유한양행 사장실에서는 가족과 회사 대표 등이 모인 가운데 세인들의 관심이 쏠렸던 그의 유언장이 개봉됐다. 이어 나흘 후인 8일에 유언장은 세상에 완전히 공개됐다. 내용은 한국에서는 일찍이 없었던 대단히 충격적인 것이었다.

우선 아들 유일선의 딸이자 일곱 살짜리 손녀인 유일링에게 대학 졸업 때까지 학자금으로 1만달러를 준다는 내용이 들어 있었다. 당시 1만달러가 지금의 50만달러 이상 가치가 있었다고는 하나 대기업가의 유산치고는 너무 작았다. 더구나 손녀는 그의 대를 이을 유일한 혈육이었다. 그냥 네 힘으로 알아서 살아가라고 한 것과 별로 다르지 않다고 볼수 있다.

딸 유재라에게는 아예 단돈 1만달러의 유산조차 없었다. 그저 자신이 설립한 유한공고 내의 묘소와 주변 땅 5000평을 준다는 내용이 전부였다. 더 놀라운 것은 부인 후메이리와 아들 유일선과 관련된 내용이었다. 딸인 유재라에게 어머니를 돌봐달라는 당부를 했을 뿐 아들에게는 대학까지 공부시켰으니 네 힘으로 독립하라고 권유하고 있었다.

전 재산을 사회에 환원한 거인

유언장의 하이라이트는 자신의 재산인 유한양행 주식 14만여 주, 당시 시세로 36억원 모두를 한국 사회 및 교육 원조 신탁기금에 기증한다는 내용이었다. 2009년 5월을 전후해 유한양행 주식이 20만원 전후를 호가하므로 불변 가격으로는 280억원을 기증했다고 할 수 있다. 그러나 그동안 한국의 경제 규모가 60배 이상 커졌다는 사실과 여러 가지 외적 요인들을 감안하면 기부액은 최소한 몇천억 원은 된다고 봐야 한다. 한마디로 그는 리세스 오블리주, 즉 부자의 의무를 다하고 눈을 감았다고 할수 있었다.

사람들의 가슴을 더 뭉클하게 한 것은 그가 남긴 유품이 거의 없었다는 점이었다. 집과 사무실을 정리할 때 나온 것이 일상생활에 꼭 필요한 물건 몇 가지와 각각 달랑 두 켤레와 세 벌인 구두와 양복밖에 없었다. 그것도 모두 헤지고 오래된 것들이었다. 이런 검소한 생활로 미뤄볼 때 그가 모든 재산을 사회에 환원한 것은 이미 예견된 일이었다.

유일한이 이처럼 한국 기업 사상 유일무이하게 창업자로서 자신의 전 재산을 사회에 환원하고 세상을 떠난 것은 오랜 집안의 가르침과 이를 가슴에 새기면서 살았던 결과다. 그런 과정에서 굳어진 인생관이 실천으로 옮겨졌기 때문에 가능했던 것이다.

그가 집안으로부터 어떤 가르침을 받았을까 하는 의문은 그의 부친 유기연의 행적을 살펴보면 잘 알 수 있다. 유기연은 경상북도 예천에서 태어나 일찍 고아가 됐다. 어떻게 보면 유일한 같은 인물을 배출할 처지에 있지 않았다. 그러나 그는 유일한을 키운 것에서 보듯 평범한 사람이 아니었다.

그는 고아였던 탓에 어린 시절 동가식서가숙하면서 친척집을 전전했다. 그러다 1887년에는 아무 것도 이뤄놓은 것 없이 26세가 됐다. 그가 친척집에 얹혀 있던 어느 날이었다. 그는 자신의 앞날을 심각하게 고민했다. 갑자기 자신의 처지가 한심하다는 생각이 들었다. 그 생각이 들자 그는 거침없이 자리를 박차고 일어났다. 아무 것도 잃을 것이 없는 인생이니 차라리 고향을 떠나 전국을 여행해보자는 생각이 들었다. 이렇게 해서 그는 몇 달 후 평양에 흘러들게 됐다. 평양에서 그는 머슴살이도 하고 장사도 하면서 고향에서보다는 훨씬 괜찮은 생활을 할 수 있었다.

하루는 그가 장사를 하러 나갔다 평양 시내로 돌아오는 길이었다. 목도 마르고 배도 고팠다. 그는 주변을 휘휘 살펴보다 작은 주막 하나를 발견했다. 그가 들어가자 주인집 여자는 마치 늘 보던 손님을 대하듯 친절하게 맞아줬다. 그는 이후 장사를 나가는 길이면 과부가 주인이었던 그 집을 무시로 들락거렸다. 그게 인연이 됐는지 유기연은 그녀의 딸과 결혼을 하게 됐다. 그로서는 난생 처음 안정된 생활을 할 수 있게 된 것이다.

본명이 유일형이었던 유일한은 이런 부모 밑에서 1895년에 6남 3녀 중 장남으로 태어났다. 부모의 출신 성분에서 알 수 있듯 찢어지게 가난했으나 다행히 아버지 유기연은 무학자임에도 세상에 대한 선견지명이 있었다. 당시 막 선교사들을 통해 교세를 확장 중이던 기독교에 입교한 것은 다 이런 그의 높은 식견과 관련이 있었다. 그는 유일한이 10세가 되던 해에 예배를 보다 귀가 번쩍 뜨이는 소리를 미국인 선교사로부터 듣게 된다.

선교사를 따라 미국으로

두 명의 한국 아이를 미국에 유학 보낼 계획이라는 정보였다. 그는 옳다구나 하고 무릎을 탁 쳤다. 장남을 유학 보낼 생각을 한 것이다. 지성이면 감천이라고 그의 계획은 일사천리로 추진돼 마침내 유일한은 대한제국이 미주 지역에 파견할 순회 공사인 박장현을 따라 가는 것으로 결정됐다. 그는 겨우 10세밖에 안 되는 어린 아들을 멀리 보내야 한다는 안쓰러운 생각에 하루는 유일한을 데리고 대동강 변으로 나갔다.

"일형아, 너는 어느 나라 사람이냐?"

"당연히 조선 사람이죠."

"내가 너한테 옛날 얘기를 하나 해주마. 임진왜란 때 여기 평양에 계월향이라는 기생이 있었어. 그런데 그 기생이 일본 장군 한 명을 유혹해 우리 조선의 김응서 장군에게 알렸지. 장군은 바로 달려와 그 자의 목을 베어 버렸어. 계월향은 여기 이곳 대동강에 뛰어들어 자결했고."

"저도 그 얘기를 들어본 것 같아요. 진주의 논개 얘기도 들었어요."

"기생들도 이처럼 나라를 위해 죽는다. 하물며 우리 남자들은 어떻게 해야 하겠느냐? 더욱 나라를 소중히 생각해야 하겠지?"

"알겠어요. 아버지께서 저를 미국에 보내려는 것도 나라를 위한 일이라고 했잖아요."

"그렇지. 너 혼자나 우리 가족이 잘 되자고 너를 미국에 보내는 것은 절대로 아니야. 조국을 위해 일하라고 보내는 거야. 내 말 잘 알겠지. 너는 어떻게 해서든지 열심히 공부해서 나라를 위해 일을 해야 한다."

"아버지 말씀 명심하겠어요."

유일한은 미국에 가서 나라를 위해 일하라는 아버지의 말을 단 한시도 잊지 않았다. 미국으로 간 지 15년 만인 1919년 고학으로 명문 미시간 대학 상과를 졸업할 수 있었던 것도 다 아버지의 가르침을 잊지 않았기 때문이다. 그는 상과 출신답게 졸업한 후 잠시 디트로이트의 에디슨 변전소에서 근무하다 대학 동창과 함께 당시 유행이던 창업 전선에 뛰어들었다. 아이템은 라초이식품이라는 회사의 이름으로 시작한 숙주나물과 콩나물 통조림 가공업이었다. 사업은 몇 번의 실패를 거친 후 그야말로 불처럼 일어났다. 자산이 최소한 200만달러에 이르게 됐다. 지금 시세로 따진다면 못해도 2억달러는 됐다고 할 수 있다. 전 미국에서 라초이와 유일한이라는 이름을 모르는 사람이 없을 정도였다. 그는 사업에 성공하자 이때 이미 만주의 북간도로 이주한 가족을 떠올렸다. 그의 발길은 내친 김이라고 곧 중국으로 향했다. 무려 21년 만에 아버지와 가족과의 상봉이 이뤄지게 된 것이다. 이때 유기연은 장남에게 다시 한 번 어렸을 때 했던 교훈을 되새기게 하는 것을 잊지 않았다.

"나는 네가 성공을 했다는 사실이 너무나 자랑스럽구나. 그래도 공부하라고 보냈는데 대학까지 졸업한 처지에서 장사는 좀 그렇지 않니? 나는 네가 조금 더 그럴 듯한 모양새로 조국에 봉사하기를 바랐는데 말이야."

"조국을 돕는 길은 여러 가지가 있어요, 아버지. 혁명가가 돼 총칼을 들고 일제를 무찌르는 것만이 능사가 아니에요. 민족 기업을 세워 민족의 경제 자립에 힘을 보태면 조국 독립을 조금 더 앞당길 수 있어요."

"그런 생각이라면 됐다. 열심히 해라. 그러나 무슨 사업을 하건 항상 조국과 민족을 먼저 생각해야 한다. 신용도 잘 지키면서 정직과 성실이라는 덕목을 잃지 말아라."

"명심하겠습니다."

유일한은 중국에서 미국으로 돌아간 다음 당분간 더 머물 생각이었다. 조금만 더 노력하면 라초이식품을 전 미국에서도 내로라할 기업으로 키울 자신도 있었다. 그러나 언젠가부터 그의 뇌리에는 조국을 위해 일하라는 아버지의 가르침이 계속 떠올랐다. 결국 그는 후메이리와 결혼한 이듬해인 1926년 라초이식품을 정리하고 과감히 귀국길에 올랐다.

아버지와의 21년 만의 상봉을 통해 기업을 일으켜 보국이라는 가치를 고국에서 실현하겠다는 결심을 굳힌 그는 귀국과 동시에 제약회사인 유한양행을 종로 2가에 설립했다. "건강한 국민만이 잃었던 주권을 되찾을 수 있다"는 신념이 이미 그의 뇌리에 자리 잡고 있었던 것이다.

성공의 길 기업인의 길

사업은 그의 생각보다 훨씬 더 순조롭게 출발했다. 1929년 전 세계를 강타한 세계 대공황의 여파로 잠깐 휘청거리기는 했으나 순이익이 점차 늘어나는 등 전반적으로 경영 상태가 호조됐다. 그래서 1932년에는 신문로 언덕에 사옥까지 지어 이사를 할 수 있었다. 이어 4년 후인 1936년 6월에는 주식회사 유한양행을 설립한다. 이때 그는 보통 기업인이라면 생각하기조차 힘든 파격적인 행보를 보였다. 기업은 개인 소유가 아니고 국가와 사회, 종업원의 것이라는 신념에 따라 직원들에게도 액면가의 10% 정도 가격으로 주식을 골고루 나눠준 것이다. 국내 기업으로는 처음으로 우리 사주제를 실시했던 셈이다. 그의 파격적 행보는 여기에서 끝나지 않았다. 우리 사주제를 실시한 김에 사내 복지를 위해 월로 구락부라는 일종의 공제회를 착안해 생계가 어려운 사원들을 돕는 제도를 도입하기도 했다. 그는 나중에 사우공제회로 이름을 바꾼 이 구락부에 평생 동안 자신의 주식 2만8000주를 기증한 것으로 알려진다. 요즘 시세로 치면 최소한 수백억 원의 가치를 가진다고 봐야 한다.

1938년은 그에게는 운명의 해였다. 유한양행의 로스앤젤레스 출장소를 설립하기 위해 장기 출장차 미국에 갔다 제2차 세계대전의 발발로 그만 발이 묶여버린 것이다. 그는 도리 없이 사정이 좋아지면 귀국하기로 하고 원격 조종을 통해 회사를 경영하기 시작했다. 그러나 전쟁은 도무지 끝날 기미를 보이지 않았다. 그는 이때 조국을 위해 봉사할 길이 무엇인가를 다시 한 번 곰곰이 생각했다. 답은 지체하지 않고 바로 나왔다. 유창한 영어 실력을 이용해 미 육군의 전략처장 빌 도노반 장군이 책임자로 있던 CIA의 전신인 OSS에 투신한다는 게 그 답이었다. 그는 곧 OSS의 고문이 돼 한인 민병대 맹호부대를 창건해 책임자로 일했다. 또 OSS의 한반도 비밀 침투 작전인 냅코 작전의 입안에도 직접 참여해 조국으로 진공할 날만 손꼽아 기다렸다. 그러나 상하이 임시정부가 준비 중이던 독수리 작전과 동시에 전개하려 한 냅코 작전은 일본이 미국에 무조건 항복하는 바람에 수포로 돌아가고 말았다.

해방은 그에게는 피가 솟구치는 기쁨과 좌절을 동시에 안겨줬다. 그가 좌절하지 않으면 안 되는 이유는 당연히 있었다. 38선이 생기면서 북한과 중국 지역에 뒀던 모든 유한양행의 사업 기반을 잃어버릴 수밖에 없었던 것이다. 그는 사태를 수습하기 위해 1946년 8년 만에 급거 귀국했으나 전성기의 20% 규모로 쪼그라들어버린 회사의 규모는 어떻게 할 방도가 없었다. 게다가 4년 후에는 한국전쟁까지 일어났다. 완전히 엎친 데 덮친 격이었다. 그러나 그는 좌절하지 않았다. 유한양행을 키워 투명하게 경영하는 것이 조국과 사회를 위해 일하는 것이라는 일념으로 경영에 매진해 굴지의 기업으로 다시 세울 수 있었다. 일선에서 물러나 있던 1970년에는 세계적 기업인 미국의 킴벌리 클라크와 합작으로 유한킴벌리를 설립해 회사를 더욱 키웠다.

유일한의 평생 행적을 가만히 더듬어보면 그는 아버지의 가르침을 자신이 설립한 유한양행을 투명하고 윤리적으로 경영하는 것에서 찾았다는 것을 알 수 있다. 이는 그가 평생 "정성껏 좋은 상품을 만들어 국가와 동포들에게 봉사해야 한다. 나아가 정직하고 성실하고 양심적인 인재를 양성해야 한다. 기업의 이익은 기업을 키워 일자리를 창출하는데 사용돼야 한다. 또 정직하게 세금을 내야 한다. 그런 다음에도 남은 것이 있다면 그 기업을 키워준 사회에 환원해야 한다"는 말을 자나 깨나 입버릇처럼 한 것만 봐도 짐작할 수 있다.

이런 그의 신념을 보여주는 증거는 진짜 무궁무진하다. 우선 그가 사훈으로 강조한 "항상 국민의 보건을 위해 일해야 한다", "민족의 긍지를 가지고 일해야 한다", "유한이라는 회사는 개인을 위해 있는 것이 아니라 사회를 위해 있다"라는 내용들이 그렇다. 어떤 상황에서든지 국가와 사회를 위해 일해야 한다는 그의 정신이 그대로 묻어난다.

그는 일제 때에는 약의 효력을 높이기 위한 마약 성분의 사용을 끝까지 용납하지 않는 모범을 보였다. 사실 당시 마약 성분은 상당수의 약에 함유돼 있었다. 또 아편이나 마약 성분을 조금이라도 넣을 경우 금방 효과가 나타나는 것처럼 보였기에 제약회사로서는 상당히 달콤한 유혹일 수밖에 없었다. 유한양행 직원들이라고 예외는 아니었다. 심지어 일부 영업 담당 사원들은 적극적으로 사용하자는 주장까지 폈다. 그는 이때 가장 적극적으로 이런 주장을 피력한 한 직원에게 무안할 정도로 면박을 줬다.

"자네 말이야, 그동안 우리 회사에서 일하면서 배운 게 고작 그 정도인가? 우리 회사의 생명이 뭐라고 생각하나? 항상 국민의 건강을 위해 일해야 하는 것 아닌가? 또 신용 역시 지키지 않으면 안 되는 덕목이야. 일시적으로 약의 효과를 높이기 위해 마약 성분을 섞는다는 것은 우리 제품을 믿고 찾는 소비자들을 속이는 짓이야. 더 나아가 나라 전체를 좀먹는 일이고. 이건 우리한테만 해당하는 얘기가 아니야. 중국인들에게 팔약이라고 해서 속일 생각을 하면 더군다나 안 돼. 자네 아무래도 안 되겠어. 당장 사표를 내게."

유일한에게 지목을 당한 영업 사원은 손이 발이 되도록 싹싹 빌었다. 이후 유한양행에서는 비윤리적인 제조나 영업 방법을 강구하기 위해 머리를 짜내는 직원은 자취를 감췄다고 한다.

그는 또 불법적인 정치자금 제공이 국가와 사회에 아무런 도움이 되지 않는다는 생각을 끝까지 고수한 것으로도 유명했다. 때는 자유당이 집권하고 있던 1959년이었다. 당시 썩을 대로 썩어 있었던 이승만 정권은 유한양행에 3억환에 이르는 정치 자금을 은밀하게 요구했다. 선거 비용과 정권 유지에 필요한 이른바 통치자금 성격의 돈이었다. 자금을 줄 경우 반대급부 역시 충분히 상상할 수 있었다. 그건 정치자금 이상 가는 각종 특혜였다.

그러나 유한양행은 배짱 좋게 정권의 요구를 묵살했다. 괘씸죄의 대가는 혹독할 수밖에 없었다. 세무서에서 들이닥치고 회계장부를 압수하는 수순이 이어졌다. 당시 사장이었던 이건웅은 일본에 출장을 가 있던 유일한에게 전화를 걸어 상황을 설명했다.

"자유당 정권이 아예 노골적으로 정치자금을 요구하고 있습니다. 주지 않았다가는 무슨 일을 당할지 모르겠습니다. 줘버리는 것이 아예 낫지 않을까요? 버티는 데도 한계가 있습니다."

유일한은 이건웅의 말에도 전혀 동요하지 않았다. 아니 마치 답변을 미리 준비했다는 듯 시원스럽게 대답했다.

"나는 그런 식으로 살지 않았네, 이 사장. 타협은 없어. 우리 회사의 존재 가치가 뭔가. 국가와 사회를 위해 일하는 것이야. 부패한 정권에 정치

자금을 줘 부정한 짓을 자행하는 것을 나는 볼 수 없네."

"자칫 하다가는 철퇴를 맞을 수도 있는데요. 최악의 상황 역시 생각을 해야 하고요."

"그래도 할 수 없지. 그렇게까지 사업을 해서 뭘 하겠나. 그건 내 인생관과는 맞지 않아. 그렇게 해서 살아남는 기업은 결국 국가와 민족에게 해악만 끼치게 될 뿐이야. 차라리 문을 닫는 게 더 낫지."

이런 유일한이었으니 그가 탈세나 절세라는 꼼수를 쓴다는 것은 상상조차 할 수 없는 일이었다. 실제로 유한양행은 설립 이후 2009년 현재까지 세금 문제로 법의 심판을 받은 적이 한번도 없었다. 반대로 정치적 표적 사정의 대상이 됐다가 너무나 투명한 회계와 성실 납부가 인정돼 오히려 상을 받은 경우는 더러 있었다.

대표적인 경우가 1961년에 당한 세무조사 때였다. 구악 척결이라는 명분을 내건 군사정권에 의해 강도 높은 세무 조사를 받았으나 결국 감동을 받은 조사당국으로부터 성실 납세자로 선정돼 표창장을 받기까지 했다.

리세스 오블리주의 상징

부동산 투기 역시 유일한의 사전에는 있어 본 적이 없는 단어였다. 회사 사옥부지조차 꼭 필요한 경우가 아니면 절대로 사지 않는다는 고집을 부린 것으로 유명했다. 한 번은 그가 원효로 일대의 한 건물을 구입해 이용하다 몇 년 후에 팔았다. 말할 것도 없이 큰 이익을 봤다. 그는 전혀 예상치 못한 불로소득을 두고 한참을 고민했다. 그러다 차익금을 사원들에게 일일이 나눠주는 교육책으로 그 고민을 해결했다. 부동산 투기가 국가나 사회를 위해 아무런 도움이 안 된다는 사실을 일찍이 자각한 그의 입장에서 볼 때 당연한 결정이었다.

유일한은 말년에 유한양행을 계속 이끌어갈 후계자 문제로 고민을 하지 않을 수 없었다. 그 고민은 그러나 단순하고 평범한 창업자들의 일반적인 고민과는 차원이 완전히 달랐다. 다른 창업자들이야 어떻게 하면 상속세를 적게 내고 자식에게 기업을 물려줄 것인가 하는 지극히 인간적인 고민을 했겠지만 그의 고민은 유한양행을 지속 가능한 공익 기업으로 발전시킬 후계자를 찾는데 있었다. 1960년대 후반 어느날 그와 임원들은 이 문제를 상의하기 위해 테이블에 마주 앉았다.

"그래도 아드님인 일선 씨를 부르는 것이 제일 낫겠습니다. 하나뿐인 아들 아닙니까? 그대로 미국에 놓아 둘 생각입니까?"

임원들의 생각은 유일한의 아들에게 가 있었다. 그의 의중을 잘 읽고 있다고는 하기 어려웠으나 지극히 정상적인 생각이었다.

"그 아이는 미국에서 변호사로 잘 살고 있습니다. 경영에 관심이 있는지 모르겠어요. 더 중요한 사실은 그 아이가 우리 회사를 사회적 기업으로 인식하고 경영할 수 있는가 하는 것이에요. 유한양행은 설립 때부터 내 개인 회사가 절대 아니었습니다. 앞으로는 더욱 그래야 합니다. 국가와 사회를 위하는 기업이 아니라면 존재 가치가 없어요. 이런 생각을 그 애가 하고 있는지 의문스럽습니다."

"그래도 한 번은 기회를 주셔야 하지 않을까 생각합니다."

임원들도 물러서지 않았다. 유일한은 한참을 생각하다 말을 이었다.

"좋습니다. 내 아들로 태어난 것이 죄는 아니죠. 한 번 기회를 줘 봅시다. 그러나 여차 하면 돌려보낼 테니 그리 아시오."

유일한은 미국에 있는 아들 유일선을 즉각 불러들였다. 처음 주어진 자리는 부사장이었다. 그러나 그는 출발부터 삐걱거렸다. 한국어를 제대로 구사하지 못하는 데다 미국식 사고방식에 젖어 거의 매일이다시피 부하 직원들과 갈등을 빚었다. 유일한이 볼 때 더욱 큰 문제점은 아들이 기업의 공익적 측면은 무시한 채 이익 극대화와 회사를 무작정 키우려는 욕심을 너무 내세우는 데 있었다. 아들이 아버지의 생각을 읽지 못하고 있었다고 할 수 있었다. 그는 읍참마속의 심정으로 몇 년 지나지 않아 결단을 내렸다. 유일선은 자신의 몫 주식을 모두 팔아버리고 다시 미국으로 떠나고 말았다. 어떻게 생각하면 너무 잔인하고 매정하다고 할지 모르겠으나 유일한은 이를 계기로 가족 경영은 절대로 안 된다는 교훈을 얻었다고 한다.

이런 교훈은 유일한이 세상을 떠난 다음에는 아예 불문율로 완전히 굳어졌다. 그의 생전에는 일부 동생들과 친인척들이 회사 경영에 참여하기도 했으나 이후 철저한 전문 경영인 체제로 정착된 것이다. 훗날 딸 유재라가 유한재단 이사장으로 재직하면서 회사 경영에는 일절 간섭하지 않은 게 이를 증명한다.

나중에 사훈으로까지 이어진 나라와 사회를 위해 일하라는 유일한 가문의 가르침은 그가 사망했다고 해서 끊기지 않았다. 이러한 가르침은 아들 유일선보다 아버지의 정신을 더 잘 이해하고 사랑한 유재라에게 이어져 행동으로 옮겨졌다.

버클리 대학 출신에다 주베트남 미군사령부와 주한 미8군 군속으로 근무한 특이한 경력을 가진 그녀는 아버지가 사망한 후 탄생한 사회공익법인인 유한재단의 일에 본격적으로 뛰어들었다. 1977년부터는 이사장을 지내기도 했다.

그러나 그녀는 창업주의 딸임에도 불구하고 유한양행의 경영에는 일절 간섭하지 않았다. 자신에게 재산 한 푼 물려주지 않은 아버지를 원망하지도 않았다. 나중에는 유한양행 비상근 이사 자리도 반납했다. 그녀는 그러는 와중에도 그 자신이 알뜰살뜰 모은 돈으로 유한양행 주식을 사들이는 노력은 게을리하지 않았다.

1962년 결혼한 남편을 여의고 평생 자녀 없이 혼자 살아온 유재라는 60대에 접어든 1990년부터는 이곳저곳 아픈 곳이 무척 많았다. 나중에는 지팡이를 짚고 다니지 않으면 안 될 지경에까지 이르렀다. 막내 고모 유순한을 비롯한 주변의 지인들이 안타까운 광경을 보다 못해 그녀에게 입원해 진찰을 받을 것을 권유할 정도였다. 그녀는 이때 그저 신경통일 뿐이니 걱정하지 말라고 주변을 안심시켰으나 이듬해 1월 24일 조용히 떠난 미국 현지에서 63세를 일기로 사망하고 말았다. 사인은 골수암이었다. 주변 사람들에게 폐를 끼칠까 부담스러워 혼자 조용히 앓다가 세상을 떠난 것이다.

3개월 후 그녀의 유해는 고국으로 돌아왔다. 자신이 숨지기 직전 작성한 유언장과 함께였다. 얼마 후 언론에 공개된 유언장의 내용은 놀라웠다. 자신이 평생 모은 유한양행 주식을 비롯한 전 재산 200억원을 아버지의 유지를 실천으로 옮기고 있는 유한재단에 기증한다는 내용이었다. 한국에서는 최초로 대를 이어 국가와 사회를 위해 리세스 오블리주를 실천한 사례이다. 감동은 이 정도에서 그치지 않는다. 그녀는 유서에 "나를 아버지 무덤 곁에 묻지 마세요. 나로 인해 아버지의 명예에 흠집이 생기면 안 됩니다"라는 말을 남겨 세상을 떠나는 날까지 아버지의 정신에 대한 흠모의 정을 잊지 않았다.

호랑이는 가죽을, 사람은 이름을 남긴다

같은 아버지로부터 교육을 받은 동생들도 다르지 않았다. 평생 간호사의 길을 간 막내 여동생 유순한이 먼저 그렇다고 볼 수 있다. 1986년 부산 생명의 전화 이사장으로 취임했을 때 수십 년 동안 간직하고 있던 유한양행 주식 1만주를 기꺼이 기증하는 모범을 보였다. 지금 시세로만 따져도 수십억 원 전후의 만만치 않은 거금이다. 한때 유일한에게 반기를 들고 유유제약을 설립한 다음 독자적인 길을 간 막내 동생 유특한 역시 다르지 않았다. 마지막에는 형님의 정신에 감화를 받고 타계하기 직전 재단을 만들어 재산의 사회 환원을 실현하는 모습을 보여줬다.

유일한 가문의 정신은 지금 승承자 항렬의 많은 조카들에게까지 이어지고 있다. 누구 하나 유한양행의 경영에 간섭하지 않고 국가와 사회를 위한 독자적인 길을 가고 있다. 유한양행 역시 기업이 이토록 향기로울 수 있을까 하는 모범을 보여주면서 100년 이상을 이어갈 준비를 하고 있다. 계열사에 해당하는 유한킴벌리는 그의 정신을 가장 잘 보여주는 기업의 사례로 손꼽힌다.

유일한은 어릴 때부터 미국에서 자라 괴팍한 일면도 있었다. 아들뿐 아니라 여러 조카들에게도 살붙이한테 어떻게 저럴까 할 정도로 싸늘하게 대한 것으로도 유명했다. 그러나 그는 아버지로부터 물려받은 정신에 기초를 둔 원칙을 잃지 않았다. 최악의 상황에서도 철저하게 지키려고 노력했다. 그가 신사 경영인을 뜻하는 신상紳商으로 불린 데에는 다 그런 이유가 있었던 것이다.

그가 역사 속으로 사라진 수많은 기업인들 중에서도 유독 빛나 보이는 것은 기업의 덩치가 엄청나게 커진 것과는 달리 사람들의 존경은커녕 욕만 먹지 않아도 다행인 기업과 경영인이 대부분인 오늘날의 현실에만 있지는 않을 듯하다.

| 유일한 가계도 |

🏵 괴테 가문 이야기

신분 상승을 통해
가문을 일으켜라

나라 마다 자랑스러워하는 국민 작가들이 있다. 그러나 이들 중에 세계적으로 널리 알려진, 요즘 유행하는 말로 글로벌한 작가는 그다지 많지 않다. 최소한 독일의 요한 볼프강 폰 괴테 정도는 돼야 그럴 자격이 있지 않을까 한다. 혹자는 괴테가 진짜 그 정도로 대단한 인물이냐고 반문할지도 모른다. 이런 생각이 들면 우선 독일이 전 세계에 대사관 다음으로 많이 설치하는 국가 기관인 문화원의 이름이 '괴테 인스티튜트'라는 사실을 상기하라고 권하고 싶다. 여기에 매년 전 세계 관광객 수십만 명이 찾는다는 프랑크푸르트 '괴테 하우스'까지 들먹이면 괴테라는 작가의 성가를 충분히 짐작할 수 있다. 그래도 고개를 갸웃거릴 분들에게는 전 세계 100여 개 나라에 설립돼 있는 '괴테학회'

와 유명인을 따라 스스로 목숨을 끊는 모방 자살을 의미하는 이른바 '베르테르 효과'가 그의 작품 《젊은 베르테르의 슬픔》에서 유래했다는 사실을 들먹여야 할 듯하다.

독일의 자존심, 요한 볼프강 괴테

이처럼 독일과 독일 국민들의 자존심이라고 단언해도 좋을 괴테는 1749년 8월에 당시 자유 국제도시였던 프랑크푸르트 암 마인에서 태어났다. 부계는 튀링겐 출신으로 농업, 수공업, 숙박업 등에 종사했던 집안이며 모계는 남서 독일의 법률학자 가문이었다. 아버지와는 달리 어머니는 초일류 귀족에 버금가는 당당한 가문 출신이라고 할 수 있다. 그러나 아버지 요한 카스파르 괴테는 결코 만만한 사람이 아니었다. 또 그의 아버지, 즉 괴테의 할아버지 역시 일반인의 눈으로 볼 때 정말 대단한 사람이었다.

괴테의 할아버지 프리드리히는 당시 대부분 사람들이 그랬듯 시골 출신이었다. 한마디로 평범하게 살아가던 사람이었다. 그러나 양재 기술이 있었기 때문에 먹고사는 데에는 별 문제가 없었다. 하지만 그게 그의 인생 목표는 아니었다. 프리드리히는 신분 상승을 통해 가문을 일으키고 싶었다. 당시로서는 그것이 쉬운 일은 아니었지만 어쨌든 그는 야심을 갖고 있었다. 기회는 좀처럼 오지 않았다. 그는 결국 모질게 결심 하고 고향을 떠나기로 결심했다. 그의 발길이 향한 곳은 당시 정치, 경제, 문화의 중심지 프랑크푸르트였다. 이곳에서 그는 꿈을 실현하기 위해 진짜 죽지 않을 만큼 열심히 일했다. 귀족들의 옷을 만들어 주면서 삶의 질도 서서히 높여갔다. 교양도 차근차근 쌓아갔다. 그러나 그에게는 늘 못다 이룬 꿈에 대한 욕구가 가슴 한켠에 남아 있었다. 그러던 어느 날 오후 그에게 절호의 기회가 찾아왔다. 그가 지금의 카이저 거리에 있는 한 대형식당에 들어섰을 때였다. 분위기가 우아한 상당히 괜찮은 수준의 식당이었다. 오후여서 그런지 손님은 거의 없었다. 그가 창가에 자리를 잡자 웬 아담한 체구의 여자가 다가와 주문을 받았다. 종업원인 듯한 여자는 뛰어난 미인은 아니었으나 교양은 꽤 있어 보였다. 또 대형식당이기는 했으나 종업원으로 일하기에는 다소 어울리지 않을 품위를 풍겼다.

"빵과 소시지와 맥주 한 잔 주시오."

프리드리히는 말 없이 창 밖을 내다봤다. 고급 마차들이 분주하게 오가고 있었다. 그는 가만히 한숨을 내쉬었다. 자신과는 거리가 먼 남의 나라 풍경 같아서였다. 갑자기 그렇게나 싫던 고향이 그리워졌다.

"뭘 그렇게 뚫어져라 쳐다보세요, 손님? 한숨은 또 왜 쉬세요?"

종업원처럼 보였던 여자가 프리드리히가 주문한 음식과 맥주를 가지고 와서 물었다. 그는 고개를 들어 여자를 쳐다봤다. 갈수록 호감이 가는 스타일이라는 생각이 그의 뇌리를 스쳤다. 그는 여자에게 조용히 말했다.

"듣고 싶소? 그러면 앞에 앉아 봐요. 얘기할 테니."

여자는 프리드리히의 말을 기다리기라도 했다는 듯이 바로 앞에 자리를 잡았다. 가까이서 보는 얼굴은 더욱 매력적이었다. 그는 갑자기 울적했던 기분이 싹 가시는 것을 느꼈다. 이상한 일이었다.

"아가씨는 시골에서 살아 보았소?"

프리드리히가 한결 부드러워진 목소리로 물었다. 그녀 역시 담백한 어조로 대답했다.

"아뇨. 이곳 토박이에요."

"그러면 시골 생활을 잘 모르겠군요. 도시에 비하면 그곳은 사람 살 곳이 아니에요. 그런데 요즘은 왠지 그 고향이 그립기만 하다오."

"그럴 수도 있겠네요. 그러면 다시 돌아가면 되겠군요."

"절대로 그럴 순 없소. 나는 성공하러 이곳으로 왔으니까요."

"성공할 것 같나요?"

"그게 문제인 거죠. 나름대로 열심히 노력하고 있지만 쉽지 않군요. 아는 사람도 별로 없고. 이러다가 영영 죽도 밥도 안 될 것 같기도 하고…. 그래서 한숨을 쉬었던 거요."

"모든 건 마음먹기에 달렸어요. 끝이 좋으면 다 좋다는 말이 있잖아요. 나중에 성공하면 지금이 그리워질 때도 있을 거예요."

"고맙소, 아가씨. 그런 격려의 말은 여기 온 이후 처음 들어보오."

"그래요? 그러면 자주 오세요. 제가 가끔 말벗을 해 드릴게요."

프리드리히는 여자가 좋아졌다. 이후 그는 쓸쓸하고 외로울 때면 여자를 찾았다. 두 사람은 갈수록 의기가 투합했다. 노총각이었던 그는 하루는 작심하고 여자가 결혼을 했는지 물었다. 프리드리히의 물음에 여자는 뭔가 눈치를 챈 듯했다. 가볍게 고개를 저었다. 그는 더욱 용기를 내 자신의 애틋한 감정을 내비쳤다. 두 사람의 잦은 만남은 곧 자연스럽게 결혼으로 이어졌다. 그런데 결혼 후 그는 너무 놀라 뒤로 쓰러질 정도로 크게 충격을 받았다. 그녀는 종업원이 아니라 식당 주인이었다. 코르넬리아 셸호른이라는 이름의 그녀는 요즘 말로 하면 거의 재벌에 해당하는 엄청난 부자였던 것이다. 세속적인 기준으로 볼 때 그는 결혼으로 자신의 평생 꿈을 실현했다고 할 수 있었다.

결혼을 통해 꿈을 실현한 시골 청년

결혼 후 거칠 것이 없었던 프리드리히는 호텔업으로 부를 더욱 쌓은 다음 지금의 괴테 하우스 자리에 대저택을 지었다. 그는 그저 그런 졸부가 되지 않았다. 아들 카스파르의 교육에도 온 정열을 기울였다. 조기 교육은 아예 기본이었고 가정교사까지 두는 열의도 아끼지 않았다. 아들에게 완벽하게 신분이 세탁되지 않은 자신보다는 나은 삶을 살도록 해주고 싶었던 것이다. 다시 말해 한 번 잡은 기회를 놓치지 않고 상류 사회에 완전히 뿌리를 내리자고 계산했다고도 할 수 있다. 결과 역시 좋았다. 카스파르는 아버지의 물심양면 지원에 힘입어 얼마 후 법관이 되었다.

결혼 역시 프랑크푸르트 시장을 지낸 요한 볼프강 텍스토르의 딸인 카트리나 엘리자베스 텍스토르와 했다. 결혼을 통해 거부가 된 아버지의 도움을 받아 다시 결혼으로 신분 상승이라는 자신의 목표를 이룬 셈이다. 그럼에도 그는 신분상의 핸디캡을 극복하려는 노력을 멈추지 않았다. 엄청난 돈을 주고 귀족의 지위를 산 것도 콤플렉스에서 벗어나기 위해서였다.

카스파르는 아버지가 그랬듯 아들의 교육을 위해서 최선을 다했다. 세심한 배려 역시 놀라웠다. 어느 정도였는지는 어릴 때부터 공부에 전념하도록 아들의 방에 책상을 세 개나 놓아줬던 것만 봐도 잘 알 수 있다. 앉아서 공부하는 책상, 침대와 들어맞도록 만든 책상, 서서 책을 읽을 수 있도록 만든 책상이 바로 이 세 개의 책상이었다.

그는 또 아들이 학교에 들어가면서부터는 이전에는 없었던 창문도 거실에다 크게 만들었다. 아들이 등·하교하는 모습을 언제든지 바라보기 위해서였다. 그러므로 괴테가 어릴 때부터 라틴어를 비롯해 프랑스어, 영어, 이탈리아어, 히브리어를 추가로 배운 것은 이상할 게 전혀 없는 일이었다. 그의 아버지는 그러는 와중에도 아들에게 늘 아버지로부터 귀가 따갑게 들었던 교훈을 들려주는 것도 잊지 않았다. 그건 남의 생각에 휘둘리지 말고 항상 스스로 깊이, 오랫동안 생각하라는 교훈이었다.

이 점에서는 괴테의 어머니는 한 술 더 떴다. 또 교육 방식이 아주 독특했다. 그녀는 어린 괴테에게 늘 재미있는 옛날 얘기를 들려주곤 했다. 그러나 중요한 내용이 나오는 순간에는 얘기를 반드시 끊었다. 끝까지 들려주는 법 역시 없었다. 그런 다음에는 항상 "이 다음부터는 어떻게 되겠니? 네 스스로 한 번 생각해 봐"라는 말을 건넸다.

괴테는 어머니가 그럴 때마다 아이큐 190의 아이답게 대처했다. 다음 얘기를 골똘히 생각하는 습관을 들였다. 심지어 해답이 나올 때까지 할머니와 상의하기도 했다. 어머니는 다음날 반드시 괴테로 하여금 전날 내준 숙제의 답을 내놓도록 했다. 만족할 만한 대답이 나오면 얘기역시 계속했다. 하지만 그렇지 않으면 계속 아들이 상상력을 발휘하도록 했다.

선대의 교육열과 어머니의 창조교육

이런 교육은 가끔 가다 괴테로 하여금 어머니의 말을 가로채게도 만들었다. 그럴 때마다 그의 어머니는 내심 기쁨을 감추지 못했다. 아들의 두뇌운동이 활발하게 이뤄지고 있다고 생각한 것이다.

할아버지와 아버지의 두 세대에 걸친 집념과 아버지의 조기교육 노력, 그에 더한 어머니의 실전 교육은 그야말로 삼위일체라고 해도 좋았다. 결실을 보지 않을 수 없었다. 괴테는 집안의 전폭적인 지원으로

1765년 라이프치히 대학에 들어가 법률을 공부하게 된다. 그때 그는 자유분방한 생활을 하기도 했다. 그러다 68년에는 아버지로부터 물려받은 뛰어난 체력에도 불구하고 각혈까지 하는 등 건강을 잃게 된다. 고향으로 돌아와 요양 생활을 하지 않으면 안 될 정도였다. 1770년 스트라스부르에서 법학공부를 계속한 그는 이듬해 변호사가 되는 기쁨을 맛봤다. 이어 개업을 했으나 다시 72년 제국 고등법원의 실습생으로 일하기 위해 몇 달 동안 베츨러에 머물렀다.

이 기간은 그에게 대단히 중요한 시기였다. 샬로테 부프와의 비련의 경험을 바탕으로 74년 《젊은 베르테르의 슬픔》을 발표하게 된 것이다. 이 작품으로 그는 문단에서 자신의 이름을 크게 떨칠 수 있었다. 저 유명한 독일의 문학 운동인 '슈투름 운트 드랑' 이른바 질풍노도의 사조를 앞장서서 이끈 것도 바로 이 시기였다.

그는 오랫동안 고민한 끝에 정치에도 투신했다. 때는 75년이었다. 그가 첫 번째 관심을 기울인 제국은 젊은 대공★公 카를 아우구스트가 통치하던 바이마르 공국이었다. 이때 괴테는 아우구스트의 천거로 여러 공직을 거친 다음 재상이 돼 10년 남짓 국정에 참여했다. 그렇다고 그가 자신의 재능을 그대로 썩힌 것은 아니었다. 오히려 지질학과 광물학을 비롯해 자연과학 연구에 더욱 몰두했다.

1786년 여러 분야에서 승승장구하던 그는 갑자기 엉뚱한 결정을 내렸다. 이탈리아로 여행을 떠나 화가로서 생활을 시작한 것이다. 이 기간에 《타우리스 섬의 이피게니》, 《에흐몬트》 등의 작품을 쓰기도 했다.

그는 2년 후인 88년에는 바이마르로 돌아와 가난한 집안의 딸 크리스티아네 불피우스를 만나 동거를 시작했다. 마흔이 다 된 나이에 비로소 소박한 가정을 꾸리게 된 셈이다. 이 무렵 그는 시인과 궁정 관리들과의 갈등을 그린 희곡 《타소》, 관능의 기쁨을 노래한 《로마 애가》 등을 발표했다. 과학 논문인 《식물변태론》도 이 시기의 산물로 유명하다.

괴테의 업적과 작품세계

1789년 일어난 프랑스 혁명의 여파로 아우구스트 대공을 따라 프랑스로 종군했던 그는 만년에 《빌헬름 마이스터의 편력 시대》, 《파우스트》를 완성했다. 특히 《파우스트》는 23세 때부터 쓰기 시작해 83세의 나이로 세상을 떠나기 1년 전인 1831년에야 완성한 세계문학 최대 걸작 중 걸작으로 손꼽히는 작품이다.

괴테는 생전에도 그랬으나 세상을 떠난 다음에는 거의 신화가 됐다. 어느 정도였는지는 철학자 프리드리히 니체가 '현존하는 독일 최고 양서'라고까지 극찬을 아끼지 않았던 요한 페터 에커만이 지은 《괴테와의 대화》의 마지막 부분을 읽어보면 잘 알 수 있다.

"괴테가 세상을 떠난 날 아침 나는 다시 한 번 그의 유해를 보고 싶은 애끓는 그리움에 견딜 수가 없었다. …위엄 넘치는 이마는 아직 생각에 잠겨 있는 것처럼 보였다. 나는 그의 머리카락을 한줌 가지고 싶었다. 하지만 나는 경외감에 사로잡혀 차마 머리카락을 자를 수 없었다. …한 명의 완벽한 인간이 그지없이 아름다운 모습으로 내 앞에 누워 있었다. 나는 진한 감동을 이기지 못하고 저 불멸의 정신이 육체에서 떠나가 버렸다는 사실을 잠시 잊고 있었다. …나는 옆으로 눈을 돌려 참고 참았던 눈물을 쏟고야 말았다."

에커만은 괴테 말년의 제자 겸 비서였다. 무려 9년 동안이나 그와 함께 생활했다. 그랬으니 괴테에 대한 추모나 평가가 남다를 수밖에 없었다. 하지만 그럼에도 그의 글에서는 진정성이 엿보인다. 독일 국민들의 괴테에 대한 감정이 어떨지를 너무나 잘 설명했다고 볼 수 있다.

괴테는 IQ 190의 천재라는 이름이 부끄럽지 않게 자신이 부모로부터 받은 가르침을 아들에게 적용하는 것도 잊지 않았다. 그 역시 자녀 교육을 굉장히 중요하게 생각했던 것이다.

하루는 괴테가 아들 아우구스트가 노트에 쓴 시를 우연히 보게 됐다. 다른 사람의 시를 베낀 것이었으나 내용은 아주 그럴 듯했다. "인생이라는 이곳에는 2분 30초의 시간밖에는 없네. 1분은 미소를 짓고 1분은 탄식을 하네. 나머지 30초는 사랑을 하는 시간이라. 사랑하는 이 30초 동안 사람은 죽어가지 않는가"라는 내용이었다.

괴테는 아들이 남의 시를 베껴 쓴 게 기분이 나빴다. 그렇다고 자신의 시가 아닌 다른 사람의 시를 썼다고 그런 것은 아니었다. 아들이 아무 생각 없이 비관적이고 인생에 대해 엄숙하지 않은 시를 베낀 것에 대한 실망감이 앞섰던 탓이었다. 그는 결국 참지 못하고 아들에게 시 한 수를 써서 건넸다. "한 시간에는 60분이 있네. 하루는 1000분이 넘네. 아들아, 이 진리를 안다면 사람은 이 사회를 위해 얼마나 많은 공헌을 할 수 있겠니"라는 내용의 시였다.

괴테의 자식 사랑 교육법

괴테는 얼마 후 아들에게 직접 자신의 생각을 전달해 다시 한 번 깨우치기도 했다.

"아들아, 모든 것을 깊이 있게 오랫동안 생각해야 한다. 너는 인생을 단 2분30초로 생각하는 것 같구나. 그렇게 세상을 생각하면 인생을 함부로 낭비하게 된다고 생각하지 않겠니? 어린 나이에 그렇게 생각하는 것은 또 얼마나 비참한 일이겠어! 이 아버지는 네가 1분 단위로 네 자신의 인생을 계획하기를 바란다. 그렇게 열심히 노력을 해야 인류를 위해 공헌을 할 수 있게 돼. 인생을 진지하게 생각해야 한다."

아우구스트는 아버지의 말을 듣고 깊이 깨달았다. 이후 증조할아버지 때부터 내려온 가르침을 실천하기 위해 노력했다. 더불어 자신의 자식들에게도 항상 그렇게 살도록 교육했다. 그러나 괴테 가문의 가르침은 손자 대에서 더 이상 이어지지 못했다. 대가 끊어진 탓이었다. 물론 그의 비공식적인 후손이 널리 퍼져 있다는 풍문도 많다.

예컨대 지그문트 프로이트에 필적한 정신분석학의 대가 칼 구스타프 융의 후손들이 대표적으로 꼽힌다. 그의 증조할머니가 괴테와의 혼외정사로 그의 할아버지를 낳았다는 사실이 학계에는 거의 공인돼 있으므로 그렇다고 할 수 있다.

또 지금도 버티 히긴스라는 꽤 유명한 독일계 미국 가수의 사례에서 보듯 자신을 괴테의 방계 후손이라고 주장하는 인물들은 적지 않다. 더구나 히긴스에 대한 평가는 상당히 긍정적이다. 그래서인지 그가 발표한 작품들 중에는 상당히 많은 것을 생각나게 하는 수준 높은 철학적인 노래들이 적지 않다.

괴테는 애제자 에커만이 완벽한 인간이라고 극찬했으나 사실 약점 역시 없지 않았다. 일단 지나치게 자린고비였다는 사실이 그렇다. 게다가 그는 여성 편력이 심했다. 80세를 바라보는 나이에 19세의 울리케 폰 레베초프와 사랑에 빠졌을 정도였으니까.

그러나 이에 대해서는 톨레랑스를 강조하는 프랑스 국민보다 훨씬 더 까다로운 독일 국민들조차 관대하다. 도덕적인 것과는 무관한 약점이 엄청난 업적을 도저히 폄훼시킬 수 없기 때문이 아닌가 한다. 괴테가의 가르침이 지금은 독일민족에게까지 크게 영향을 미쳐 그들을 지구촌에서 가장 사고적인 민족으로 만들었다고 단언해도 크게 틀리지는 않을 것이다.

| 괴테 가계도 |

*1789년 **아우구스트**를 낳음(그 후 네명의 아이를 더 낳았으나 아우구스트를 제외하고 모두 어려서 잃음)

문화재 보존을 통해
나라의 문화를 지켜라

국가가 누란의 위기에 처했을 때 사회 지도층이 보여주는 애국
에는 여러 가지 길이 있다. 총을 들고 나가 직접 싸우거나
인재들을 양성하는 일 등이 가장 먼저 생각할 수 있는 적극적이고 효과
적인 방법이다. 또 간디가 했던 것과 같은 비폭력 시민 불복종 운동이나
시민 계몽 운동 역시 생각할 수 있는 애국의 길이라고 할 수 있다. 그러나
상당히 중요하면서도 생각하기 쉽지 않은 애국의 길도 있다. 그건 사라
질 위기에 놓인 문화재를 보존하는 것과 같은 나라의 문화를 지키려는
노력이 아닌가 한다. 다소 소극적인 느낌이 들고 표시가 안 나는 것이기
는 하나 누군가는 앞장서서 해야 하는 것이다. 자신들의 고유한 문화와
얼을 잃는 것은 나라를 잃는 것과 같으니까 말이다. 한국에는 이런 애국

의 길을 실천한 명가가 있다. 일제 강점기 당대 최고 거부였던 간송 전형필 선생의 집안이 바로 그렇다. 10만석꾼으로 불릴 정도로 많았던 가문의 재산을 온전히 나라의 문화재를 지키기 위해 날려버렸다고 하면 솔직히 더 이상 어떤 설명도 필요하지 않다.

간송 선생의 선조들

전형필 집안은 조선시대 때는 선조들이 그저 작은 벼슬을 지낸 평범한 가문이었다. 9대조가 오늘날의 검찰과 경찰에 해당하는 의금부 도사를 지냈을 정도다. 요즘으로 따지면 중앙 부처의 계장을 맡는 고참 사무관 정도였다고나 할까. 줄줄이 정승, 판서를 배출한 집안과 비교하면 속된 말로 게임도 되지 않는다. 그러나 선조들이 수완이 좋았던지 전형필의 5대조인 18세기 후반과 19세기 초반의 전성순 대에 이르면서 큰돈을 모은다. 지금의 종로 4가에서 장사를 벌여 10만석꾼의 기초를 다진 것이다. 그의 아들 전홍주 대에 이르러서는 아예 전국적인 큰 부자로 발돋움하는 계기를 맞는다. 과거의 무과시험에 합격한 둘째아들 전계훈이 무인들에게만 준 한양에서의 장사 허가권을 발판으로 엄청난 부를 쌓은 것이다. 전계훈은 이때 한양 일원에서 한참이나 더 나아가 저 멀리 황해도, 충청도, 전라도 등지의 땅까지 소유하게 된다. 이 사람이 바로 전형필의 증조할아버지였다. 졸지에 선조들의 재산을 바탕으로 10만석꾼으로 올라선 그는 아들을 두 명 뒀으나 작은아들 창열은 아들이 없었고 첫째 아들인 창업만 영기와 명기 두 아들을 뒀다. 이 두 아들 중 영기가 바로 1906년 종로에서 태어난 전형필의 아버지였다.

이처럼 10만석의 어마어마한 부자였음에도 아들이 별로 많지 않았던 서울의 대부호 정선 전씨 가문은 전형필 대에 와서는 그를 제외한 같은 항렬의 형제와 사촌들을 모조리 잃는 불행을 겪는다. 결국 10만석이라는 세기조차 어려운 재산은 1920년대에 고작 10대 후반에 지나지 않았던 전형필에게 고스란히 상속됐다.

어린 시절 그는 보통 부잣집 아들처럼 그다지 특별하지는 않았다. 1921년 지금의 효제초등학교인 어의동보통학교를 졸업한 후 휘문고보에 진학할 때까지 죽 그랬다. 다만 고등학교 때 조용한 성격과는 달리 야구에 흥미를 느껴 야구부 주장을 맡은 것은 다소 의외다. 좌우지간 한 가지 일에 몰두해 가산을 완전히 다 쓸어 넣을 정도의 무모한 일면은 없었다고 봐야 한다.

전형필에게는 운명적이었다고 해야 할지는 모르겠으나 당시 휘문고보에는 예사롭지 않은 미술 교사가 한 명 있었다. 그는 한국 최초 서양화가로 유명한 춘곡 고희동이었다. 최초라는 이름이 붙은 대화가답게 이력도 만만치 않았다. 그는 척추 장애자이면서도 일본으로 유학을 떠나 명문으로 유명한 우에노 미술학교를 우수한 성적으로 졸업한 화가였다. 그는 이때 첫 눈에 봐도 조용하면서도 뭔가 듬직해 보이는 제자에게 각별한 관심을 가졌다. 나중에는 학교 밖에서도 자주 만나 인생의 대선배이자 스승으로서 진지하게 생활지도를 하기도 했다. 이런 관계는 자연스레 둘의 소통을 더욱 원활하게 만들었다. 급기야 하루는 전형필이 그에게 자신의 모든 생각을 솔직하게 털어놓고 자문을 구했다.

"선생님, 앞으로 무슨 일을 해야 좋을지 모르겠어요. 무엇을 공부해야 할지도 모르겠고요."

고희동은 곧 대학에 진학해야 할 제자의 고민을 알 것 같았다. 더구나 제자는 만석꾼도 아닌 10만석꾼의 상속인으로서 주위의 시선을 한 몸에 받는 사람이 아닌가. 고민이 없다면 오히려 이상할 일이었다.

"아버님은 뭐라고 하시던? 뭐라고 말씀은 있으실 것 아니니?"

"그저 나라를 위하는 길을 가라고 하세요. 우리 집안은 높은 벼슬은 아니지만 그래도 대대로 나라의 녹을 먹었으니 그래야 한다는 거예요."

"그 말씀은 맞는 말이지. 그러나 나라를 빼앗겼으니 녹을 먹는 일을 할 수 없겠지?"

"그렇죠. 그래서 하는 말인데요. 일단은 법학 관련 공부를 해야 할 것 같아요. 하지만 그걸 직업으로 삼고 싶지는 않아요."

"그럼 이렇게 하는 게 어떻겠니? 일본에 가서 법학은 공부하되 나중 졸업한 다음에는 우리 문화재를 지키는 일을 하는 것 말이야. 그게 나라를 지키고 위하는 길이라고 나는 생각한다. 문화재를 비롯한 우리 문화에는 조상의 혼과 정신이 들어 있어. 그런데 그걸 일본인과 외국인들이 함부로 강탈해 가져가면 되겠니? 너는 경제적인 여유도 있으니까 나중에 이 일을 해보는 것이 어떨까 싶다. 나는 만주로 가서 총을 들고 일제와 싸우는 것만이 애국하는 길은 아니라고 생각해."

"우리 문화재를 지키는 일이라…."

전형필은 그렇지 않아도 조선의 정체성에 대해 고민하고 있던 차였으므로 고희동의 말이 예사롭게 들리지 않았다. 그는 이런 생각을 도쿄의 와세다대학 법과에서 공부를 하던 1926년부터 졸업할 때까지 내내 잊지 않았다. 게다가 그는 이때 거의 헐값으로 일본 미술시장으로 흘러 들어가는 조선의 고미술품들을 적지 않게 목도했다. 가슴이 아팠으나 소득이 전혀 없는 것은 아니었다. 조선의 문화재를 보존해 나라의 문화를 지켜야겠다는 평소의 생각이 이때 완전히 결심으로 굳어진 것이다.

그는 2년 후부터는 조선 최고 문화재 감식안을 가진 것으로 유명한 언론인 출신 오세창을 사사하게 됐다. 본격적으로 문화재 수집가의 길로 들어가는 것은 이제 그의 운명이 돼 있었다. 이때 그는 이순황이라는 문화재 수집 대리인을 채용해 자신을 대리하도록 했다. 전문적인 문화재 수집을 위해 관훈동의 한남서림을 인수해 개인 수장고를 사무실처럼 운영한 것도 이 무렵이었다.

문화재 보존을 위해 전 재산을 쏟아붓다

1934년 전형필은 수집한 서화와 골동품 등 문화재들이 기하급수적으로 늘어나자 사설 박물관을 세울 결심을 굳힌다. 이를 위해 우선 지금의 서울 성북동 성북초등학교 부근에 있던 브레상이라는 프랑스 사업가의 서양식 별장을 사들여 북단장을 건축한다. 이어 4년 후 드디어 지금의 간송박물관의 전신이 되는 보화각을 그곳 한켠에 세웠다.

그는 서울 최고 부호치고는 너무나 조용했다. 경제적 여유가 있는 사람들이 종종 빠지기 쉬운 주색잡기에도 한 눈을 팔지 않았을 뿐 아니라 돈 푼 깨나 있다고 중뿔나게 으스대지도 않았다. 해방을 전후한 격동기에도 오로지 문화재 수집과 보존을 위해 계속 노력하거나 관련 분야 전문가들과만 교유한 것은 다 그의 이런 성격 때문이었다. 하기야 오죽했으면 그의 호가 세속과 어울리기 싫어한다는 의미를 담은 시냇가의 소나무, 간송이었을까.

평생을 문화재 수집과 보존을 통해 나라의 문화를 지키는데 바친 그는 1962년 20세나 많은 스승 고희동보다도 3년이나 빨리, 너무나 아까운 나이에 신장염으로 세상을 떠났다. 56세의 나이가 적은 것은 아니었음에도 불구하고 그는 조용했던 성격답게 자신의 컬렉션과 자녀들 외에는 이승에 남긴 것이 별로 없다. 주목을 끌 만한 저서 하나 세상에 남겼던 것도 아니고 중요한 정치적, 사회적 사건에 연루된 적도 없었으니 말이다. 심지어 그 많던 재산 역시 그가 세상을 떠났을 때에는 먼지만 남아 있었다. 그를 따랐던 후학들이 나중에 그의 연보를 채우려 하다 빈칸이 너무 많아 애를 먹었다는 에피소드는 그저 농담만은 아니었던 것이다.

그러나 그는 돈이나 명예와는 비교조차 하지 못할 귀중한 무형의 유산을 적지 않게 남겼다. 우선 넉넉한 인품이 느껴졌던, 지금도 종종 회자되는 인간미가 그랬다. 그는 실제로 다른 대부분 부호의 자식들이 주색잡기에 몰두할 때 생활이 어려운 동창이나 선배, 스승에게 눈을 돌려 아끼지 않고 학비와 생활비 등을 무한정 대줬다. 많을 때는 1년에 쌀 1000가마에 이르는 비용을 썼다. 요즘 돈으로 따지면 최소한 8억5000만원 전후에 이르는 액수다. 형태만 갖추지 않았지 장학재단이나 자선단체를 운영했다고 볼 수 있다. 그는 전국 각지에 산재했던 자신의 땅에 불법 건물이 들어서도 그대로 뒀다. 종로4가와 5가 일대에 지천으로 널린 자신 소유의 점포들이 임대료를 내지 않을 경우에도 좀처럼 뭐라고 하는 법이 없었다. 대신 그는 이들 점포의 세금은 꼬박꼬박 냈다. 그럼에도 그는 상인들에게 화를 내거나 불평 한마디 하지 않았다.

그가 남긴 무형의 유산 중 단연 빛나는 것은 미술사를 공부하는 될성부른 젊은 학자들을 후원해 지금은 권위의 상징인 이른바 간송학파를 형성하도록 한 공로이다. 한국전쟁이 끝난 지 얼마 안 된 1950년대 후반은 일반적으로 너나 할 것 없이 모두가 어려운 시절이었다. 이때 그는 자신이 아끼는 젊은 학자들이 근무하는 국립박물관을 자주 찾았다. 막내동생이나 조카뻘 되는 이들을 격려하고 같이 어울리기 위해서였다. 이럴 때마다 그는 이들을 저녁 내내 종로 인근 밥집이나 술집으로 데리고 다니면서 미술사에 대한 고담준론을 즐겼다. 마지막에는 또 종로4가에 있는 자신의 집으로 데리고 가는 것을 습관처럼 되풀이했다. 공부할 교재가 무수히 많았던 만큼 후배들이 싫어할 이유는 하나도 없었다. 이런 과정을 거쳐 자연스럽게 그의 집은 한국미술사의 요람으로 자리매김하게 됐다. 전형필이 대대적인 재정적 지원까지 아끼지 않고 너무나 좋아했던 이들 소장 학자들은 불과 20여 년 전까지만 해도 한국 고고학계와 미술사학계를 쥐락펴락했던 당대의 석학인 최순우, 진홍섭, 황수영, 김원용 등이었다. 나중에는 국립중앙박물관장을 지낸 정양모, 간송미술관의 터줏대감 최완수 등에게까지 이 전통이 이어졌다. 전형필이 남긴 무형의 유산이 대단하다는 사실을 가볍게 증명하고도 남는다.

10만 석에 이르는 재산을 썼을 정도로 무수한 문화재를 구입해 보존한 만큼 그는 이와 관련한 유명한 일화 또한 많이 남겼다. 지금도 전설처럼 회자되는 것이 바로 1937년 2월 있었던 고려청자 수집가인 영국인 존 개즈비와의 일화다. 영국 귀족 출신 국제 변호사였던 개즈비는 당시 도쿄에서 20여 년 동안 머물면서 고려청자 수집가로 맹활약했으나 일본의 정세가 불안해지자 본국으로 돌아갈 계획을 세워놓고 있었다. 또 아깝기는 하지만 그동안 수집한 보물들도 다 처분하기로 최종 결심을 굳힌 상태였다. 귀국길에 어떻게 될지 모른다는 불안감이 있었던 데다 동양의 보물을 몰래 가져가는 데에 대한 죄책감도 없지 않았던 것이다.

평소 개즈비의 동태를 예의주시하고 있던 전형필은 그 소문이 퍼지자 즉시 충남 공주에 있던, 연 500석 생산이 가능한 규모의 땅을 팔아 도쿄로 날아갔다.

그는 도쿄에 도착하자 일본 왕의 궁성이 한 눈에 보이는 개즈비의 호화 저택으로 찾아갔다. 그가 나타나자 50대에 접어든 개즈비는 자신이 목숨처럼 아끼는 보물을 사러 온 사람이 30대 초반의 젊은이라는 사실에 충격을 받은 듯 흠칫 놀라는 표정을 지었다. 거간꾼으로부터 미리 연락을 받기는 했으나 반신반의하던 터였으니 그럴 수밖에 없었다.

"조선 사람입니까?"

개즈비가 여전히 놀란 표정을 얼굴에서 지우지 못한 채 물었다. 일본의 식민지인 조선 사람이라고는 생각지 못한 것이 분명했다. 그는 그러나 조선 사람이 나타난 것이 차라리 잘 됐다는 듯 전형필의 손을 꼭 잡고 말했다.

"아, 말씀은 많이 들었습니다. 정말 반갑군요. 사실 저는 조선의 훌륭한 고미술품이 헐값에 도쿄로 넘어와 일본인들의 손에 휘둘리는 현실이 너무나도 안타까웠습니다. 아무리 일본 사람들이 조선의 골동품을 좋아한다고 해도 주인은 조선 사람이니까요."

"역시 우리 조선의 청자를 수집할 만한 자격이 있으신 분이십니다. 정말 감사합니다."

"저는 조선에 도자기를 수집하기 위해 여러 차례 갔습니다. 놀랍게도 조선에도 수집가들이 조금씩이나마 생기고 있더군요. 저는 솔직히 몹시 놀랐습니다. 기쁘기도 했고요. 그건 조선의 보물들이 진정한 주인을 만나 제 자리를 찾아가는 것을 의미하죠."

"좋은 말씀 고맙습니다."

전형필은 기분이 몹시 좋았다. 물건들을 자신에게 넘기지 않을 가능성은 이제 거의 없다고 해도 좋을 것 같았다. 개즈비 역시 혼신을 다해 수집한 보물들을 문화재에 진정한 애정을 가진 조선 사람에게 팔 수 있었으므로 기분이 날아갈 듯 좋았다.

개즈비는 전형필을 자신의 수장고로 안내했다. 그의 컬렉션은 소문대로 대단했다. 전형필은 좀처럼 벌어진 입을 다물 수 없었다.

"저에게 이걸 다 넘겨주시기 바랍니다. 심혈을 기울여 애써 모으신 수

집품이니만큼 저도 선생의 열정을 잊지 않고 최선을 다해 관리하겠습니다."

"전 선생은 아직 젊은 분이니 앞으로도 훌륭한 조선의 고미술품들을 많이 수집해 세상에 알리세요. 이 물건들은 제가 심혈을 기울여 수집한 것이나 안목과 열정이 있는 조선의 수집가가 다시 가져가게 돼 기쁘기 한량없습니다."

"값은 어떻게 쳐 드리면 되겠습니까?"

"허 이거 참, 이런 물건에 값이 있겠습니까? 나도 말하기 난감하니 전 선생이 먼저 말씀을 해 보시죠."

"아닙니다. 선생께서 말씀하십시오. 저는 원하는 대로 드리겠습니다."

개즈비는 계속 난감한 표정을 지었다. 사실 그럴 수밖에 없었다. 세상에 둘도 없는 보물은 부르는 게 값이라는 사실은 세상이 다 아는 만고의 진리 아닌가. 개즈비는 한참을 망설이다 가격을 입에 올렸다. 경성의 웬만한 고급 기와집 30~40채 값이었다. 전형필은 그러나 놀라지 않았다. 가지고 온 돈은 반밖에 되지 않았으나 오히려 개즈비가 예상보다 적게 불렀다는 생각도 없지 않았다. 그는 즉각 경성에 연락을 취해 충청도 지방의 땅을 더 팔라고 지시했다.

전형필은 안도의 한숨을 내쉬면서 눈앞의 보물들에 다시 눈을 돌렸다. 나중에 국보 65호가 된 '청자기린형향로'가 먼저 눈에 들어왔다. 세발 달린 향로에 뚜껑을 얹은 작품이었다. 웅크리고 앉아 뒤쪽 하늘을 쳐다보는 기린을 올려놓은 뚜껑 손잡이가 독특하기 이를 데 없었다. 그는 사자를 올려놓은 뚜껑은 자주 봤으나 기린은 진짜 이때 처음 봤다. 희귀하고 귀한 청자라는 사실은 의심할 여지가 없었다. 그의 눈은 다시 훗날 국보 74호가 된 '청자압형연적'과 보물 286호로 지정된 '청자상감포도동

자문배병'에 머물렀다. 탄성이 절로 나오고 있었다. 정말 당대 최고 컬렉션임이 분명했다. 그는 등에 흘러내리는 땀을 닦을 생각도 하지 못한 채 다시 한 번 긴 한숨을 토했다.

그의 신화적인 일화는 이보다 1년 전인 1936년 11월 지금의 퇴계로에 있던 미술품 경매 회사인 남산구락부에서도 있었다. 당시 이곳에서는 경성에서 내로라하는 미술품 수장가인 모리 고이치가 평생 모은 200여 점이 경매 물건으로 나와 있었다. 은행장 출신이었던 만큼 미술품들의 수준은 그 어느 것 할 것 없이 대단히 뛰어났다.

이 정보는 평소 밀접한 거래를 하고 있던 온고당의 주인 심보기조를 통해 그에게 전달됐다. 두 사람은 즉각 명동의 한 음식점에서 마주 앉았다. 전형필은 심보가 건네준 경매 물건 사진 중에서 하나를 골라 슬그머니 건넸다. 난초와 국화에 나비, 곤충 등이 소박하게 그려져 있는 청화백자였다. 훗날 보물 241호가 된 '청화백자양각진사철채난국초충병'이었다.

"역시 보는 눈이 대단하십니다. 명품 중 명품입니다. 더구나 이 물건은 이번에 손에 넣지 못하면 영원히 조선에서 사라질 가능성이 높아요."

"낙찰 가격은 어느 정도가 될 것 같나요?"

전형필이 가볍게 떨리는 목소리로 물었다. 심보의 말이 결코 과장이 아니었던 것이다.

"1만원 이상은 예상해야죠. 그러나 그 이상의 가격이 나오더라도 이번에 잡아야 합니다."

"경쟁자들은 누가 될 것 같습니까?"

"조선에서는 장택상과 김성수 정도가 될 겁니다. 둘 모두 전 선생 못지않은 재력가들입니다. 하지만 조심해야 할 경쟁자들은 일본인이에요. 자칫 잘못 하다가는 진짜 이 물건 일본으로 넘어갑니다."

"심보 선생, 내가 살 수 있도록 꼭 좀 도와주십시오. 돈은 얼마가 들어도 좋습니다."

운명의 경매 날은 다가왔다. 전형필과 심보가 경매장 안으로 들어갔을 때에는 이미 많은 수집가들이 몰려와 있었다. 심보가 놀랄 정도의 큰손들이 속속 도착한 것은 두 말할 나위도 없었다. 두 사람은 손에 땀이 날 정도로 초조함을 떨치지 못했다.

왁자지껄한 분위기 속에서 여러 물건들이 팔려 나간 뒤 드디어 문제의 청화백자가 올라왔다. 장내는 갑자기 조용해졌다. 여기저기에서는 탄성이 흘러나왔다. 좀처럼 보기 어려운 명품이라는 얘기였다.

"500원이요."

어디에선가 거금이기는 했으나 물건에 비하면 어림도 없는 가격이 튀어나왔다. 아니나 다를까 가격은 빠른 속도로 5000원까지 올라갔다.

"6000원이요."

점잖은 모습을 한 웬 일본인이 쇳소리가 나는 목소리로 외쳤다. 긴장이 지나친 모양이었다.

"7000원이요."

이번에는 조선 사람의 억양이 들렸다. 장택상이었다. 전형필을 대리해 경매에 참가한 심보는 때가 왔다고 생각하고 외쳤다.

"8000원이요."

이후 가격은 정신없이 달려가더니 1만 4000원까지 올라갔다. 심보는 땀을 비 오듯 흘리면서 다시 외쳤다.

"1만 4500원이요."

"1만 4510원이요."

그때까지 끝까지 경쟁을 하던 일본 본토의 골동품 거상인 야마나카가

힘겹게 목소리를 뱉어냈다. 심보는 기다렸다는 듯 "1만4580원이요"라고 자신있게 외쳤다. 경매 사회자가 그 값을 몇 번이나 반복해 외쳤다. 장내에는 계속 침묵이 흘렀다. 곧 이어 경매 낙찰을 알리는 경락봉이 힘차게 울렸다. 동시에 전형필의 얼굴에는 잔잔한 미소가 피어올랐다.

전형필이 남긴 일화들은 이 밖에도 일일이 열거하기 힘들 정도로 많다. 이 중 2만원을 주고 산 상감청자인 천학매병千鶴梅瓶을 4만원에 팔라는 일본 수집가에게 "이것보다 좋은 물건이 있으면 4만원이 아니라 더 많은 돈을 주고 사겠습니다. 그러면 이건 원금에 드리겠습니다"면서 일언지하에 거절한 기개는 특히 지금까지 골동품계에서 면면히 내려오는 일화로 유명하다.

그는 또 문화재의 가치를 제대로 보고 통 크게 값을 치른 사람으로도 평판이 자자했다. 이는 국보 70호인 훈민정음 원본을 구했을 때의 일화가 잘 증명해준다.

그는 1942년의 늦여름 어느 날엔가 머리를 식힐 겸 평생 지기인 이순황에게 경영을 맡긴 한남서림을 찾았다. 일이 되려고 그랬는지 이곳에서 그는 우연히 웬 골동품상을 만났다. 그런데 그의 행동거지가 영 이상했다. 전형필은 뭔가 이상하다는 생각이 들어 물었다.

"도대체 무슨 바쁜 일이 있어 그러는 겁니까?"

"사실은 훈민정음 원본이 경상북도 안동에 나타났다고 하네요."

"뭐, 훈민정음 원본이라고?"

전형필은 상인의 말에 자신도 모르게 목소리를 높였다. 기록과 말로만 보고 듣던 훈민정음 원본이었으니 그럴 만도 했다. 그는 한참 후 겨우 정신을 가다듬고 물었다.

"그래서 지금 그걸 사러 가는 길인가요?"

"아니요, 우선 돈을 구해야죠. 책 주인이 1000원을 불렀다고 합니다."

전형필은 상인의 말에 대뜸 1만1000원을 쥐어주면서 말했다.

"물건은 제값을 주고 사야 합니다. 훈민정음 원본을 1만원 주고 사세요. 진정한 값은 그 이상일 수도 있습니다. 나머지 1000원은 수고비로 받으세요."

전형필이 상인에게 준 1000원은 당시 조그마한 기와집 한 채 가격이었다. 지금 시세로 해도 최소 5000만원 이상은 하는 돈이었다. 그의 배포와 문화재를 바라보는 자세가 얼마나 진지했는지를 말해주는 일화 중 하나다.

대를 잇는 가문의 후예들

전형필의 문화재 보존을 통해 나라의 얼과 문화를 지키려는 정신은 가훈처럼 후대들에게 전해지지 않을 리가 없었다. 아니 너무 철저하게 전해져 다른 분야에 종사하는 자손들이 드물 정도다. 현재 생존해 있는 2남 3녀 중 장남인 70대 중반 전성우는 아버지의 뜻을 이어받아 서울대 미대를 졸업한 후 샌프란시스코 예술학교와 오하이오 대학에서 미술과 미학을 전공했다. 귀국 후에는 서울대 미대에서 교수 생활을 했으나 지금은 아버지 전형필이 세운 보성고등학교 이사장을 맡고 있다. 차남 전영우 역시 아버지의 유지를 그대로 이어받았다. 형을 따라 서울대 미대를 나온 뒤 고고학과를 다시 나왔다. 한때 상명여대 미술과 교수로 있었으나 지금은 간송미술관 부설 한국민족미술연구소 관장 겸 소장으로 일하고 있다.

손자, 손녀들인 3대들도 마찬가지다. 장손녀인 전성우의 장녀 전인지가 대학에서 미술사를 전공한 후 국립중앙박물관 학예관으로 재직 중이고 둘째는 화가로 활동하고 있다. 또 이탈리아 피렌체에서 금속공예를 전공한 차남 전영우의 장녀인 전인강은 현재 금속 공예가로 활약하고 있다. 전영우의 둘째딸 전인희와 막내아들 전인성은 각각 도예가와 조각가로 이름을 알리는 중이다.

10만석꾼의 후손이나 전형필 가문의 이들 2, 3세들이 관여하는 간송미술관은 지금 경제적 사정이 후발 주자들인 다른 미술관에 비해 상대적으로 좋지 않다. 상설 전시회 등을 열고 싶어도 재정 상황이 여의치 않다. 그렇다고 관람료를 받을 수도 없다. 전형필 가문의 자존심이 허락하지 않기 때문이다.

물론 외국의 갤러리들처럼 소장 중인 작품 일부를 팔아 재원을 마련하면 상황은 금방 달라질 수 있다. 그러나 전형필 가문의 후손은 소장 문화재를 단 한 점도 팔지 않겠다는 원칙을 일찌감치 확정했다. 비록 상황이 좋지 않더라도 보존에 최선을 다하는 것이 후손의 도리라고 생각하기 때문이다. 하기야 전형필이 보화각을 짓고 나서 주춧돌에다 "한 집에 모인 것들은 오래도록 빛날 보물 중 보물이로다. 세상 함께 보배로 삼고 자손 길이 보존하세"라고 쓴 사실을 상기하면 후손이 함부로 소장품을 판다는 것은 생각하기 어렵다.

전형필 가문은 결과적으로 지금 시세로 따지면 수조 원은 족히 됐을 가문의 재산을 문화재 보존을 통한 나라의 문화를 지키는데 다 쏟아부었다고 할 수 있다. 달리 말하면 가문의 재산을 간송미술관과 맞바꿨다고 해도 좋다. 또 그는 사재를 털어 간송학파의 핵심 인재들이 된 우수한 소장학자들을 길렀다. 사치 갤러리와 영국을 대표하는 젊은 작가들을 의미하는 YBA를 키워 런던을 세계적인 미술의 도시로 만든 찰스 사치와 비슷한 행보를 보였다. 간송박물관과 간송학파가 있다는 사실을 알면 한국인들이 사치 갤러리와 YBA의 작품들을 보고 나서 문화적 열등감을 가질 필요가 별로 없다는 얘기다. 전형필 가문의 엄청난 재산은 사라졌으나 정신은 영원하다.

| 전형필 가계도 |

🎵 빌 게이츠 가문 이야기

재산을 물려주지 말고
창의적인 아이로 키워라

개천에서 용 난다라는 말이 있다. 자수성가라는 말도 있다. 과거에는 정말 그랬다. 경제적으로 어려운 집안에서 성공한 사람들이 적지 않게 나오는 것이 세계적으로 흔했다. 그러나 지금은 안타깝게도 그렇지 못하다. 개천에서 용 난다는 말은 정말 세계적으로 더이상 흔히 쓰지 못할 관용어가 됐다. 경제적인 여유가 없으면 성공의 기본 조건인 교육을 잘 받기가 쉽지 않기 때문이다. 콩 심은데 콩 나고 팥 심은데 팥 난다는 이른바 부의 대물림 현상이 고착되고 있는 게 요즘 세상이다.

현재 세계 최고 부호는 마이크로소프트사의 창업자인 빌 게이츠 3세다. 단순하게 부의 대물림 현상만 생각한다면 그 역시 선대로부터 상당한 유산을 물려받아 오늘의 성공을 일궜다고 생각할 수도 있다. 그러나 결론적으로 말하면 그렇지 않다. 그의 집안이 상당히 부유했던 것은 사실이나 그가 지금의 성공을 일군 것은 유산 상속과는 정말 무관하다. 완전히 본인의 노력과 창의적인 아이디어로 지금의 자리에 올랐다. 그는 자수성가한 대표적인 인물이자 상징이다.

노력과 창의성으로 세계 최고 거부가 되다

그렇다면 그가 어떤 방법으로 자수성가했는지가 궁금할 것이다. 우연은 아니었을까? 아니다. 절대로 우연이 아니다. 답은 역시 창의적인 사람이 될 수 있는 돈과 무관한 가정교육을 철저히 받은 것이 주효했다고 볼 수 있다.

실제로 그의 아버지 빌 게이츠 2세는 시애틀에서도 몇 손가락 안에 꼽히는 성공한 변호사였으나 아들에게 평소 많은 돈을 주거나 부유한 집안의 아들처럼 교육하지 않았다. 또 아들이 장성해서도 부를 물려줄 생각역시 하지 않았다. 집안의 재산은 아들에게 남겨줄 유산이 아니라 사회에 환원할 재산이라고 생각한 것이다. 그의 이런 생각은 금세기 초 월 스트리트 저널 기자로부터 "아들이 아버지로부터 많은 재산을 물려받았다면 지금처럼 열심히 노력해 성공했을 것으로 보는가"라는 질문을 받았을 때 한 답변에서 잘 나타난다. 그는 이때 "아들에게 많은 재산을 물려줬다면 아들은 아마 마이크로소프트를 설립하지 못했을 것이다. 그 애가 부유한 환경에서 자랐다면 의욕적으로 사업에 매진하지도 않았을 것이라고 생각한다"고 대답했다.

많은 재산을 물려주지 않고 창의적인 아이로 키운다는 빌 게이츠 가문의 자녀 교육 원칙은 어느날 갑자기 천지개벽으로 인해 뚝딱 하고 나타난 것이 아니다. 빌 게이츠의 할아버지인 빌 게이츠 1세 때부터 면면히 이어져 내려온 전통이다. 지금은 거의 가훈으로 굳어졌다.

빌 게이츠 일가의 자녀교육과 원칙

빌 게이츠 1세는 당시의 사람들이 다 그랬듯 굉장히 어렵게 살았다. 먹고살기가 너무 힘들어 알래스카로 이주하기도 했다. 이때 그는 난방용 석탄이 떨어지면 집 주변의 나뭇가지를 주워 땔감으로 사용하는 등 근면하고 검소하게 살았다. 그럼에도 불구하고 아들 빌 게이츠 2세를 비롯한 자녀들에게는 꿈을 크게 가지라고 교육하는 것을 잊지 않았다. 아버지의 영향은 얼마 후 나타났다. 빌 게이츠 2세가 18세 때인 어느날이었다. 그가 조용히 아버지에게 말했다.

"아버지, 저 군대에 가려고 해요."

"아니 그게 무슨 소리냐? 대학은 어떻게 하고. 너는 성적도 좋은데. 왜 학비가 걱정이 되니? 그건 내가 어떻게든 마련해 보마."

빌 게이츠 1세가 아들의 등을 두드리면서 말했다. 얼굴에는 안타까운 표정이 물씬 배어 있었다. 자신이 경제적으로 무능해 아들에게 대학 학비를 걱정하게 만든다는 것이 안타까웠다.

"아니에요, 아버지. 학비를 대 주시지 않아도 돼요. 저는 아버지가 부자였더라도 학비만 댈 뿐 재산은 물려주지 않겠다고 하신 말씀을 가슴에 늘 새기고 있어요. 군대는 좋은 점이 많아요. 전역 후 대학에 들어가면 장학금을 주잖아요. 그걸로 대학을 다니겠어요."

"정말 고맙구나. 내가 제대로 교육을 하기는 했구나."

빌 게이츠 2세는 진짜 자신의 말을 그대로 실천에 옮겼다. 대학을 졸업한 다음에는 로스쿨까지 마치고 1950년부터 변호사로 활약하기 시작했다. 이후 그의 삶은 대단히 성공적이었다. 1951년에는 미국 국립은행 부은행장을 지낸 명문가 J. W. 맥스웰의 딸 메리 게이츠와 결혼하는 행운도 누렸다.

그는 보통 성공하면 나태해지는 일반 사람들과는 달리 그후에도 초심을 잃지 않았다. 어릴 때부터 길들여져 있던 생활 습관을 결코 버리지 않았을 뿐만 아니라 큰딸 크리스틴과 아들 빌 게이츠, 막내딸 리비 등 자식들에게는 근검절약을 무엇보다 강조했다. 이미 40세 때 백만장자로 변신한 자신의 재산은 쳐다보지도 말라는 말을 아예 귀에 못이 박히도록 들려줬다. 그러나 자식들을 창의적인 사람으로 키우기 위해 필요한 책은 아낌없이 사다줬다. 대신 TV는 상상력을 저해한다는 이유로 보지 못하게 했다.

근검절약 정신을 실천한 아버지

자식들은 그의 요구에 잘 부응했다. 빌 게이츠보다 두 살 많은 큰딸 크리스틴은 책임감이 강하고 매사에 꼼꼼한 아이로 성장했다. 그녀가 얼마나 책임감이 강한지는 면허증을 땄던 16세 때의 일화를 보면 잘 알 수 있다. 주차를 하다가 실수로 할머니의 차를 들이받자 바로 집에 들어와 면허증을 가위로 잘라버릴 정도로 자기관리에 철저했다. 그녀는 현재 시애틀 소재 명문 워싱턴대학 운영을 관장하는 회계법인 소속 회계사로 일하고 있다.

현재 40대 초반인 리비는 크리스틴보다 더하다. 아버지가 부유한 변호사인데도 2년제 칼리지를 졸업한 후 스포츠 코치로 일하는 등 평범한 생활을 하고 있다. 지금도 주변 지인들에게 아버지와 오빠가 누군지를 말하지도 않을 뿐만 아니라 경제적으로 의지할 생각을 전혀 하지 않고 있다.

빌 게이츠 2세가 지향한 독특한 교육의 성과는 아들 빌 게이츠에게서 활짝 폈다. 빌 게이츠가 아버지의 가르침에 따라 버릇처럼 몸에 익히게 된 것은 다름 아닌 책읽기 습관이다. 특히 과학소설 읽기는 자연스럽게 그를 컴퓨터의 세계로 인도했다. 레이크사이드 중고등학교에 다닐 때는 학교 선배인 폴 앨런과 함께 인근 워싱턴 대학의 컴퓨터실을 찾아가 하루 종일 빠져들기도 했다. 결국 그는 하버드 대학에 입학한 다음해인 1975년 컴퓨터에 대한 열정을 이기지 못하고 폴 앨런과 마이크로소프트를 설립하기로 결심한다. 이때 그는 당연히 부모에게 자신의 입장을 개진했다.

"아버지, 어머니. 저 학교를 휴학하고 회사를 차리려고 해요. 소프트웨어를 만드는 회사 말이에요."

빌 게이츠의 느닷없는 말에 그의 부모는 깜짝 놀랐다. 하기야 좀 독특하기는 해도 공부를 잘했던 아들이 갑작스럽게 학교를 휴학한다고 하니 그럴 수밖에 없었다. 아버지가 물었다.

"너 대충 하다가 그만두지는 않겠지? 자신이 없으면 휴학하면 안 돼."

"대충 하다니요. 오래 생각하고 말씀드리는 거예요."

"회사 설립 자금은 있니?"

"별로 없어요. 그러나 부모님께 손을 벌리지는 않겠어요."

"그거야 당연하지. 우리 재산은 우리 것이 아니라 사회의 것이라는 할아버지 말씀을 그렇게 많이 들었는데 당연히 그래야지. 어쨌든 열심히 해서 성공한 다음 다시 학교로 돌아가도록 해라."

빌 게이츠의 어머니도 아들의 생각을 말리지 않았다. 그녀 역시 책과 컴퓨터에 빠져 지내던 창의적인 아들이 큰일을 할 것이라는 믿음을 가지고 있었던 것이다. 이후 그는 외할머니에게 배운 카드 실력으로 진짜 자신의 힘으로 창업 자금을 마련했다. 하버드 대학 친구들과 포커게임을 벌여 제법 많은 돈을 딴 것이다. 다소 엉뚱한 창업 비화인 것 같으나 분명한 사실이다.

자립정신 강한 책벌레 빌 게이츠 3세

빌 게이츠는 오로지 자신의 손으로 경이적인 성공을 일궈내기는 했으나 어린 시절에는 완벽한 모범생이라고 볼 수는 없었다. 아니 빌 게이츠 2세의 회고에 따르면 자신이 화가 나서 아들 얼굴에 물을 끼얹은 일이 있었을 만큼 반항아였다.

이 사건은 그가 11세 때쯤 일어났다. 당시 그는 자신에 대한 지나친 간섭 등 모든 일에 불만이 많았다. 또 어머니에게 대드는 일도 늘어났다. 결국 이를 보다 못한 빌 게이츠 2세는 처음이자 마지막으로 아들에게 물세례를 퍼붓는 폭력을 휘둘렀다고 한다.

이후 빌 게이츠의 부모는 그를 상담 치료 전문가에게 데려가 상담을 받도록 했다. 다행히 상태는 많이 좋아졌다. 빌 게이츠는 상담원의 권고 덕에 부모로부터 상당한 자유를 얻었다. 다시 옛날의 착한 아들로 돌아갈 수 있었다. 그의 창의력 역시 본격적으로 꽃을 피우게 됐다.

빌 게이츠는 지금 엄청난 재산을 보유하고 있다. 1986년 상장한 회사의 주식 60%에 이르는 자기 지분가치가 500억달러가 넘는다. 이 정도 되면 인생을 즐기거나 쉽게 살 만도 하다. 그러나 그는 그렇게 하지 않았다. 집안의 가르침대로 절대로 낭비하지 않는 생활을 고수하고 있다. 예컨대 자가용 비행기 한대 없고 여행을 할 때 1등석을 타지 않는다. 이에 대해 그는 13년 전 비즈니스 위크와 가진 인터뷰에서 "나는 절대로 1등석을 타지 않는다. 비즈니스 클래스로도 편히 갈 수 있는데 왜 굳이 1등석을 타야 하는가? 그건 정말 낭비다"라고 자신의 생각을 밝힌 바 있다.

그는 아버지의 가르침대로 재산을 자식들에게 물려주지 않는다는 원칙을 이미 전 세계에 언론을 통해 밝힌 바 있다. 이를 위해 자기 재산 대부분을 부인 멜린다와 함께 2000년 설립한 세계 최대 자선단체 '빌 앤드 멜린다 게이츠 재단'에 기부했다. 이때 그는 "모든 억만장자는 자기 재산 대부분을 사회에 기부하는 것이 옳다고 생각한다"면서 "이렇게 하면 자신이 기쁨을 누릴 뿐 아니라 자녀들도 행복해진다. 세계가 더 좋은 곳으로 변한다"라는 감동적인 말을 남겼다.

그렇다면 그의 자녀들은 정말 아버지로부터 단 한 푼도 받지 못하는 것일까? 물론 그렇지는 않다. 1000만달러는 딸과 아들에게 물려줄 예정이라고 한다. 각각 500만달러이므로 결코 적은 돈은 아니다. 하지만 500억달러의 5000분의 1에 해당한다는 점에서 보면 확실히 재산을 상속하지 않겠다는 그의 평소 신념이 깨졌다고 말하기는 어렵다.

기부의 제왕 빌 게이츠

빌 게이츠가 재산은 자신의 것이 아닌 사회의 것이라는 게이츠 가문의 신념을 어느 정도 실천하고 있는지는 자녀들에게 주는 용돈에서도 잘 드러난다.

현재 미국 청소년들의 일주일 용돈은 대략 16달러 60센트에 이른다. 하지만 그는 현재 중학생인 큰딸 제니퍼가 초등학교 6학년 때인 2년 전 일주일 용돈으로 1달러를 줬다고 한다. 최근 CBS방송과 가진 인터뷰에서 분명하게 말했다. 지금은 어느 정도일까? 일부 언론 보도에 의하면 일주일에

7달러라고 한다. 무려 700%나 오른 셈이다.

이 정도에 그치지 않는다. 마이크로소프트의 경영에서 완전히 손을 뗀 요즘 빌 게이츠는 이런 자신의 생각을 실천으로 옮기고 있다. 최근 적극적으로 뛰어들어 전개하고 있는 상속세 폐지 반대운동을 보면 그렇다는 사실을 알 수 있다.

또 그는 상속세 폐지에 반대하는 미국 대표적인 부자들이 결성한 '책임지는 부자들' 모임에서 핵심적인 역할을 하고 있다. 그의 아버지가 "미국의 빈부 격차는 사상 최고치를 향해 달려가고 있다. 부자들이 계속 욕심을 부리면 미국 자본주의와 민주주의는 망한다"고 강조한 것을 상기하면 정말 부전자전의 행보로 보인다.

이런 빌 게이츠의 노력은 주위의 감동을 불러일으키고 있다. 선배인 폴 앨런과 워런 버핏 등 세계적인 부호들의 잇따른 기부 약속을 이끌어내고 있는 것이다. 특히 세계 제2위 부호인 워런 버핏이 3년 전 자신 재산 중 80%인 300억달러를 기부하기로 약속한 것은 그로부터 직접적으로 영향을 받았기 때문이다. 워런 버핏의 세 자녀들 역시 놀랍기는 마찬가지다. 흔쾌히 아버지의 결정에 찬성했을 뿐 아니라 자신들의 재산까지 내놓기로 약속했다. 아마도 빌 게이츠의 생각에 감동을 받은 게 아닌가 여겨진다.

자식이 능력이 있으면 솔직히 재산을 물려줄 필요는 없다. 물고기를 주는 게 아니라 물고기 잡는 기술을 가르쳐야 한다는 교훈을 생각해보면 더욱 그렇다. 또 능력이 없으면 아무리 많은 재산을 물려줘도 결국 다 날리게 된다. 땅 속에서 아무리 땅을 치고 후회해봐야 소용이 없다.

이런 점에서 보면 재산을 물려주는 것보다는 열심히 노력하는 정신과 창의적인 생각을 강조한 빌 게이츠 가문의 가훈은 정말 본받아야 할 덕목이다. 개천에서 용 나지 않는 안타까운 현실과 무관하지 않은 부의 대물림 현상이 한국에서 유독 기승을 부리고 있는 현실을 보면 더욱 그렇다.

| 빌 게이츠 가계도 |

*외할아버지 : J. W. 맥스웰은 미국 국립은행 부은행장 출신

철저하게 단결해 절대로
형제 사이의 다툼이 없게 하라

제 아무리 엄청난 국력을 자랑하는 왕조라 해도 300년 동안이나
영화를 유지한다는 것은 무척 힘든 일이다. 굳이 300년을 지탱
한 왕조가 드문 중국을 사례로 들 필요도 없다. 스페인, 포르투갈, 네덜란
드, 영국 등에 이어 세계 패권을 차지하고 있는 미국의 영화가 금융위기
로 휘청거리고 있는 현실만 놓고 봐도 그렇다. 그러니 어느 가문의 기업
이 300년을 가는 것은 더욱 힘들다고 봐야 할 것 같다. 아니 영원할 것만
같았던 리먼 브러더스를 보면 100년을 넘기는 것도 기적이라고 해야 하
지 않을까. 일본이나 중국에 500년 이상을 이어간 기업이 있다고는 하나
규모가 세계적으로 명함을 내밀기 힘들므로 제외하지 않으면 안 된다.

　세상에는 예외 없는 법칙이 없다는 말이 있듯 그렇다고 300년을 바라보는 세계적 가문의 기업들이 전혀 없는 것은 아니다. 그 주인공은 바로 유럽의 금융 재벌로 다양한 기업 집단을 경영하는 것으로 유명한 로스차일드 가문의 기업들이다. 무려 8대에 걸쳐 250년 이상이나 내려오고 있다. 역사가 상대적으로 짧은 록펠러 가문과 비교해도 그 성가가 한참 위가 아닌가 한다. 더구나 이 가문이 운영하는 기업들은 요즘 들어서도 위기가 기회라고 외치며 전혀 흔들림 없이 금융위기를 내심 즐기고 있다는 느낌을 준다.

신화를 창출한 로스차일드 가문

영국 왕실보다도 유럽에서 더 큰 영향력이 있다는 소리를 듣는 이 로스차일드 가문의 역사는 1744년 마이어 암셀 로스차일드가 독일 프랑크푸르트 어느 유대인 가정에서 태어나면서 비롯됐다. 그는 어린 나이에 혹독한 현실에 직면하지 않으면 안 됐다. 유대교 랍비양성학교에 다니던 11세 때 부모를 천연두로 잃는 비극을 겪은 것이다. 그는 도리 없이 학교를 그만두고 소년 가장이 될 수밖에 없었다. 생계를 꾸리기 위해 각고의 노력을 기울인 결과 그는 가까스로 하노버에 있는 오펜하이머 은행에 취직을 할 수 있었다. 은행원으로서 평생 편안한 생활이 보장받을 수 있게 된 것이다. 그는 하지만 은행을 그만두고 프랑크푸르트로 돌아오는 결단을 내린다. 아버지가 운영하던 고물상을 동생들과 함께 경영하기 위해서였다. 동생들과 합심해 가업을 일으키겠다는 그의 선택은 주효했다. 통일되기 직전의 독일 각 제후국 귀족과 부호들을 상대로 한 골동품 사업을 통해 적지 않은 돈을 벌 수 있었기 때문이다. 특히 헤센의 하나우 공빌헬림 황태자는 그에게는 은인이었다. 황태자는 무엇보다 그가 금융업을 시작할 수 있도록 적극적으로 도왔다. 게다가 왕이 된 후에도 거금을 그의 은행에 맡기는 등의 지원을 멈추지 않았다.

그는 사업 초창기인 이때 흔들리지 않는 가문의 원칙을 세운다. 철저하게 단결해 절대로 형제 사이의 다툼이 없게 한다는 것이었다. 그가 동생들에게 사업에 따른 이익 배분을 공평하게 한 것이나 나중에 각자 독립해 따로 사업을 할 때도 서로 돕게 한 것은 다 그 원칙의 연장선상에 있다.

그에게는 아들과 딸이 각 다섯 명씩 있었다. 그는 동생들과 사업을 했을 때의 원칙을 자식들에게도 그대로 적용했다. 가족의 단결만이 성공의 지름길이라는 사실을 철저하게 인식시켜준 것이다. 그는 이런 원칙에 입각해 첫째아들인 암셀에게 자신의 독일 금융사업을 물려줬다. 이어 둘째인 살라몬에게는 오스트리아 빈, 셋째 아들 네이선에게는 영국 런던, 넷째 아들 칼에게는 이탈리아 나폴리, 다섯째 아들 야콥에게는 프랑스 파리로 가서 금융 관련 사업 기반을 닦게 했다. 이를테면 지점을 설립토록 했다고 할 수 있다. 이 정도에 그치지 않았다. 각각 다른 나라에 있는 형제들에게도 끊임없는 연락을 통해 한 곳에 있을 때처럼 결속하도록 시도 때도 없이 권유 했다. 오늘날도 끈끈한 형태로 상호 연결돼 있는 로스차일드 금융 네트워크는 바로 이렇게 시작된 것이다.

동생들과 합심해 가업을 일으킨 장남

그는 세상을 떠날 때 지금까지 로스차이드 가문에 전설처럼 전해져 내려오는 중요한 유언을 남긴다. "내 자식들아, 내 말을 잘 들어라. 돈이야말로 우리를 구원하는 단 하나의 무기라는 사실을 절대로 잊지 마라. 또 스키타이 왕이 아들들에게 서로 단결하라고 한데 묶은 화살 다발을 보여줬다는 교훈을 명심해라. 너희들도 다섯 개 화살처럼 절대로 서로 흩어지지 마라. 또 로스차일드 가문의 딸과 사위들은 경영에 참여하지 못하도록 해라. 만약 아버지로서의 내 바람에 거역해 사업을 하면서 서로 다 퉈 평화를 깨뜨릴 경우 나는 내 아들이라도 결코 용서하지 않을 것이다" 고 말한 것이다.

로스차일드의 다섯 아들은 이후 아버지의 유언을 철저하게 지켰다. 멀리 떨어져 있었으나 진짜 마치 한 나라에 있는 것처럼 일사불란하게 움직여 서서히 유럽 금융계를 쥐락펴락하기에 이른다. 이때 이들은 통신의 중요성을 깨달아 비밀리에 비둘기를 이용한 연락 방법을 고안하기도 했다.

형제들끼리 긴밀한 도움을 항상 주고받았으니 로스차일드 다섯 형제의 사업은 불처럼 일어날 수밖에 없었다. 이 중에서도 특히 빛나는 업적을 남긴 아들은 다름 아닌 영국에서 사업을 일으킨 네이선이었다. 그의 사업 성공 비결은 아주 단순했다. 여러 나라의 국채를 저렴할 때 샀다가 값이 비쌀 때 되팔아 단기 매매 차익을 챙기는 식이었다. 그는 결정적인 순간에는 주식시장에서 그 누구도 하기 어려운 비열한 수단을 동원하기도 했다. 1815년은 주지하다시피 프랑스의 나폴레옹과 영국의 웰링턴이 저 유명한 워털루 전투를 벌인 해였다. 당시 영국 국민들은 나폴레옹이 이끄는 프랑스 군대가 너무나 막강해 자국의 군대가 패할 것으로 지레 짐작했다. 그러나 예상과는 달리 웰링턴이 이끄는 영국 군대는 나폴레옹의 프랑스 군대를 가볍게 격파했다. 더 중요한 점은 이 전투에 네이선이 자신의 정보원을 비밀리에 보냈다는 사실이었다. 정보원은 전투가 끝나자마자 바로 비둘기를 날려 런던에 있던 네이선에게 전황을 자세히 보고했다. 소식을 접한 네이선은 그 즉시 런던의 주식시장에 나타나 처참한 표정을 지었다. 주식투자자들이 네이선에게 앞으로의 전망을 묻자 그는 "주식을 빨리 처분하는 것이 좋을 것이오"라는 말을 남기고 어디론가 홀연히 사라졌다. 그를 주목했던 투자자들은 영국이 전쟁에서 패했기 때문에 그가 그렇게 말했을 것이라고 생각했다. 그들은 앞을 다퉈 주식을 내다팔았다. 투자자들이 모두 팔자로 나섰으니 주식시장은 완전히 카오스로 변할 수밖에 없었다. 주가 역시 완전히 바닥으로 추락했다. 네이선은 이때 은밀하게 설립한 다른 회사 명의로 그 주식들을 몽땅 사들였다. 다음날 아침 웰링턴이 보낸 전령은 승전 소식을 알렸다. 영국 전역은 환호성으로 뒤덮였다. 주가도 언제 폭락했느냐는 듯 천정부지로 뛰었다. 작전을 통해 엄청난 치부를 한 네이선은 이때 이미 어디론가 조용히 종적을 감춘 뒤였다. 그는 이렇게 해서 영국으로 건너간 지 17년 만에 자신의 재산 규모를 무려 2500배나 불렸다. 그가 당시의 영국인들로부터 "네이선이 영국을 사들였다"라는 말을 들었던 것은 진짜 괜한 게 아니었다.

이에 반해 프랑스로 간 네이선의 동생이자 다섯 형제의 막내인 야콥은 다소 엉뚱한 선택을 했다. 아버지가 보내준 돈을 나폴레옹 1세에게 워털루 전투의 군비로 빌려주는 대단히 위험한 선택을 한 것이다. 형과는 달리 아차 잘못했다가는 위상이 위태로울 수도 있었다. 그러나 결과는 그게 아니었다. 일부 금전적 손실은 입었으나 그는 이때의 신뢰를 바탕으로 더 큰 이득을 챙겼다. 프랑스 왕정의 지원으로 사업이 그야말로 무풍지대를 내달리게 된 것이다. 이때 그가 일군 재산 규모는 대략 6억프랑 전후였다. 당시 프랑스 전 은행들의 자산을 모두 합친 금액이 4억5000만프랑에 불과했으므로 그의 재산이 어느 정도였는지는 헤아리기가 어렵지 않다. 지금 시세로 환산한다면 최소한 100억유로는 되지 않았을까 싶다.

다른 지역의 아들들 역시 정도 차이는 있었으나 동생들이나 형과 크게 다르지 않았다. 형제들과 서로 도움을 주고받으면서 각자 정착한 나라의 금융계를 비롯한 일부 주요 산업에 진출해 대성공을 거뒀다. 성공은 이들에게 막대한 부만 가져다준 것이 아니었다. 부에 비해 상대적으로 내

세울 게 없었던 가문에도 엄청난 명예를 선사했다. 다섯 아들이 모두 오스트리아 제국으로부터 남작 작위를 받았다는 것이 이 사실을 증명한다. 이들은 당시 작위를 받으면서 아버지가 유언에서 강조한 다섯 개 화살을 떠올렸다. 다섯 개의 화살을 쥔 손이 그려진 문장은 바로 이때부터 사용되기 시작했다. 그 뒤 이들 형제들에게는 '다섯 발의 화살'이라는 별명이 붙었다. 나중에는 로스차일드 가문을 상징하는 문장으로 굳어졌다. 이 문장 중 왼쪽은 영국의 셋째아들 가문의 것으로 알려져 있다. 또 오른쪽은 프랑스의 다섯째아들 가문의 것이다. 화살 방향이 각각 아래와 위로 향하고 있다. 이는 단결을 중시하는 로스차일드 가문이 서로 화살을 겨누지 않는다는 사실을 의미한다.

철저하게 단결해 형제 사이의 다툼이 없게 하라

이후 로스차일드 가문은 시조인 마이어 암셀 로스차일드가 남긴 유훈을 철저하게 지켰다. 후손이 많아져 각지에 흩어져 있는 가문의 후대들이 사업적으로 부딪치는 일이 있을 경우에도 결코 반목하는 법이 없었다. 그랬다가는 가훈을 어긴 벌로 영원히 가문 기업의 경영에서 제외될 수도 있었으니까 말이다.

물론 이들 가문에게도 위기가 없었던 것은 아니다. 그건 1929년 말 미국 월 스트리트에서 불어온 대공황의 폭풍이었다. 당시 가장 큰 충격을 받은 집안은 오스트리아 빈의 금융계를 주름잡고 있던 둘째아들 직계의 살라몬 가문이었다. 자산이 거의 10분의 1 수준으로 폭락해 거의 풍전등화의 위기에까지 내몰렸다. 월 스트리트도 정신을 잃고 휘청거리는 판국이었던 만큼 파산은 그야말로 불 보듯 뻔했다. 그러나 이때 생각지도 않았던 놀라운 일이 일어났다. 남의 눈에 띄지 않게 파리와 런던의 가문에서 적극적인 지원을 아끼지 않았던 것이다. 이로 인해 빈의 로스차일드 가문은 파산을 면하고 다시 오스트리아 금융계를 쥐락펴락하는 지위를 되찾을 수 있었다. 살라몬 가문이 훗날 파리와 런던의 형제들에게 빚을 갚은 것은 물론 수년 동안 계속 물심양면으로 경의를 표한 것은 너무나도 당연한 일이었다. 아마도 이들은 "은행은 생겼다가 사라질 수도 있으나 로스차일드는 영원하다"라는 믿음을 가지지 않았나 싶다.

자신들만이 특별하다는 이런 특권 의식이나 선민 정신은 본인들은 그렇게 생각하지 않을지 몰라도 외부적으로는 좋지 않게 비칠 수 있다. 또 가문 간의 단결을 너무 강조하다보니 극단적으로 폐쇄적인 경향을 띠기도 한다. 이는 마이어 암셀 로스차일드의 손자들 14명 중 근친결혼을 한 손자가 무려 10명에 이르는 것만 봐도 알 수 있다. 이 정도에서 그치지 않는다. 이들이 경영하는 수많은 회사들 중 상당수가 아직도 비상장기업으로 남아 있다는 사실이나 CEO 중에 전문 경영인이 일반 기업들보다 훨씬 적다는 점도 이 사실을 말해준다. 세계 최대 재벌 가문으로 불리고 있음에도 이들의 재산 총액이 도대체 얼마나 되는지를 그 누구도 모르는 이유가 바로 여기에 있다.

로스차일드 가문의 또 다른 원칙인 딸과 사위의 경영 참여 불가 원칙은 지금도 유효하다. 그러다 보니 전혀 뜻밖의 분야에서 이름을 날리는 사람이 나오기도 한다. 대표적인 인물이 영국의 유명한 소프라노 가수 샬럿 드 로스차일드다. 런던의 로스차일드 가문 출신인 그녀는 어릴 때부터 눈에 두드러지게 똑똑했다. 따라서 자신 역시 가문의 사업에 참여할 수 있다는 생각을 가지는 것은 크게 잘못된 생각이 아니었다. 그러나 그녀는 철이 든 이후 가문의 어른들로부터 자신은 사업에 발을 들여놓을 수 없다는 말을 듣고 바로 방향을 바꿨다. 음악을 선택한 것이다. 그녀는 이에 대해 나중에 "나는 굳이 더 이상 똑똑할 필요가 없게 됐다. 음악은 금융사업에 참여하는 것보다 훨씬 더 머리를 필요로 하지 않았다"고 술회했다.

가훈에 철저한 로스차일드 일가

경영에 참여해야 함에도 엉뚱한 일을 하는 남자 후손 역시 없지 않다. 런던 로스차일드 가문의 에벌린 로스차일드 경의 아들인 데이비드 메이어 로스차일드가 그런 인물이다. 사업과는 정반대 분야인 환경 운동가로 일하고 있다. 환경 NGO로 유명한 어드벤처 에콜로지를 직접 설립한 것으로도 유명하다. 단체 설립에 유산으로 받은 재산 중 상당 부분을 털어 넣은 것으로 알려지고 있다. 그는 《뜨거운 지구에서 살아남는 유쾌한 생활 습관 77》을 출판해서 세계적인 베스트셀러 작가 반열에 오르기도 했다. 로스차일드 가문은 그가 다른 길을 가고 있다고 배척하지는 않는다. 오히려 그 반대다. 젊은 가문의 일원이 자신의 갈 길을 확실히 정했다는 사실을 확인하고부터는 예의 단결력을 과시해 재정 지원도 아끼지 않는다.

로스차일드 가문의 영광은 최근에 들어와서도 자신들의 믿음처럼 굳건하기만 하다. 기업들의 활약이 잘 설명한다. 영국으로 눈을 돌리면 NM 로스차일드&선즈의 활약이 단연 눈에 두드러진다. 유럽은 말할 것도 없고 홍콩, 베이징, 도쿄 등을 포함해 전 세계 30여 개 나라에 40여 개 사무소를 두고 있다. 이 회사는 최근 최고경영자 에블린 로스차일드가 자리를 사촌에게 물려주고 은퇴해 역시 단결을 강조하는 로스차일드 가문은 다르다는 소리를 듣게 했다.

이뿐만 아니다. 파리 RCB의 경우 투자은행으로서 탁월한 실적을 거두는 업체로 유명하다. 전 세계 로스차일드 체인 은행들의 센터 역할을 하고 있다. 또 스위스 제네바의 RCH 은행은 부자들을 대상으로 하는 개인 금융 서비스로 명성을 날린다.

8대가 이어지는 동안 로스차일드 가문의 직계 자손은 총 200여 명에 이르고 있다. 이들은 지금도 전통적인 금융업뿐 아니라 일반 서비스업과 와인, 백화점, 레저, 에너지 산업 등으로 눈을 돌려 사업 수완을 발휘하고 있다. 가문의 누구 한 명이 새로운 사업에 진출한다고 하면 경쟁적으로 도와주기 위해 단결하는 모습 역시 여전하다. 심지어는 지역별로 정기적으로 비밀리에 화합을 통한 단결을 강조하는 회의를 여는 것으로도 알려져 있다. 그들의 결속력은 무섭다는 생각을 넘어 존경스럽다는 생각까지 들 정도다.

로스차일드를 앞에 내세우는 은행을 비롯한 세계 각지 각 분야 업체들은 지금도 자신들의 로고로 이른바 '다섯 개 화살' 문장을 사용한다. 어떻게 보면 무슨 종교집단 같기도 하다. 그러나 그렇다고 그걸 무작정 비난할 필요는 없다. 폐쇄적인 시스템을 통해 악착같이 돈을 벌기는 했으나 사회 공익을 위한 자선사업을 가장 많이 하는 가문으로 록펠러 가문과 함께 손꼽히는 가문이니까 말이다. 더구나 로스차일드의 후예 중에는 막대한 부의 유혹에 무너져 방탕한 행동을 하는 사람은 거의 없다. 돈 때문에 가문의 단결을 해치는 분규나 분란을 일으키는 후손은 더 더욱 없다. 모두가 가문의 영광을 위해 단결이라는 덕목에 신경을 쓴 덕분이 아닌가 싶다. 그런 점에서 보면 재물에 눈이 어두워 가족 간 반목을 일삼는 경우가 지천인 요즘 세상에 이 가문이 주는 교훈과 가르침은 상당한 의미가 있다고 여겨진다.

고통 없는 성공은
결코 없다

미국 정가에는 명문가가 적지 않다. 당장 생각나는 가문이 바로 부자 대통령을 배출한 부시 가문이다. 동생 젭 부시까지 대통령을 노리고 있는 집안으로 유명하다. 그까지 당선되면 미국 역사는 또 다른 부자 대통령을 배출한 18세기 애덤스 가문의 기록을 뛰어넘게 된다. 역사를 조금 더 거슬러 올라가면 케네디 가문이 단연 눈에 띈다. 지금도 미국 정계에서 상당한 영향력을 행사하고 있을 만큼 슈퍼 로열패밀리의 상징으로 손꼽힌다. 그러나 미국 정계 명문가 원조는 이들 집안이 아니다. 앞에 언급한 애덤스 가문과 20세기 초반에 두 명의 대통령을 배출한 루스벨트 집안이라고 해야 한다. 특히 루스벨트 가문의 두 대통령은 미국 역사에서 가장 성공한 대통령으로 꼽힌다. 결론적으로

루스벨트 가문이 진정한 의미에서 미국 정계 명문가 원조라고 해야 옳다. 두 대통령은 26대인 시어도어 루스벨트와 32대인 프랭클린 루스벨트이다.

둘은 고조할아버지들이 사촌인 그다지 멀지 않은 친척으로 알려져 있다. 또 프랭클린 루스벨트의 부인인 엘리너 루스벨트는 시어도어 루스벨트의 조카이다. 이를테면 두 사람은 친척에다 처숙부와 조카사위의 관계로 상당히 가까운 사이다. 시어도어 루스벨트가 프랭클린 루스벨트의 결혼식에 조카의 손을 잡고 입장한 것만 봐도 이 같은 사실을 잘 알 수 있다.

미국 최고 명문가의 후예

네덜란드 미델부르흐를 고향으로 두고 있는 루스벨트 가문은 명문가답게 300년 이상의 전통을 자랑한다. 두 명의 대통령 외에도 가문의 다수 후세들이 군과 의회에서 활약했거나 지금도 맹활약을 하고 있다.

이 가문은 정계에서만 빛나는 성공을 거둔 것이 아니다. 록펠러 가문 수준에는 이르지는 못하나 재계 어디 내놓아도 부끄럽지 않을 만큼 대단한 성공을 거둔 명문가이다.

뉴욕이 처음 조성되기 시작했을 즈음 맨해튼 22번가에서부터 46번가에 이르는 광범위한 지역과 허드슨 강 일대 대부분 땅이 루스벨트 가문 소유였다는 사실 하나만 보아도 그렇다. 어떻게 보면 갑작스레 떼돈을 번 록펠러 가문보다는 훨씬 더 원조에 가까운 재벌이다. 하기야 시어도어 루스벨트가 록펠러 가문에 대해 "그 돈으로 아무리 많은 선행을 한다고 하더라도 그토록 악착같이 벌어 모으느라고 저지른 악행이 결코 용서되지는 않는다"고 혹평을 했으니 그 가문의 자존심이 어느 정도였는지는 미뤄 짐작할 수 있다.

　루스벨트 가문의 영광은 3대까지 가는 부자가 없다는 속설을 비웃기라도 하듯 앞으로도 계속 이어질 것 같다. 루스벨트 가문 이름에서 딴 수없이 많은 도로와 고속도로, 빌딩 등의 이름은 괜히 있는 게 아니다. 게다가 금융업으로 쌓아올린 명성과 풍부한 경험은 100년이 넘은 지금까지도 루스벨트신탁기금이란 이름으로 남아 있다. 이 기금은 현재 동아시아를 비롯한 세계 각지에서 활발한 투자 사업을 벌이고 있다.

　루스벨트 가문의 정·재계에 걸친 성공의 요인을 제대로 파악하기 위해서는 프랭클린 루스벨트의 인생 역정을 분명히 알아야 한다. 그는 1882년 1월 뉴욕 주 북부 하이드파크에서 태어났다. 아버지 제임스 루스벨트는 가문에서도 인정했던 대표적인 인재로 델라웨어 앤드 허드슨 철도의 부사장이었다. 다른 루스벨트 가문의 구성원들이 대체로 그랬듯이 그 역시 대단히 유복한 가정에서 성장했다.

　그는 당시의 부유한 귀족 집안의 자제답게 어린 시절에는 학교를 다니지 않았다. 대신 가정교사를 통한 귀족 교육을 받았다. 또 귀공자답게 거의 매년 가족과 함께 유럽 여행을 다니면서 견문을 넓히기도 했다. 그가 학교에 간 것은 초등학교를 졸업할 나이인 14세 때였다. 홈스쿨링을 접고 사립 명문인 그라톤 기숙학교에 입학한 것이다. 그라톤을 졸업한 다음에는 하버드 대학과 컬럼비아 대학원을 마쳤다. 수줍고 비사교적인 성격 탓에 친구는 별로 없었다. 원래부터 정치적인 성향을 지니지 않았다는 얘기다.

　그러나 루스벨트는 1910년 주변의 예상과는 달리 정치인의 길로 들어섰다. 뉴욕 주 의원에 당선돼 청년 정치인으로 화려하게 등장한 것이다. 이어 33세 때인 1913년에는 해군 부장관에 임명됐다. 여기까지는 승승장구했다. 하지만 이후 그의 정치 인생은 고난의 연속이었다. 무엇보다 부통령 후보로 지명된 1920년 대선에서의 패배가 뼈아팠다. 좌절이 뭔지 몰랐던 귀공자가 인생 최초로 실패를 경험한 것이다. 아마도 이 패배는 그 다음에 닥친 그의 신체적 불행의 전조였는지도 몰랐다. 다음해인 1921년 캄포벨로에 있는 여름 별장에서 사고를 당한 후유증으로 하반신이 마비되는 불상사를 감수하지 않으면 안 됐던 것이다.

시련은 있어도 좌절은 없다

예기치 않았던 좌절은 대선 패배 직전까지만 해도 실패를 모르고 승승장구하던 그에게는 너무나 치명적인 일이었다. 설상가상으로 병이 나을 가능성이 전혀 없다는 충격적인 진단까지도 나왔다. 마비를 수반한 엄청난 고통은 차라리 약과였다. 이때 그는 어쩔 수 없이 자살 충동에도 빠졌다. 실제로 자살 기도를 수 차례 하기도 했다.

하지만 그는 곧 정신을 차렸다. 장애를 극복하기 위한 재활에도 열심히 임했다. 주변에서도 적극적으로 도왔다. 일부 친구들은 그의 의지를 북돋아주기 위해 지팡이를 선물하기도 했다. 어느날이었다. 그는 친구들이 준 지팡이를 쥔 채 휠체어에 앉아 있었다. 갈고리 모양의 지팡이 손잡이를 풀 죽은 모습으로 툭툭 치면서였다. 딸인 애너 루스벨트는 어린 나이였음에도 불구하고 그 광경에 가슴이 아프지 않을 수 없었다. 급기야 그녀는 아버지 곁으로 다가가 조용히 격려의 말을 한다.

"아버지, 아버지는 곧 휠체어를 박차고 일어나실 수 있을 거예요. 절대로 용기를 잃지 마세요. 그때는 저하고 산보도 하고 그래요. 저는 그날을 손꼽아 기다리겠어요."

루스벨트는 어린 딸의 말에 가슴이 뭉클해졌다. 동시에 꼭 장애를 극복하고야 말겠다는 의지가 가슴 저 밑바닥에서부터 솟구쳤다. 그는 자신도 모르게 딸의 손을 꽉 잡으면서 큰소리로 말했다.

　"애너, 나는 반드시 이 장애를 극복할 거야. 요즘 나는 하루도 빠짐없이 내가 다시 걷게 될 것이라고 나 자신에게 다짐하고 있어. 게다가 나는 네 할아버지, 할머니의 말씀을 분명히 기억하고 있다고."

　"할아버지, 할머니의 말씀이요?"

　"그래. 그분들은 어릴 때부터 내게 무슨 어려움을 당하더라도 절대 좌절하지 말라고 하셨어. 고통 없는 성공은 없다고 하면서 말이야. 사람은 고통 속에서 단련되는 거란다, 알겠니? 나는 그 네 할아버지, 할머니 말씀을 한시도 잊어버린 적이 없어. 우리 집안의 가르침을 말이야. 내가 고통을 극복한 얘기를 한 번 들려줄까?"

　"네, 듣고 싶어요."

　"내가 대학을 졸업하고 얼마 안 됐을 때였어. 우리 가족은 북극해로 요트 여행을 떠났지. 바다로 나갈 때는 파도가 치지 않았어. 그러나 우리 가족이 요트를 띄운 지 얼마 지나지 않아 갑자기 파도가 거세게 몰아치는 거야. 자칫하면 목숨을 잃을 위기에 봉착했던 거지. 하지만 나는 이 정도쯤은 아무 것도 아니라고 생각했어. 그때 어머니, 아버지의 말씀도 생각나더라고. 결국 나는 요트의 돛을 놓지 않고 12시간이나 파도와 싸웠어. 마지막에는 파도에 이겼지. 그때처럼 나는 이 고통을 반드시 극복할 거야."

　"그러셨군요. 그래요 아버지. 아버지는 절대로 이깟 병 따위에 쓰러질 분이 아니에요."

　애너 루스벨트는 아버지의 말에 감동하지 않을 수 없었다. 마지막에는 목까지 메어 말도 제대로 하지 못했다. 두 부녀는 잠시 후 서로를 꼭 껴안은 채 눈물을 흘렸다.

장애를 극복한 4선 대통령

이후 그는 목발에 의지한 채 피눈물 나는 재활에 더욱 열심히 매달렸다. 다행히 병은 완전하지는 않아도 어느 정도 몸을 움직일 수 있을 만큼 호전됐다. 그는 이때 주위의 만류에도 불구하고 정계 복귀를 결심했다. 외관상으로는 도저히 불가능할 것 같았던 그의 도전은 주변의 예상과 달리 성공가도를 달리기 시작했다.

1928년 휠체어에 앉아 치른 선거에서 뉴욕 주지사로 당선돼 다시 한 번 사람들을 깜짝 놀라게 한 것이다. 이어 두 번에 걸친 임기를 미국 '역사상 최고 주지사'라는 칭송을 들으며 직무를 훌륭하게 수행했다. 1932년 그는 마침내 중증 장애인으로는 처음으로 민주당 대통령 후보로 지명돼 대통령에 당선되는 기염을 토했다. 장애인으로는 처음 대통령이 되는 기록도 세웠다.

불행히도 그의 앞길은 순탄하지 않았다. 1929년 뉴욕 월 스트리트 주가 대폭락으로 시작된 대공황이 여전히 맹위를 떨치고 있었기 때문이다. 그러나 루스벨트는 이번에도 경제위기가 주는 고통에 굴복하지 않았다. 하반신 마비를 극복한 의지의 정치인다웠다.

그는 대공황이라는 거대한 파도를 뉴딜정책으로 맞섰다. 또 테네시 계곡 개발공사 등의 대규모 공공사업을 벌이는 등 실업 대책도 시행했다. 사회 안전망도 대대적으로 확충했다. 하지만 성과는 좀처럼 확연하게 나타나지 않았다. 그는 그럼에도 포기하지 않고 자신의 정책을 계속 밀어붙였다. 마침내 성과가 나타나기 시작했다.

그러다 2차 세계 대전이 발생했다. 전쟁 특수가 시너지 효과를 발휘해 공황은 언제 그랬느냐는 듯 단숨에 사라졌다. 심지어 전쟁 기간 중에는 미국인들의 실질 평균소득이 대공황 기간에 비해 두 배나 늘어나는 기적까지 보였다. 잃어버린 10년을 충분히 보상받고도 남을 수준이었다. 군수 산업의 활황을 불러온 전쟁의 효과가 컸다고는 하지만 뉴딜정책 등의 적극적인 대책이 없었다면 아마도 불가능했을 것이다.

그가 금융위기가 다시 몰아치고 있는 요즘의 미국에서 가장 바람직한 CEO형 대통령으로 재조명받고 있는 것이나 버락 오바마 대통령의 집중적인 벤치마킹의 대상이 되고 있는 것은 바로 이때 기울인 노력이나 성과와 무관하지 않다고 여겨진다. 미국 역사에서 전무후무한 4선을 기록한 것도 마찬가지다.

그는 대통령 재임 기간 중에는 암살 시도에 노출되는 위기를 맞기도 했다. 그러나 이 위기도 어렵지 않게 피할 수 있었다. 이렇게 보면 그는 귀족 가문에서 태어난 정치인치고는 정말이지 위기와 고통으로 점철된 파란만장한 생애를 살았다고 해도 좋을 듯하다.

루스벨트 가문을 언급할 때 그의 부인인 엘리너 루스벨트를 간과하면 정말 곤란하다. 그녀 역시 루스벨트 가문의 일원으로 고통 없는 성공 없다는 진리를 깨달은 내조의 여왕이었다. 그녀가 저승에서도 듣고 가슴이 아플 만한 일화를 들먹이면 다음과 같다.

1918년 가을 프랭클린 루스벨트는 폐렴에 걸려 병상에 눕게 됐다. 엘리너 루스벨트는 이때 남편의 편지와 개인 물품을 정리하다 충격적인 현실에 맞닥뜨리게 된다. 자신의 개인 비서이자 친구인 루시 페이지 머서와 남편이 서로 연서를 주고받는 연인 사이라는 사실을 알게 된 것이다. 그녀는 엄청난 마음의 상처를 입었다. 그러나 남편이 정말로 친구를 사랑한다면 자신이 놓아줘야 한다는 생각을 했다. 여자로서는 정말 쉽지 않은 결정이었다.

그러나 루스벨트는 여러 가지 상황을 고려해 결국 아내의 곁에 남기로 결정했다. 이후 엘리너는 남편의 배신이 주는 심적 고통을 애써 떨쳐내고 아내로서 최선을 다했다. 그가 하반신 마비로 좌절을 맛봤을 때는 무려 7년 동안이나 옆에서 재활을 도왔다. 또 퍼스트레이디가 돼서는 그 누구보다도 열심히 도덕적, 진보적 잣대를 엄격하게 들이대면서 남편과 국가를 위해 일했다.

내조의 여왕, 엘리너 루스벨트

1945년 남편이 세상을 떠난 뒤에도 그녀는 자신의 그런 열성을 가지지 못한 사람들을 위한 사회봉사로 승화시켰다. 유엔 최초 여성 인권위원장이 됐던 것도 다 그런 열성 덕이었다. 미국에서는 별로 환영받지 못할 진보 성향이 대단히 강했음에도 불구하고 역사상 가장 훌륭한 퍼스트레이디로 기억되고 있는 데에는 그런 이유가 있었던 것이다.

루스벨트 부부는 4남 1녀의 자식들에게도 가문이 주는 교훈을 강조하는 것을 잊지 않았다. 특히 외동딸인 애너 루스벨트에게는 각별하게 그렇게 했다. 애너 역시 그런 부모의 훈육 덕인지 똑같은 DNA를 마음껏 발휘했다. 아버지의 외도로 부모가 불화를 겪을 때마다 흔들리기도 했으련만 가끔씩 어머니가 부재 중일 때 아버지 옆에서 퍼스트레이디 대역을 훌륭하게 완수했던 것이다.

루스벨트 가문에서 당분간 지난 세기에 배출했던 두 사람의 걸출한 대통령에 필적할 인물이 나올 가능성은 그다지 높지 않다. 현재 활약 중인 루스벨트 가문의 정치인 중에서 두드러지는 인물이 없기 때문이다. 그러나 고통은 자신을 단련시키는 힘일 뿐 아니라 고통 없는 성공은 없다는 이들의 가훈이 살아 있는 한 언젠가는 가문의 영광이 재현될 것으로 보인다. 그만큼 좌절을 뛰어넘어 도전하는 정신이 가지는 힘은 엄청난 위력을 발휘하는 법이기 때문이다.

| 루스벨트 가계도 |

제임스 루스벨트(1828~1900)
델라웨어 앤드 허드슨 철도의 부사장 겸 지주

사라 델러노 루스벨트(1854~1941)
프랑스계 위그노

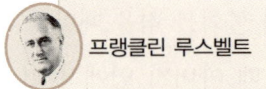 **프랭클린 루스벨트**

엘리너 루스벨트
(유엔 최초 여성 인권위원장)
4남 1녀

애너 루스벨트
(어머니를 대신하여 퍼스트레이디 역할)

*아이작 **루스벨트**: 1788년 미국 헌법 제정회의의원
*시어도어 **루스벨트**: 제26대 미국 대통령은 프랭클린의 12촌

여행을 통해
자녀를 교육하라

지구 촌 어디를 가더라도 한참 학교에 다닐 자녀들에게 공부보다 여행을 더 강조하는 부모들은 쉽게 찾기 어렵다. 특히 교육이 모든 것에 우선하는 한국 같은 나라에서는 더욱 그렇다. 만약 진짜 공부보다 여행을 더 강조하는 부모가 있다면 아마 연구 대상이 될지도 모른다. 이런 사람은 뇌 구조가 특이한 별종일 수 있으니까 말이다. 그러나 인도의 내로라하는 명문가에는 이런 별종의 부모들을 쉽지 않게 볼 수 있다. 그것도 한 가문에 무려 3대에 걸쳐서 말이다. 진짜 연구 대상이 돼야 할 이 집안은 시성 라빈드라나드 타고르를 배출한 타고르 가문이다.

지금도 여행을 통해 자녀들을 자연으로부터 배우도록 하는 원칙을 갖고 있는 타고르 가문의 역사는 저 멀리 18세기 말로 거슬러 올라간다. 원래 타고르 가문은 계급 구분이 확실한 인도에서 내로라하는 집안으로 유명했다. 벵골 힌두 왕국의 5대 명문가 중 당당한 한 가문이었다. 그러나 당시 타고르 가문은 힌두교를 국교로 하는 왕국의 명문가였음에도 불구하고 엉뚱하게 이슬람 유력 가문들과도 친한 사이였다. 이슬람교도들만큼이나 광적인 것으로 유명한 힌두교도들에게 이런 파격적인 모습이 좋게 보일 까닭이 없었다. 결국 타고르 가문은 계속 주위의 탄압을 받는 것도 모자라 카스트 제도에서 가장 높은 계급인 브라만 계급을 박탈당하는 지경에 이르게 됐다. 더 이상 벵골 지역에서 살아간다는 것은 거의 불가능했다.

고향을 떠나 새로운 세계로

타고르 가문은 이 위기의 순간 급히 문중회의를 열었다. 난상 토론 끝에 이 가문은 중대한 결단을 내린다. 대대로 살아온 고향을 떠난다는 아쉬움을 안고 위험이 미치지 않는 다른 지역으로 이주한다는 결정을 내린 것이다. 이들이 이주한 지방은 막 경제가 번성할 조짐을 보이던 한적한 어촌인 캘커타였다. 자리를 잡기가 쉬울 것이라는 현실적인 판단도 고려해 선택한 마을이었다.

타고르의 할아버지 판차난 타고르는 벵골에서 캘커타로 가는 수십 일 동안의 여정에서 많은 것을 보고 느꼈다. 또 평소에 느끼지 못한 카스트 제도의 모순을 비롯해 사회 개혁, 가정의 중요성 등에 대해 생각할 기회도 가졌다. 그는 이때의 경험을 통해 여행의 중요성을 깨닫게 된 것이다.

판차난은 명문가 자손답게 캘커타에서 예상보다 일찍 대성공을 거뒀다. 벵골에 있을 때보다 훨씬 더 많은 부를 쌓았다. 그는 시련 끝에 모은 막대한 재산을 자신의 가문만을 위해 쓰지 않았다. 자선에 더 적극적으로 나섰다. 대학과 도서관을 세우는 것은 물론, 가난한 사람들을 위한 의료 지원에도 적극적이었다. 이때 세운 도서관과 대학은 훗날 캘커타 국립 도서관과 캘커타 주립대학으로 발전했다.

그는 또 벵골에서 캘커타로 올 때 가졌던 초심을 잃지 않고 틈만 나면 부지런히 여행을 다녔다. 그럴 때마다 장남인 데벤드라나드를 데리고 다니는 것도 잊지 않았다. 델리 인근 갠지스 강은 그가 자주 아들과 함께 찾던 곳이었다. 하루는 그가 히말라야 근처 야산에 트레킹을 갔다 오다 갠지스 강가에서 아들에게 진지한 표정으로 물었다.

"사랑하는 아들아! 너는 네가 진실한 힌두교도라고 생각하느냐?"

"네, 아버지. 저는 태어날 때부터 힌두교도였습니다. 지금도 그렇고 죽어서도 그럴 거라고 생각합니다. 얼마나 신앙이 돈독한지에 대해서는 자신이 없지만 말이에요."

데벤드라나드는 아버지의 질문이 다소 뜬금없기는 했으나 평소의 생각대로 솔직하게 대답했다. 그 말에 판차난은 흡족한 미소를 지으면서 강가를 가리켰다. 그곳에는 사람 키만큼 높이 쌓아올린 장작에 불을 붙여 세상을 떠난 한 사람을 태우는 전통적인 힌두교식 장례식이 거행되고 있었다. 데벤드라나드가 아버지를 따라 여행을 다닐 때마다 자주 목격했던 광경이었다. 판차난은 계속 미소를 머금은 채 말을 이었다.

"저 모습을 보면서 뭘 느꼈느냐?"

"재물을 많이 가지겠다고 욕심을 부려서는 안 된다는 걸 느꼈습니다. 이 세상을 떠날 때는 빈 몸으로 가는데 굳이 욕심을 부릴 필요도 없고요."

"그래. 우리 힌두교도들에게는 그저 자신을 태워줄 장작 값만 있으면 되는 거야. 그 이상은 필요하지 않아."

"알겠습니다. 명심하겠습니다."

"그래야지. 그러면 너에게도 돌아갈 우리 가문의 재산은 어떻게 해야 한다고 생각하느냐?"

"어렵고 힘든 사람들을 위해 써야 한다고 생각합니다."

"좋은 생각이다. 재물이라는 것은 나눌 때 가치가 있는 거야. 자기 자신이나 가족만을 위해 쓰는 것은 결코 사람이 할 짓이 아니다. 그건 짐승도 할 줄 안다. 사람은 짐승과 달라야 해."

"사람답게 살도록 노력하겠습니다."

"내가 너를 데리고 곳곳에 여행을 다니는 것도 그런 생각을 할 수 있도록 가르치기 위해서야. 진정한 공부는 자연을 통한 여행에서 할 수 있는 거란다. 너도 나중에 자식을 낳거든 꼭 네 경험을 전수하도록 해라."

판차난은 흐뭇했다. 그는 기꺼움을 이기지 못하고 이미 철이 단단히 든 10대 중반 아들의 어깨에 손을 얹었다. 데벤드라나드 또한 아버지의 품에 가만히 안겼다. 이심전심이 따로 없었다.

판차난의 선행 습관은 예상대로 아들인 데벤드라나드에게 그대로 대물림됐다. 특히 그는 주위의 가난한 문화 예술인들에 대한 후원에 적극적으로 나섰다. 타고르가 어릴 때부터 문화 예술적인 분위기 속에서 지냈던 것은 이런 배경과 밀접한 관련이 있었다.

여행을 통해 후손을 교육한 타고르 7세

이렇듯 판차난은 무려 14명이나 되는 자녀들과의 동반 여행을 통해 침묵으로 훈육하기를 좋아했다. 자녀 교육을 아예 대자연에 맡긴 셈이었다. 1861년에 태어난 막내아들 타고르에 대해서는 더욱 그랬다. 과도할 정도의 과외에 대한 중압감과 학교에 잘 적응하지 못했던 타고르의 결코 간단치 않은 어린 시절을 보면 왜 유독 그에게 여행을 더 강조했는지를 잘 알 수 있다.

타고르는 7세가 채 되기도 전에 과목별 가정교사를 두고 빡빡하기 이를 데 없는 공부를 시작했다. 어떻게 보면 어린 나이에 감당하기 쉽지 않은 혹독한 상황에 내몰렸다고 할 수 있었다. 그러나 당시의 명문가들은 너나 할 것 없이 다 그렇게 했다. 캘커타 최고 명문가로 부상한 가문의 막내아들인 그 역시 예외가 될 수 없었다. 대단한 선각자였던 타고르의 아버지는 이런 교육에 문제가 있다는 사실을 모르지는 않았으나 그렇다고 관례를 무시하기도 어려웠다.

어느 정도였는지는 그의 꽉 짜인 일과를 보면 잘 알 수 있다. 우선 아침에는 일어나자마자 운동을 해야 했다. 귀족에게는 필수 과목이다시피 한 라틴어를 하루도 빼놓지 않고 배웠다. 여기가 끝이 아니었다. 수학을 비롯한 이과 계통 공부도 등교하기 전까지 마치지 않으면 안 됐다. 방과후에는 체조 같은 운동과 영어 등이 기다리고 있었다. 마치 상급 학교 진학을 앞둔 수험생과 비슷했다.

타고르는 서서히 창의적이지 못한 획일적인 교육에 싫증을 느끼기 시작했다. 게다가 학교생활도 즐겁지 않았다. 교사들과는 갈등을 빚었고 친구들과도 잘 어울리지 못했다. 아버지 데벤드라나드는 조용히 그를 불렀다. 그가 11세 때였다.

"요즘 힘들지?"

"솔직히 말하면 그래요. 집에서는 정신없이 공부하죠. 학교에서도 마음에 맞는 선생님과 친구들이 없죠. 재미가 너무 없어요."

타고르는 아버지의 물음에 평소 생각했던 바를 다 털어놓았다. 어린 나이에 딱 맞는 솔직함이었다.

"그러면 그 어려움을 어떻게 해소하고 있니?"

"저는 요즘 시를 쓰고 있어요. 시를 쓰고 있으면 웬만한 스트레스는 다 풀려요."

"아버지는 네가 그 정도인지 몰랐구나. 참 미안하다. 좋아, 네가 그렇게 괴롭다면 나와 함께 여행을 떠나자. 아마 대자연을 대하면 집이나 학교에서 하는 것보다 더 많은 공부를 할 수 있을 거야."

"어디로 가는데요?"

"저 멀리 히말라야로…. 내가 네 할아버지하고 가끔 가던 곳이야. 너도 이제 갈 나이가 됐어."

어린 타고르는 여행이라는 말에 뛸듯이 기뻐했다. 드디어 자신도 가문의 당당한 일원이라는 자부심이 생겨났다. 하기야 그때까지는 아버지가 형들이나 누나들과만 여행을 다녔으므로 그런 생각이 든 것은 당연할 수밖에 없었다.

그러나 타고르가 아버지와 함께한 여행은 단순한 여행이 아니었다. 어른들도 만만치 않을 무려 4개월 동안에 걸친 대장정이었다. 높은 봉우리에는 올라가지 않는다고 해도 산소가 희박한 고산 지대를 걷는다는 건 11세 소년으로서는 쉬운 일이 아니었다. 더구나 캘커타에서 히말라야까지의 교통편도 잘 해야 마차 정도뿐이지 않은가.

타고르 부자가 걸어서 처음 도착한 곳은 훗날 인도의 손꼽히는 교육 도시가 된 산티니케탄이었다. 그곳에서 타고르의 아버지는 그에게 대자연의 오묘한 신비를 맛보도록 무한한 배려를 했다. 상상력도 끊임없이 자극했다. 아들이 좋아하는 문학 작품을 주로 영어로 읽도록 커리큘럼도 짜주었다.

타고르의 아버지는 히말라야로 가는 도중에는 그를 힌두교와 이슬람 사상의 본질을 결합한 종교인 시크교 교도들의 성지로 불리는 지역에도 데리고 갔다. 종교에 관한 한 수없이 많은 언어만큼이나 복잡한 인도의 상황을 이해하고 존중하라는 애정이 숨어 있었다. 이슬람 유력 인사들과 교유하다 벵골에서 축출되다시피 캘커타로 이주한 명문가 집안의 후손다웠다.

산티니케탄과 시크교의 성지를 거쳐 히말라야에 도착한 타고르 부자는 해발 2000m 전후의 고지대에서 7월까지 3개월여를 머물렀다. 아버지의 배려와 생각은 완벽하게 적중했다. 타고르는 이 3개월 동안 인격적으로 한 단계 성숙한 아이로 완전히 거듭날 수 있었다. 대자연의 신비는 그에게 순수한 감성과 창의성을 일깨워주었다. 그때까지 마지못해 했던 공부에도 적극적으로 매달리는 것은 아주 자연스런 일이 됐다.

하지만 그는 여행을 통해 대자연에서 얻은 이런 정신적인 성과에도 불구하고 학교에서는 여전히 잘 적응하지 못했다. 급기야 열네 살 때 자퇴를 했다. 이후 영국계 학교에 입학하는 등 노력을 하였으나 또다시 자퇴를 하고 말았다. 그는 아버지의 배려로 17세 때에는 영국으로 유학을 떠나기도 했다. 그러나 불행하게 이때에도 적응에 실패했다. 제도권 공부는 이것으로 막을 내렸다.

독서를 통해 새로운 세계를 만나다

그는 학교에 잘 적응하지 못했음에도 공부를 게을리하지는 않았다. 아니 오히려 학교에서는 불가능했을지도 모를 자유분방한 독서를 통해 보다 더 광범위한 세계를 접할 수 있었다. 또 어릴 때부터 습관으로 굳어진

시 창작에 몰두했다. 이런 노력은 소설, 희곡, 종교, 철학 등과 관련한 다양한 분야 책 출간으로 이어졌다. 학교 졸업장 하나 제대로 없었지만 대자연을 접하는 여행을 하면서 얻은 경험과 다양한 독서를 통한 풍부한 지식을 바탕으로 서서히 저명 시인과 거장 예술가의 반열에 오르게 된다. 이어 52세가 되던 해인 1913년에는 드디어 동양인 최초로 신에게 바치는 송가라는 의미의 장시 《기탄잘리》로 노벨 문학상을 수상한다.

사실 당시만 해도 유럽과 미국 등 서방 세계에서는 인도의 문학에 대해 거의 모르고 있었다. 심지어 식민 종주국이었던 영국에서도 마찬가지였다. 타고르라는 예사롭지 않은 시인이 존재한다는 정도만 막연하게 알고 있을 뿐이었다. 그렇다면 그는 도대체 어떻게 해서 노벨문학상을 받을 수 있었을까.

놀랍게도 그의 가문과 불가분의 관계인 여행과 큰 관계가 있었다. 노벨상을 받기 전 해인 1912년 타고르는 어릴 때 잠깐 유학을 했던 영국 여행에 나설 계획을 세웠다. 그러나 배를 타기 직전 갑자기 졸도로 쓰러져 여행을 연기하고 요양을 하지 않으면 안 됐다. 갑자기 할 일이 없어진 그는 조용히 요양하는 김에 벵골어로 쓴 자신의 시를 영어로 번역하는 일에 매달렸다.

이때 손을 댄 것이 바로 《기탄잘리》였다. 이때의 과정을 그는 자신의 조카인 인디라 타고르에게 편지를 보내 자세하게 소개한다.

타고르는 몸이 어느 정도 회복되자 다시 원래 계획한 대로 영국으로 가는 배에 올랐다. 《기탄잘리》 영어 번역본을 가지고 탄 것은 물론이었다. 일이 되려고 그랬는지 영국에서 그는 로젠스타인이라는 어느 무명 화가를 만났다. 조카들이 영국에 유학을 갔을 때 친하게 지낸 사람이었다. 그는 별 생각 없이 자신이 번역한 시를 로젠스타인에게 보여줬다. 로젠스타인은 시를 읽어보고 깜짝 놀랐다. 문학에 그다지 소양이 없는 자신이 봐도 대단한 걸작이라는 생각이 들었던 것이다. 곧 그는 시를 평소 잘 알고 지내던 유명 시인 윌리엄 예이츠에게 전달했다. 예이츠는《기탄잘리》를 읽으면서 연신 감탄사를 터뜨렸다. 예이츠는 그저 감탄하는 정도에 그치지 않았다. 아무래도 엉성할 수밖에 없는 번역을 그대로 두고 보지 못하겠다는 생각에 아예 직접 교정에 나섰다. 영어를 모국어로 하는 대시인이 교정을 봤으니 그 수준은 짐작하기 어렵지 않다. 이런 기묘한 과정을 거쳐 타고르의《기탄잘리》는 영국에서 출간되는 행운을 잡았다. 이어 다음해 영어로 번역되지 않은 작품에는 시상을 하지 않는 전통이 있는 노벨 문학상을 수상하게 된다. 영국 여행을 계획하지 않았거나 건강이 회복된 다음 다시 영국으로 가지 않았다면 아마 이뤄지지 않았을 일이다.

아시아 최초 노벨상 수상자

그는 여행을 통해 배울 것이 많다는 사실을 자신의 작품에 적지 않게 남겼다. 예컨대 노벨 문학상을 받은《기탄잘리》를 읽어보면 여행, 여행자, 순례자라는 단어들이 적지 않게 나온다. 여행과 이를 통한 공부가 그의 인생을 지배했다는 사실을 말해주는 확실한 증거다. 심지어 그는 어린 시절 아버지를 따라가 경험한 히말라야에 대한 소회를 기록하는 것도 잊지 않았다. "나는 히말라야 여행을 통해 많은 것을 배웠다. 나무나 구름과 친해질 수 있었다. 그것들은 그대로 나의 시 세계에 큰 영향을 미쳤다"고 술회한 것이다.

여행에 대한 그의 사랑은 노벨상을 받은 다음부터 세계적인 유명세를 타면서 더욱 각별해졌다. 생애의 후반기를 여행과 무려 21권에 이르는 저서 집필에 온전하게 바쳤다고 해도 좋다. 실제로 그는 1920년대 중반부터 대략 25년 동안을 유럽을 비롯해 아메리카, 중국, 말레이 반도, 인도네시아 등지를 여행하며 보냈다. 여행지에서 틈틈이 강연을 하는 것도 그에게는 매우 보람 있는 일이었다.

그는 한국과도 꽤 인연이 있었다. 때는 1929년 4월 30일이었다. 일본 제국주의 식민지 압제에 허덕이던 당시 경성의 한 신문에는 《동방의 등불》이라는 시가 한 편 실렸다. 그가 조선의 독립을 염원하면서 보낸 시였다.

이때 도쿄를 여행 중이던 그는 조선 방문을 요청받았으나 갑자기 일정을 변경하기가 어려워 이 시를 대신 보낸 것이다. 이후 그의 문학은 식민 조선의 문단에 적지 않은 영향을 미쳤다. 특히 승려 시인 한용운에게 큰 영향을 줬다. 그러나 안타깝게도 타고르의 문학을 관통하는 기본 정신이 여행을 통한 공부의 결정체였다는 사실을 아는 사람은 당시에는 거의 없었다.

타고르는 무려 14명의 자녀를 뒀던 아버지와는 달리 5명의 자녀밖에 두지 않았다. 하지만 자녀 교육의 원칙은 다를 수 없었다. 자녀들과 자주 여행을 한 것이다. 더구나 그는 자녀들이 성장해 결혼을 한 다음에도 자주 동반 여행에 나섰다. 5명의 자녀들이 이후 자신들의 자식들에게도 여행을 권장했을 것이라는 사실은 짐작하기 어렵지 않다.

잊지 말아야 할 여행의 가치

여행을 통한 학습을 가문의 최고 덕목으로 생각한 타고르 가문의 행보는 훗날 학교 설립이라는 대역사로 이어진다. 첫 테이프는 타고르의 아버지가 끊었다. 그는 아들과 함께 처음 들른 산티니케탄에 방대한 땅을 소유하고 있었다. 젊은 시절 자신의 아버지를 따라 자주 들렀던 이곳의 광활한 평원에 거금을 투자해 땅을 선뜻 구입한 것이다. 그는 이 땅에 얼마 후 아담한 규모의 건물을 짓고 명상, 참선 등을 행하는 각급 종교의 도량으로 활용했다.

학교 설립에 본격적으로 나서 결실을 본 것은 말할 것도 없이 타고르였다. 그는 자신의 쓰라린 경험도 있었기 때문에 자녀들을 학교에 보내고 싶지 않았다. 자녀들이 취학 연령이 됐을 때는 자신의 뜻대로 홈스쿨링을 강행하기도 했다. 그러나 자녀들은 아버지의 교육 스타일을 잘 따라가지 못했다. 큰딸의 경우는 급기야 어려움을 호소하는 상태까지 이르렀다.

"아버지, 너무 힘들어요."

"뭐가 그렇게 힘드니?"

타고르는 딸의 말에 조금 충격을 받았으나 내색을 하지 않고 물었다. 자신이 학교를 가기 싫어했을 때 전혀 언짢은 기색을 보이지 않았던 아버지 생각이 불현듯 난 것이다.

"하루 종일 집에서 읽고 쓰는 게 싫어요. 가정교사들이 가르치는 수학이나 과학도 재미없고요."

"그러면 어떻게 할까? 학교에 가고 싶니?"

"네, 차라리 학교에 가서 공부를 하겠어요."

"음 학교라, 학교…."

타고르는 딸의 말에 평소 생각만 하고 실천에 옮기지 못했던 학교 설립에 대한 의지가 되살아나는 기분을 느꼈다. 그 기분은 곧 자신이 학교 설립에 나서야겠다는 굳은 결심으로 이어졌다. 이때 뭐가 되려고 그랬는지 그의 아버지 역시 선뜻 산티니게탄의 땅을 대안교육 공동체를 설립하는데 내놓겠다는 의사를 내비쳤다.

학교는 이렇게 해서 그가 40세 되던 해인 1901년에 조그마하게 출범을 했다. 학생은 그의 자녀 5명을 포함해 10명 남짓이었다. 그는 이후 노벨 문학상 상금까지 몽땅 이 학교에 털어넣는 정성을 기울였다. 그랬으니 학교의 발전 속도는 빠를 수밖에 없었다. 21년에는 인도국제대학, 즉 비슈바바라티대학으로 발전했다. 마침내 51년에는 국립대학으로 승격했다.

이 대학은 지금도 미국 할리우드에 필적할 인도 뭄바이의 발리우드 영화계를 지배하는 유명한 감독들을 적지 않게 배출하는 예술대학으로 명성이 높다. 타고르 집안의 여행에 대한 지극한 정성이 영화산업에까지 긍정적인 영향을 미친 것이다.

독일의 프랑크푸르트에는 괴테 하우스가 있듯 인도의 캘커타에는 타고르 하우스가 있다. 괴테 하우스와 마찬가지로 타고르의 생가를 그대로 보존해 조성한 기념관이다. 타고르의 문학과 예술을 전문적으로 연구하는 라빈드라 바라티대학으로 사용되기도 하는 이 기념관에는 그의 사진들이 전시돼 있다. 부인과 가족 사진도 있으나 상당 부분이 그가 유럽을 비롯해 전 세계를 여행할 때 찍은 사진들이다. 타고르 가문의 가르침이 뭔지를 말없이 보여주는 광경이 아닌가 싶다.

요즘의 잣대로 보면 타고르는 분명히 문제 소년이었다. 무엇보다 학교에 잘 적응하지 못했다. 친구들 입장에서 볼 때는 왕따라고 할 수 있었다. 대안 교육이 절실했다고 해도 좋았다.

그러나 그의 아버지는 아들이 처한 현실에 크게 실망하지 않았다. 그렇다고 무작정 혼을 내지도 않았다. 대신 아들을 데리고 자신의 아버지가 그랬던 것처럼 여행을 통한 감성 자극 교육을 했다. 결과적으로 탁월한 선택을 했던 것이다.

그렇다! 위대한 시인은 우연히 태어난 것이 아니라 철저하게 만들어진 것이다. 그 밑바탕에는 여행을 통해 교육을 한다는 대대로 내려오는 흔들리지 않는 가르침이 있었다.

| 타고르 가계도 |

판차난 타고르
(캘커타 주립대학교 설립자)

데벤드라나드 타고르
(종교개혁가, 사상가)

라빈드라나트 타고르
(시인, 동양 최초 노벨 문학상 수상자)
14남매 중 막내

샤르밀라 타고르
(영화배우)

*첫째형: 시인, 음악가, 철학자, 수학자
*둘째형: 도 고등문관 출신 최초의 산스크리트학자
*다섯째 형: 음악가 겸 시인이자 화가
*다섯째 누나: 음악가, 벵골 최초 여류소설가

나라와 운명을 같이하라

1945년 11월 23일 상하이 비행장. 이날 이곳에서는 한국인의 입장에서 볼 때 굉장히 중요한 역사적인 행사가 열리고 있었다. 백범 김구를 비롯한 대한민국 상하이 임시정부 요인과 그 가족들 일행의 성대한 환국 행사가 바로 그것이었다. 이 행사에서는 이때 겨우 10세에 지나지 않았던 한 귀여운 소년이 특히 눈길을 끌고 있었다. 이 소년은 얼마 후 환국 기념 촬영을 할 때에도 김구 선생과 그의 큰며느리 안미생의 앞인 일행의 정중앙에서 사진을 찍어 자신이 범상치 않은 집안의 아이라는 사실을 다시 한 번 보여줬다.

이 소년은 훗날 해방된 조국에서 육군사관학교를 나와 직업 군인의 길을 걷다 정계에 투신해 국회의원을 지낸다. 이어 1998년 한국 역사상 최초로 정권 교체를 이룬 김대중 정부에서 초대 국정원장으로 발탁됐다. 이때까지 줄곧 여당에서 잔뼈가 굵은 그로서는 이례적인 변신이 아닐 수 없었다. 그렇다면 그가 왜 김대중 정부에 전격 발탁이 됐을까. 그 이유는 무엇이었을까. 당시 정가에 떠돈 분석을 참고하면 김대중 대통령이 그 인사의 집안을 매우 존경했던 게 가장 유력한 발탁의 원인이었다. 65년 전 상하이 비행장에서 태극기를 들고 역사적인 사진을 찍었던 이 소년은 바로 4선 의원 출신 이종찬이었다.

가문 전체가 한국 최고의 명가

이종찬의 집안이 도대체 얼마나 대단했기에 그 자신 대선 승리로 가문을 명가의 반열에 가볍게 올려놓은 대통령까지 부러워했을까? 결론은 그럴 만하다고 해야 할 것 같다. 이종찬의 할아버지가 한국 독립 운동사의 전설 우당 이회영, 외할머니의 오빠이자 어머니 조계진의 외삼촌이 고종 황제라고 하면 더 이상 설명할 필요가 없다.

현직 대통령에게까지 존경을 받았던 인물인 이회영의 집안은 진짜 한국 최고 명문가라고 단언해도 좋다. 이는 이 집안이 조선 최고 가문을 뜻하는 삼한갑족으로 불린 사실만 봐도 너무나 잘 알 수 있다. 과연 그런가를 증명해보려면 족보를 대략 훑어봐야 한다. 이 가문의 중시조는 선조 때 영의정을 지낸, 세상이 다 아는 백사 이항복이다. 여기에서 그치지 않는다. 그를 포함해 이 가문에서만 재상이 무려 10명이 나왔다. 이 정도면 삼한갑족이라는 호칭이 결코 과분하다고 하기 어렵다. 그러나 이 집안이 존경받는 이유는 단순히 자신들이 맡았던 직책이 눈부시도록 화려해서가 아니다. 그에 수반하는 더 큰 책임, 즉 나라가 어려울 때 너나 할 것 없이 뒤를 돌아보지 않고 나라를 구하는 일에 뛰어들었기 때문이다. 대표적인 사람이 요즘으로 하면 대통령 비서실장인 도승지로 재임할 때 임진왜란을 겪은 이항복이다. 그는 정신없이 피난길에 오른 선조를 끝까지 수행하면서 일본과의 전투를 원격 지휘해 국난을 극복하는 열정과 애국심을 보여 줬다. 특히 그는 선조가 압록강을 건너 명나라 땅으로 피신하려 하자 소매를 붙잡은 채 극구 만류한 충신이었다. 왕이 어떻게 자신의 땅을 버리고 도망가면서 백성들에게만 나라를 구하라고 할 수 있느냐는 얘기였다.

나라가 어려움을 당할 때에는 적극적으로 나아가 구해야 한다는 이런 정신은 구한말의 이회영 대에 이르러서는 더욱 빛을 발했다. 국난이 아니라 조선이 600년 왕조 역사의 문을 닫고 아예 망하는 지경에 이르게 됐으니까 말이다.

이회영의 아버지인 이항복의 10대손 이유승은 고종 때 이조판서를 지냈다. 오늘날로 치면 장관으로 선조들보다는 조금 못해도 크게 부끄러울 정도는 아니었다. 그는 이회영 외에 다섯 아들과 딸 둘을 더 뒀다. 아들은 첫째 건영健榮, 둘째 석영石榮, 셋째 철영哲榮, 다섯째 시영始榮, 막내 호영護榮이었다.

이유승의 넷째아들로 1867년 4월에 한양에서 출생한 이회영은 여섯 형제들 중에서 성격이 가장 호방했다. 선조들과는 달리 무인 기질이 대단히 강했다. 그랬으니 1901년 조정에서 비교적 하위직에 해당하는 탁지부 판임관 자리를 내렸을 때 즉각 사양할 수 있었지 않았나 싶다. 국운이 기울어가는 마당에 벼슬자리는 크게 중요하지 않다고 생각한 것이 분명했으나 세세한 일에 얽매이지 않는 성격 역시 크게 작용했다고 할 수 있었다.

그러나 그는 1905년 을사보호조약 체결 음모가 진행되고 있을 때에는 분기탱천했다. 분노는 곧 즉각적인 행동으로 이어졌다. 이동녕, 이상설 등과 함께 조약 체결의 부당함을 강조하는 상소를 올린 것이다. 하지만 이미 기울 대로 기울어진 국운은 되돌리기 어려웠다. 그저 당시 대한제국 외교부 교섭국장으로 있던 바로 밑의 동생인 이시영이 보란 듯이 항의 사표를 내는 것을 그나마 대견스럽게 지켜봐야만 했다.

국권 회복을 위한 그의 두 번째 행보는 나인영, 기산도 등과 함께 이완용, 송병준 등 을사오적을 처단하는 거사 계획이었다. 이 계획은 아쉽게도 모의 단계에서 실패로 돌아갔다. 그는 다음해인 1906년에는 이동녕, 이상설, 여준, 장유순, 유완무 등과 만주의 독립운동기지 설치를 더욱 적극적으로 추진한다. 이를 위해 용정에 독립 운동의 요람이 될 서전서숙 설립에 참여하기도 했다.

1907년 들어 그의 노력은 보다 활발하게 전개되기 시작했다. 지금의 중구 남창동 상동교회 지하에 마련한 상동학원의 학감에 취임하자마자 네덜란드 헤이그에서 열릴 만국평화회의에 이준 등의 대표를 파견할 것을 나중에 사돈이 될 조정구 궁내부 대신을 통해 고종에게 비밀리에 건의한 것이다. 이준의 갑작스런 죽음으로 실패로 끝난 이 밀사 사건은 그로 하여금 비밀 결사체의 필요성을 더욱 절감하게 만들었다. 결국 상동학원을 거점으로 하는 최초 독립운동조직인 신민회가 이 해에 탄생하기에 이른다. 이동녕, 전덕기, 양기탁, 이관직, 김진호 등이 이때 뜻을 같이한 동지들이었다.

그의 안간힘에도 불구하고 1910년 마침내 한일합방이 됐다. 을사오적을 비롯한 구한말의 고관대작들에게는 즉시 일제가 하사하는 각종 작위와 거액의 은사금이 수여됐다. 말할 것도 없이 삼한갑족의 당당한 이회영 가문에도 유혹의 손길은 미쳤다. 그의 여섯 형제는 이를 단호하게 거절했다. 아니 더 나아가 무장 항일 투쟁을 위한 중국 망명을 결심하게 된다. 계획과 실행은 모두 형제의 리더 격인 이회영이 주도했다. 이때의 상황은 그의 부인 이은숙이 기록한 《서간도 시종기》에 자세하게 나온다. 이에 따르면 이때 이회영이 나머지 다섯 형제에게 토로한 심경은 비분강개라는 말로는 차마 다 표현할 수 없을 지경이었다.

"슬픈 일입니다. 세상 사람들은 우리 가족이 대한 공신의 후예라고 합니다. 나라의 은혜와 세상의 두터운 덕이 한 순간에 갑자기 모두 없어졌다는 얘기입니다. 우리 여섯 형제가 나라와 운명을 같이해야 한다는 의미이기도 합니다. 그렇습니다. 나라의 강과 산이 모두 왜놈들에게 넘어가버린 이런 상황에서 대대로 명문가라는 소리를 들었던 우리 가문이 노예가 돼 생명을 이어간다면 무슨 소리를 듣겠습니까? 짐승과 다르지 않다는 욕을 먹는 것은 당연합니다. 그러므로 우리 형제는 당연히 죽고 사는 것을 따지지 말아야 합니다. 남녀노소를 막론하고 모두 중국으로 망명해야 합니다. 왜적을 물리치고 조국의 광복을 찾는데 목숨을 바쳐야 합니다. 이것이 대한의 일원이 된 사람의 의무이고 우리 가문 후손으로서의 도리라고 믿습니다. 바라건대 형님들과 아우님들은 제 뜻에 반대하지 말아주십시오. 날을 잡아 빨리 떠났으면 합니다."

이회영의 말에 다섯 형제 중 누구 한 명 반대하는 사람이 없었다. 특히 집안 숙부인 당대의 재력가 이유원의 양자로 들어가 엄청난 부호가 된 둘째형 석영은 자신의 전 재산을 내놓겠다는 의사까지 밝혔다. 망명을 위한 집안의 재산 처분은 곧 일사불란하게 이뤄졌다. 독립 운동에 필요한 군자금으로 유용하게 쓰일 재산은 이래저래 모으다 보니 무려 40만냥에 이르렀다. 현재 시세로 환산할 경우 무려 800억원 전후에 이르는 거액이었다.

가문 모두 망명지로 떠나다

여섯 가족의 남녀노소 60여 명이 마차를 타고 두만강을 건너는 험난한 여정 끝에 처음 정착한 곳은 서간도 류허柳河현 싼위안부三源堡였다. 이후 이회영의 독립운동은 말 그대로 숨 가쁘게 전개됐다. 교민 자치 기관이자 항일 독립 운동을 위한 인력 양성 기관인 경학사, 이를 모체로 한 독립군 양성 기관인 신흥무관학교 등을 우선 설립했다. 훗날 외무부 장관과 광복군 총사령관이 된 변영태와 이범석이 바로 그곳 학생이었다. 이들의 후배로는 님 웨일스의 저서 《아리랑》의 모델로 너무나 유명한 김산, 의열단의 리더인 항일 무장 투쟁의 전설 약산 김원봉 등이 있었다. 그러나 불행히도 1918년에는 고국에서 가지고 온 40만냥의 독립운동자금이 바닥나는 상황에 빠졌다. 하기야 수백여 명에 이르는 장정들을 입히고 교육하고 또 모자라 만주 일대 독립운동을 위한 활동에 적지 않은 자금을 아낌없이 투입했으니 당연한 결과였다. 그는 도리 없이 형제들에게 일단 학교 운영을 맡기고 군자금을 마련하기 위해 국내로 다시 잠입하는 위험한 선택을 하지 않으면 안 됐다. 이때 그는 모금이 쉽지 않았을 텐데도 고종의 중국 망명 계획까지 도모하는 과단성을 보인다. 그러나 계획이 착착 진행될 즈음 고종의 갑작스런 사망으로 모든 것이 수포로 돌아갔다. 이후 그는 러시아의 블라디보스토크, 베이징, 상하이 등지를 돌면서 독립 운동을 이어나갔다.

이런 와중에 1921년 상하이에 있던 대한민국 임시 정부에 극심한 내분이 일어났다. 그는 이때 신채호와 함께 조정자 역할을 자임해 내분을 수습하는 보이지 않는 공을 세웠다. 1925년 비밀 결사 조직인 다물단을 조직해 친일파 처단에 앞장서기도 한 이회영은 1932년 1월 비장한 결심을 한다. 침체된 무장 독립 투쟁의 분위기를 다시 고취시키면서 일본의 배후를 공략하는 거점을 마련하기 위해 만주에 항일 의용군 양성을 목적으로 한 독립 운동 기지를 건설할 계획을 세운 것이다. 이를 위해 그는 다롄大連을 거쳐 만주로 가기 위한 장도에 오르려 했다. 그건 이미 70세를 바라보는 노인으로서는 상당히 무리한 여정이었다. 당연히 그가 지도한 이강훈 등의 젊은 동지들은 그의 만주행을 극구 만류했다.

"선생님, 그건 정말 무리입니다. 선생님은 이곳 상하이에서도 할 일이 너무 많습니다. 정 그 일을 해야 한다면 젊은 저희들이 하겠습니다. 저희들에게 맡겨주십시오."

이회영은 젊은 동지들의 심정을 모르지 않았다. 그러나 만주에서의 일은 현장을 잘 아는 자신이 적격이라는 생각을 버릴 수 없었다.

"아니야, 이 일에는 내가 적격이야. 또 내 여생을 바쳐 해야 할 일이기도 해. 나는 이 일이 잘 되면 정세를 역전시킬 수 있는 전기를 마련할 것이라고 봐. 내가 하겠네."

이회영의 결심은 되돌리기 어려웠다. 그는 다롄으로 떠나기 이틀 전인 11월 15일 다시 젊은 동지들을 한 자리에 불러 모아 자신의 흔들림 없는 생각을 비장하게 밝혔다.

"나는 일생을 통해 많은 젊은이들을 사지로 보내 희생시켰네. 앞길이 구만리 같았던 그 동지들을 생각하면 지금 내 가슴은 미어질 것만 같으이. 이제 내 차례가 왔어. 나는 살만큼 살았네. 이제 남은 것은 여러 젊은 동지들에게 이 늙은이도 항일 전선에서 끝까지 싸웠다는 사실을 알리는 일밖에 없어. 여러분들은 내 결심을 막지 말게. 나는 이미 오랫동안 만주에 있는 동지들과 비밀리에 만반의 준비를 해뒀어."

이회영은 말을 마치고 동지들과 굳은 악수를 나눴다. 그들의 눈에는 주체하기 어려운 눈물이 흘러내렸다. 그러나 그는 끝까지 의연하고 인자

한 미소를 잃지 않았다.

11월 17일 그는 허름한 중국식 옷으로 변장을 한 채 비밀리에 상하이 부두에서 다롄 행 여객선에 올랐다. 아쉽게도 동지들의 걱정은 현실로 나타났다. 일본 밀정에 의해 정보가 사전에 누출된 것이다. 당시 일제 경찰은 그를 검거하기 위해 혈안이 돼 있었다. 뜻하지 않은 정보를 입수한 경찰은 여객선이 도착하자마자 이회영을 너무나 손쉽게 체포할 수 있었다. 말할 것도 없이 모진 고문이 이어졌다. 만주 지역 동지들의 조직, 역할, 활동 상황을 캐내기 위한 고문이었다. 그는 이미 죽을 결심을 한 터라 입을 열지 않았다. 고문의 강도는 70세를 바라보는 노인이 감당하기 불가능할 정도로 극심해졌다. 그는 얼마 후 그토록 원하던 조국 독립을 보지도 못하고 무려 26년 동안에 걸친 이국에서의 풍찬노숙의 생을 순국으로 마감했다. 일제는 이때 뒤탈을 우려해 그의 죽음을 자살로 발표하는 꼼수를 둔다.

이회영은 일본 제국주의의 왜곡된 시선으로 보면 공산주의자보다 더 악질인 아나키스트, 즉 무정부주의 테러리스트라 할 수 있었다. 평생을 항일 테러와 무장 투쟁을 부르짖고 실행에 옮겼던 김원봉에 못지않았다. 그러나 그와 의기투합했던 중국인 동지들이나 러시아의 시각은 180도 달랐다. 일제에 선전포고를 하고 합법적 투쟁에 나선 안중근과 같은 사람이었다. 그가 1913년 위안스카이를 단독으로 만나 조국의 독립 문제를 논의할 수 있었던 것은 다 이런 시각을 갖고 있었기 때문에 가능했다.

더구나 그는 혁명가라고 하기에는 너무나도 인간적인 매력이 물씬 풍기는 사람이었다. 여섯 형제의 식솔들을 거느리고 중국으로 망명하기 직전 그가 보인 행적을 보면 분명하게 알 수 있다. 그는 이때 온 집안의 재산을 다 정리하면서 하인들을 불러 모았다.

"나는 여러분을 이미 다 노비에서 평민으로 해방시켰소. 여러분은 이제 자유를 얻었소. 더 이상 남에게 끌려 다니는 노비가 아니란 말이오. 여러분은 자신들이 가고 싶은 길로 가시오."

국가 없는 우리는 없다

그러나 하인들 중 상당수는 평소대로 하인들에게 반말을 전혀 하지 않고 자유롭게 살라는 이회영의 권유를 따르지 않았다. 한 번 모신 주인을 떠날 수 없다면서 행동을 같이하겠다고 나섰다. 그의 후덕한 인품과 나라 사랑에 감동한 것이다. 이들은 나중 이회영 집안의 60여 명 식솔들이 압록강을 건널 때 큰 힘이 되기도 한다.

비슷한 사례는 신흥무관학교 시절에도 있었다. 노비 출신인 한 학생이 평소 비굴한 모습을 계속 보이자 "너는 이제 노비가 아니라 독립군이다. 네가 하는 심부름은 노비로서가 아니라 독립을 위해 하는 일이다. 앞으로 계속 노비 때의 행태를 보이면 내가 너를 엄하게 다스리겠다"는 말로 질책했다고 한다. 그의 인간에 대한 극진한 사랑을 엿볼 수 있는 대목이다.

구시대의 인습을 거부한 그의 선각자적인 모습은 가정생활에서도 적용됐다. 1907년 이은숙과 재혼을 할 때 집안의 반대를 무릅쓰고 교회에서 서양식 신식 결혼을 한 것이 예를 들자면 그렇다. 또 그는 젊어서 청상과부가 된 누이동생의 재가 길이 막히자 거짓 장례를 치러 동생이 죽었다고 한 다음 시집을 보내는 극단적인 방법까지 택했다.

독립운동에 투신한 젊은이들에게 쏟는 열정은 더 말할 필요가 없었다. 일가족이 두만강을 건널 때의 일화만 봐도 충분하다. 당시 그는 뱃사공에게 보통 운임의 두 배인 20원을 쥐어줬다. 뱃사공은 너무 고마워 어쩔 줄을 몰라 했다. 그는 이런 그에게 "내게 고마워하지만 말고 내 부탁을 하나 들어주시오"라고 말했다. 뱃사공은 그 부탁이 뭔지를 물었다. 그는

"일본 경찰이나 헌병들에게 쫓기는 우리나라 독립투사들이 돈이 없어 헤엄쳐 강을 건너가려 할 때면 나를 생각해서 강 건너까지 데려다 주시오"라고 미리 준비한 당부의 말을 건넸다. 뱃사공은 너무나 감동한 나머지 그의 간절한 부탁을 한 귀로 흘려듣지 않았다. 나중에 두만강을 탈출한 독립군들은 이 뱃사공의 활약상을 생생히 증언했다. 그가 아들처럼 아낀 최남선에게 자신의 집을 헐값에 넘기고 소장 중이던 귀중한 전적들을 아낌없이 줘버린 것은 이런 마음이 없었으면 불가능할 일이었다. 또 시인이자 소설가인 심훈이 어린 나이에 자신의 베이징 집으로 찾아왔을 때 친척 이상으로 돌봐준 것 역시 그래서였다. "우당의 집에서 밥을 먹지 않은 사람은 진정한 독립 운동가가 아니다"라는 말이 당시 베이징과 상하이의 독립운동가들 사이에 괜히 유행했던 것이 아니다.

그러나 그는 배신자나 일제의 밀정은 아무리 가까운 사이였다고 해도 가차없이 처단했다. 조카와 아들, 자신이 지도한 다물단의 젊은 혁명가들에게 일제의 고등 밀정인 김달하와 전향한 독립운동의 거두 박용만 등을 처단토록 한 것은 이런 그의 성향을 그대로 보여준다.

그는 대원군이 즐겨 그렸다는 석파난 화법을 비롯한 예술에도 일가견이 있었다. 특히 어렸을 때부터 배운 석파난은 독립운동자금이 바닥나면 밤을 새워 난을 그렸다고 한다. 예술까지 독립운동의 일환으로 생각했다는 얘기다.

국난 극복을 위해 목숨을 포함한 자신의 모든 것을 바쳤다는 점에서는 중국으로 함께 망명한 이회영의 형제들과 조카들 역시 예외는 아니었다. 1940년 87세를 일기로 사망한 첫째 이건영은 신흥무관학교를 졸업한 뒤 상하이에서 독립운동을 하다 병사한 둘째아들 이규면을 조국의 제단에 기꺼이 바쳤다. 셋째 이규훈은 독립운동에 나섰다 무사히 귀국을 했으나 공군 대위로 복무 중 한국 전쟁 때 전사했다.

엄청난 재력가였던 둘째 이석영은 더욱 비참했다. 독립운동자금으로 재산을 다 사용한 다음 항일 투쟁을 위해 중국 각지를 떠돌다 상하이에서 사망했다. 그의 장남 이규준은 삼촌 이회영의 지시로 밀정 김달하와 박용만을 동지들과 함께 처단하는 공을 세웠으나 한커우漢口에서 20대 나이에 병을 얻어 아깝게 유명을 달리했다.

신흥무관학교 교장으로 일한 셋째 이철영 역시 병사했다. 여섯째 이호영은 1933년 돌연 실종됐다. 일제 경찰이나 밀정에게 희생됐을 가능성이 크다. 두 아들도 함께 소식이 끊겼다.

여섯 중 유일하게 광복 후 살아 돌아온 형제는 다섯째인 이시영이었다. 상하이 임시정부에서 법무총장을 지낸 그는 무사히 살아온 덕에 투쟁 경력을 인정받아 정치적 성향이 완전히 다른 이승만 정권에서 초대 부통령으로 일할 수 있었다. 재임 시절에는 형 이회영의 평생 숙원이었던 민족 교육 사업에 대대적인 지원 정책을 펴는 한편 독립운동가들을 각료로 추천하는 등 자신의 색깔을 적극적으로 드러내기도 했다. 1930년대 중반 독립운동가 3500여 명을 길러내고 폐교된 신흥무관학교의 정신을 이어받은 신흥대학을 설립한 것이 대표적인 사례다. 그는 그러나 1951년 이승만의 반민주적인 국정 운영에 항의해 스스로 물러났다. 이회영 가문의 일원다운 선택이었다.

아버지와 백부, 숙부, 사촌들의 상황이 이 정도였으므로 이회영 아들들의 고생은 말할 필요조차 없었다. 이종찬의 부친 이규학과 동생 이규창은 청춘을 온전히 밀정과 친일파를 처단하는 일에 바쳤다고 해도 좋았다. 이 중 동생 이규창은 끝내 친일파 이용로 살해 혐의로 일제 경찰에 체포돼 무려 13년을 복역하고 광복 후 출옥했다.

이회영 가문은 독립 운동을 하면 3대가 망한다는 속설처럼 해방된 조국에서 경제적으로 엄청난 고생을 하지 않으면 안 됐다. 경제적으로 풍족한 후손이 거의 없다고 해도 좋을 정도였으니 굳이 다른 설명은 필요 없다. 그러나 삼한갑족의 후예답게 손자 대에서는 비교적 사회적으로 성공한 이들이 없지는 않다. 대표적인 후손으로 이회영의 손자 이종찬을 꼽을 수 있다. 그는 상하이에서 아버지를 비롯한 집안 어른들은 말할 것도 없고 주위의 독립 운동가들로부터 자신의 집안에 대한 무수한 칭송을 들으며 자랐다. 자연스레 그는 국가를 위해 일생을 바쳐야겠다는 생각을 하게 됐다. 그가 귀국 후 육군사관학교에 진학한 것은 아마 이때의 집안 교육과 주위의 기대 때문으로 보인다.

현재 그는 모든 공직에서 은퇴해 할아버지를 기리는 우당 기념관의 관장으로 일하고 있다. 이종찬과 사촌인 또 다른 이회영의 손자 이종걸도 성공한 후손으로 꼽힌다. 이회영의 막내아들인 이규동의 장남으로 현재 국회의원으로 활동하고 있다. 평소에는 온화하고 합리적이나 집안 교육이 헛되지 않았는지 국가적인 정의를 추구하는 일에서는 저돌적이고 전투적이다. 가끔 어떻게 사람이 그토록 돌변할 수 있느냐는 소리를 주위로부터 듣는 경우가 많은 것은 다 이 때문인 듯하다. 중학교를 예원학교에 다니면서 피아노를 전공했을 만큼 예술적인 감각 또한 뛰어나다. 할아버지를 빼 닮았다고 한다.

그의 아래 동생 이종현은 매일경제신문사에서 오랫동안 필봉을 날린 기자로 유명하다. 그는 수년 전 영국으로 건너가 경제학 박사 학위를 받고 매일경제 TV (mbn) 해설 위원으로 활약 중이다.

19세기 말과 20세기 초에 활약한 프랑스의 오귀스트 르네 로댕이라는 유명한 프랑스 조각가의 작품 중에 《칼레의 시민》이라는 게 있다. 가슴 뭉클한 감동의 실화를 간직한 작품으로 영국과 프랑스의 백년 전쟁이 벌어진 1347년이 배경이다. 프랑스 북부 도시 칼레는 당시 영국의 공격 앞에 백기를 들어야 하는 상황을 맞이했다. 칼레 시장은 어쩔 수 없이 모든 칼레 시민들이 도살되는 운명을 피하기 위해 항복 사절을 파견해 영국왕 에드워드 3세에게 자비를 요청했다. 그러나 세상에 공짜는 없는 법이었다. 에드워드 3세는 도살을 하지 않는 대신 시민 대표 여섯 명의 희생을 요구했다. 놀랍게 이때 여섯 명이 바로 선뜻 나섰다. 모두 칼레의 핵심 인물이자 절정의 삶을 구가하던 귀족들이었다.

노블레스 오블리주의 상징

에드워드 3세는 진짜 이들을 처형하려고 했다. 그러나 마지막 순간 임신 중이었던 왕비의 간청으로 이미 자살을 선택한 한 명을 제외한 이들 용감한 시민들을 살려줬다. 그 후 550여 년이 지난 1895년 칼레 시는 이들의 용기와 헌신을 기리기 위해 《칼레의 시민》을 로댕에게 의뢰해 제작했다.

칼레의 시민 여섯 명 중 다섯 명은 마지막 순간에 극적으로 살아남았다. 반면 이회영의 여섯 형제는 이시영을 제외하고는 전원이 자식들 상당수와 함께 이국에서 목숨을 잃었다. 어떻게 보면 칼레의 시민 여섯 명보다도 더 노블레스 오블리주를 장기적으로 실천했다고 해도 과언이 아니다. 그런데도 아직 한국에는 이들을 기리는 변변한 행사조차 없다. 우당 이회영의 정신을 기리는 조그마한 개인 건물이 우당기념관이라는 이름으로 달랑 하나 있을 뿐이다. 아무리 독립운동을 하면 3대가 망한다고 하지만 너무하지 않나 하는 생각을 지우기 어렵다. 아니면 프랑스처럼 550여 년 후에 이들을 기리기라도 할 생각인가?

이회영 일가를 칼레의 시민과 비교를 한다면 영관급 장교 시절 시인 김지하와 함께 군사혁명을 꿈꿨던 이종찬은 2차 세계대전 때 아돌프 히틀러를 암살하려다 실패한 클라우스 폰 슈타펜베르그 독일군 대령과 비견되지 않을까. 조국과 민족을 사랑하기 때문에 히틀러 제거에 나섰다가 실패하는 모습을 톰 크루즈가 《작전명 발키리》에서 재현해 세계인들의 심금을 울린 바로 그 사람 말이다. 아무튼 이회영 가문은 노블레스 오블리주에 관한 한 한국에서 첫 손가락으로 꼽지 않으면 섭섭할 집안이 아닌가 싶다.

| 이회영 가계도 |

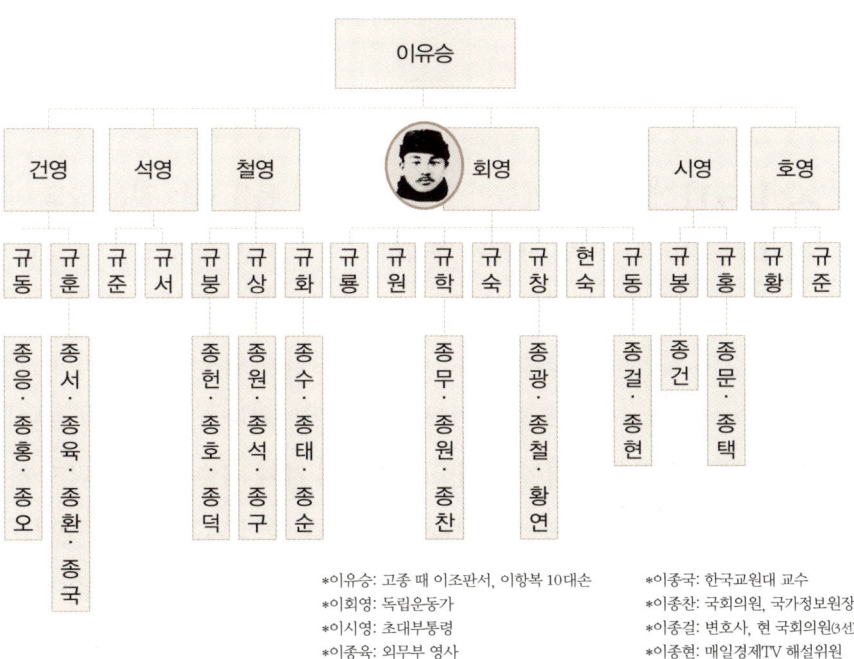

*이유승: 고종 때 이조판서, 이항복 10대손
*이회영: 독립운동가
*이시영: 초대부통령
*이종육: 외무부 영사

*이종국: 한국교원대 교수
*이종찬: 국회의원, 국가정보원장
*이종걸: 변호사, 현 국회의원(3선)
*이종현: 매일경제TV 해설위원

존경받는 부자가 돼라

이재에 타고난 재능이 있는 사람에게 돈을 버는 것은 일도 아니다. 이런 사람은 열심히 노력만 하면 재벌도 될 수 있다. 그러나 돈을 인간답게 잘 써서 주위로부터 존경받기란 쉽지 않다. 한마디로 개같이 벌어서 정승같이 쓰는 것이 생각처럼 쉽지 않은 것이다. 존재 이유가 돈이라고 해도 좋을 기업 역시 마찬가지가 아닐까 싶다. 운이 좋거나 리더의 경영 능력이 탁월하면 단박에 세계 유수 기업이 되지 못하라는 법이 없다. 이 경우 역시 빗자루로 돈을 쓸어 담는 것과 존경받는 것은 완전히 별개라고 해야 한다. 다른 곳으로 눈을 돌릴 필요도 없이 한국만 봐도 잘 알 수 있다. 존경받는 기업 리스트라는 게 심심찮게 발표되고는 있으나 솔직히 조사를 하지 않는 편이 훨씬 나을 듯하다. 진정으로 존경한다기보다는 덜 혐오하는 순으로 리스트가 작성된다고 해도 좋으니까 말이다. 기분 나쁘다고 생각할 분들은 한국 대기업의 CEO들을 한 번 눈을 부릅뜨고 보기 바란다. 비즈니스 프렌들리를 추구하지 않은 시기에 억울하게 횡액을 당했다고 변명할지는 모르겠지만 치사한 범죄 행위로 프리즌 프렌들리를 경험한 이들이 무수히 많다. 그렇지 않았거나 앞으로도 그렇지 않을 기업인을 한 번 꼽아보라면 이미 고인이 된 유일한이나 안철수 정도로 극소수인 것이 현실이다.

롤 모델이 된 발렌베리 가문

스웨덴에는 그렇지 않은 기업인과 기업이 있다. 바로 5대에 걸쳐 150년을 이어 내려오는 전통의 발렌베리 가문과 그들이 이끄는 국민 기업 발렌베리 그룹이 그 주인공이다. 이들 가문이 이끄는 전체 그룹의 매출액은 무려 스웨덴 GDP의 35% 정도를 차지한다. 외견적으로는 독점 악덕 기업과 추악한 기업인 이미지를 줄 수도 있다. 그러나 그렇게 생각하는 스웨덴 국민은 한 사람도 없다. 아니 오히려 자신들의 나라에 지저분한 경제 범죄는 차치하고 경범죄조차 저지르지 않는 발렌베리 가문과 국민 기업 발렌베리그룹이 있다는 사실을 영광스럽게 생각한다. 더구나 이들은 최근 들어 성가가 더욱 널리 알려져 전 세계인으로부터 존경을 받고 있다.

이들이 이처럼 널리 존경받고 있는 이유는 말할 것도 없이 국가와 사회, 국민에게 양심적인 정당한 기업 활동으로 큰 도움을 주는 데서 찾아야 한다. 그렇다면 발렌베리 그룹이 이렇게 할 수 있는 기본적인 원동력은 어디에서 나왔을까. 답은 의외로 간단하다. "존경받는 부자가 돼라"는 가훈에 해답이 있다. 이 원칙이 5대에 걸쳐 면면히 내려오다 보니 존경받는 기업인과 기업이 자연스럽게 됐다는 이야기다.

발렌베리 그룹을 전 세계 기업들이 본받아야 할 도덕 교과서로 이끈 창업주 안드레 오스카 발렌베리는 1816년 스웨덴 수도 스톡홀름에서 남쪽으로 200여 km 떨어진 린셰핑에서 태어났다. 부유한 집안 출신 어머니와 목사였던 아버지 사이의 막내아들이었다. 그는 막내아들답게 어린 시절에는 지독한 개구쟁이였다. 학교 성적 역시 시원치 않았다. 그렇다고 재능이 형들보다 특출한 것도 아니었다. 될 성 부른 떡잎이라고 할 수 없었다.

그러나 그의 인생은 17세가 되던 해 해군사관학교에 입학하면서 조금씩 달라지기 시작했다. 출발은 좋았다. 개구쟁이에게 군인 제복은 완전히 딱 맞았다. 하지만 호사다마라고 그에게 예상치 않은 불행이 기다리고 있었다. 전우들과 항해를 나갔다 배가 침몰하는 바람에 혼자 살아 돌아오는 사고를 당한 것이다. 그 충격은 컸다. 더구나 혼자 살아남았다는 사실은 장교에게는 큰 불명예였다. 승진에도 걸림돌로 작용할 수 있었다. 군인으로 성공할 가능성이 있을지에 대한 회의가 들지 않을 수 없었다.

금융업으로 명가를 일군 해군장교

그는 고민 끝에 다른 일을 알아보기 위해 해군 장교 신분을 가진 채 미국으로 건너갔다. 미국행은 그에게 전화위복이라는 큰 선물을 안겨줬다. 금융업이 그의 눈을 확 뜨게 했던 것이다. 그는 스웨덴으로 돌아오자마자 은행업에 대한 자료를 부지런히 수집하면서 연구에 연구를 거듭했다. 해군 고급장교와 국회의원을 지낸 후 1856년 드디어 그는 칼을 뽑았다. 사업에 투신하겠다는 결단을 내린 것이다. 부유했던 어머니의 수많은 주변사람들을 상대로 대출업을 했던 경험은 이때 큰 도움이 됐다. 스웨덴 최초 민간은행인 스톡홀름&스킬다 은행은 바로 이런 과정을 거쳐 세상에 태어났다. 이후 그의 은행은 19세기 후반 불처럼 일어난 스웨덴 경제의 부흥기를 타고 성장가도를 쾌속 질주했다.

그의 경영 노하우는 지금 생각해도 대단한 첨단 기법에 바탕을 두고 있었다. 스웨덴 최초로 채권을 발행하는가 하면 해외 차입에도 적극 눈을 돌려 기업들로부터 엄청난 수익을 올릴 수 있었다. 그는 자신이 예상하지 못했던 큰 재산을 모으자 바로 기업 인수·합병에 눈을 돌렸다. 발렌베리그룹의 출발은 바로 이렇게 시작됐다.

창업주 안드레 오스카 발렌베리는 70세에 세상을 떠났다. 그는 세상을 떠나기 전 적지 않은 고민을 했다. 무려 21명이나 되는 자녀들 중에서 후계자를 뽑아야 했기 때문이었다. 더구나 후계자는 "존경받는 부자가 돼라"는 자신의 유언을 철저하게 지키는 인물이어야 했다. 그는 고심에 고심을 거듭하다 전혀 예상외의 아들을 후계자로 낙점하기에 이른다. 혼외정사로 태어난 크누트 아가손 발렌베리가 주인공이다.

적통의 형제들을 제치고 후계자로 지목된 크누트는 아버지의 기대를 저버리지 않았다. 아버지의 권유에 따라 해군사관학교를 입학한 것이 우선 그랬다. 그것도 수석이었다. 졸업한 후에는 계속 군인의 길을 걷지 않고 프랑스계 은행 크레디 리요네에서 경험을 쌓았다. 역시 아버지의 지시에 따른 결정이었다. 그는 이때 확고하게 다진 런던과 파리 금융계 인사들과의 인맥과 견문을 바탕으로 경영 전면에 나서게 된다. 충분히 준비했던 만큼 곧 그의 은행은 유럽지역의 자금 중계분야에서 뛰어난 경쟁력을 갖추게 된다. 스톡홀름&스킬다가 유럽 지역자금 중계 분야에서 경쟁 상대가 전혀 없는 독보적 존재로 군림하게 된 것은 자연스런 일이다.

1911년에는 그와 발렌베리 가문이 몇 단계 더 도약하는 결정적인 기회가 왔다. 다름 아닌 스웨덴 은행법 개정이었다. 이 법의 골자는 간단했다. 산업 자금의 원활한 수혈이 가능하도록 은행들의 일반 기업에 대한 주식 소유와 경영 참여를 허용한다는 것이 핵심 내용이었다. 이에 따라 스톡홀름&스킬다 은행은 휘하에 수많은 제조업체들을 합법적으로 거느릴 수 있게 됐다. 발렌베리그룹의 눈부신 발전 역시 피하지 못할 운명이 됐다.

크누트가 일궈놓은 대그룹의 모체를 물려받은 발렌베리 제3세대의 주인공은 놀랍게도 그의 아들들이 아니었다. 바로 아래 동생인 마커스의 두 아들인 조카 야콥 발렌베리와 마커스 발렌베리 주니어였다. 깜짝 쇼를 했다기보다는 크누트 역시 자기 자식들보다는 조카들이 창업주의 유지를 잘 받들 것이라는 생각에 용단을 내렸다고 할 수 있었다. 그러나 이들 앞에는 스웨덴 재계 역사상 최고 풍운아로 불렸던 이바르 크뢰거라는 넘기 쉽지 않은 장벽이 버티고 있었다.

그는 성냥 제조업자 아들로 태어난 타고난 사업가였다. 1920년대 후반 세계 성냥 시장의 절반을 장악할 정도의 거물이기도 했다. 더구나 저돌적인 추진력과 인수·합병과 관련한 사업적 계산과 관련해서는 탁월한 능력을 갖추고 있었다. 사자의 용맹과 여우의 지혜를 겸비한 인물이라는 평을 듣는 것이 당연하게 여겨졌을 정도였다. 그런 그였으니 막 커가는 발렌베리그룹에 눈독을 들이지 않을 수 없었다. 다급해진 마커스 주니어는 어떻게든 그룹을 지켜야만 했다. 결국 크뢰거에게 거액을 지불하는 협상을 통해 그룹을 지키는 굴욕을 감수한다.

이후 발렌베리 가문은 잠시 숨을 죽이고 살아야 했다. 그러나 얼마 지나지 않아 마치 영화와 다를 바 없는 반전의 계기가 극적으로 찾아왔다.

크뢰거가 미국에서 시작돼 유럽에까지 상륙한 대공황의 여파로 천문학적인 투자손실을 입으면서 심각한 자금난에 직면하게 된 것이다. 설상가상으로 치명적인 분식회계 사실까지 세상에 공개됐다. 엎친 데 덮친 격이었던 만큼 파산은 불가피했다. 크뢰거는 그러나 훨씬 더 극단적인 선택을 했다. 권총 자살을 결행하고 만 것이다. 그의 파산으로 발렌베리그룹의 모체인 스톡홀름&스킬다 은행은 절호의 기회를 잡았다. 크뢰거그룹에 대한 채권으로 당시 최고 알짜 기업이었던 에릭슨과 스웨덴 성냥을 헐값에 인수하게 된 것이다. 이로써 발렌베리그룹은 스웨덴 최대 그룹으로 우뚝 설 수 있게 되는 전기를 마련했다.

위기를 기회로 만든 발렌베리그룹

발렌베리그룹 현황을 살펴보면 솔직히 기가 막힌다. 문어발도 이런 문어발이 없다. 스톡홀름&스킬다 은행의 후신인 SEB를 중심으로 하는 금융업부터 원자력, 항공기, 정보 산업에 이르기까지 참여하지 않는 분야가 없다. 없는 분야를 찾는 것이 더 어려울 정도다.

기업들의 면면을 봐도 입이 다물어지지 않는다. 통신기기 회사로 세계적으로 유명한 에릭슨을 비롯해 중전기 분야에서는 단연 독보적인 회사 아세아 브라운 보베리, 항공 회사 사브, 자동차 회사 스카니아 등을 포함해 무려 100여 개에 이른다. 한국의 문어발 재벌은 아예 새 발의 피다. 그럼에도 단 한 마디 욕조차 먹지 않고 있다. 이미 앞서 말했듯 발렌베리 가문과 그룹이 창업자의 유지대로 존경을 받는 부자와 기업이 되기 위해 노력했기 때문이다.

존경을 받는 이유를 조목조목 하나씩 살펴보면 정말 놀랍기 그지없다. 가장 먼저 100여 개에 이르는 회사 이름에 발렌베리라는 이름이 전혀 들어가 있지 않다는 사실을 꼽을 수 있다. 회사별로 철저한 독립경영 원칙을 고수하기 때문이다. 회사는 그룹이 소유하고 있으나 경영은 전문 경영인이 한다는 얘기다. 이 경우 기업들은 분식 회계라든가 오너 친인척들의 독단적인 경영에서 자유로워져 건전한 기업으로 계속 굴러가는 것이 가능하다.

기업 경영을 통해 벌어들인 부를 사회에 되돌리는 꾸준한 노력 또한 눈에 두드러진다. 시작은 아버지의 뜻을 누구보다 잘 헤아렸던 크누트에서부터 비롯됐다. 그가 지금 시가로 환산할 경우 대략 250억크로나(약 4조원)에 이르는 전 재산을 기부해 크누트&앨리스 발렌베리 재단을 설립한 것은 그룹이 본격적인 궤도에 오른 1917년이었다. 이 재단은 이후 스톡홀름경제대학과 각급 도서관을 설립하는 등 공익사업에 적극 나섰다. 특히 과학 기술 분야 후원에 심혈을 기울였다.

기부의 전통은 대를 내려가면서 아예 불문율로 굳어졌다. 3대인 마커스 주니어 등을 비롯한 나머지 후손들 역시 자선 재단을 만들어 지금까지 활발하게 운영하고 있다. 마리앤느 마커스 발렌데리 재단과 마커스&아말리아 발렌베리 추모 재단 등이 대표적으로 꼽힌다. 전체적으로는 20여 개 재단이 설립돼 스웨덴 사회의 공익사업에 큰 힘을 실어주고 있다.

현재 발렌베리 산하 주요 기업들의 본사가 위치한 스톡홀름 시청 앞 광장에는 동상 하나가 우뚝 서 있다. 이게 바로 전 재산을 기부해 재단을 설립한 크누트의 동상이다. 발렌베리 가문이 그저 형식적으로 재단을 운용하지 않았다는 결정적인 증거다. 실제로 크누트는 스톡홀름시가 재정적으로 어려움을 겪을 때마다 기꺼이 얼마 남지 않은 자신의 사재를 털기도 했다. 시민의 행복을 증진할 수 있다면 자신의 재산은 전혀 아까울

게 없다는 열린 마음이었다. 당시 시민들은 그의 뜻이 너무 고맙고 감사해서 모금을 한 돈으로 그의 동상을 도시 한복판에 세우는 결정을 내린 것이다.

존경받는 부자가 되다

발렌베리 가문의 기부와 자선에 쏟는 진정성은 이들의 재산 총액에서 더욱 확연하게 드러난다. 최근 시세로 발렌베리 산하 기업들의 시가총액은 스웨덴 증시의 50% 정도를 차지한다. 그러나 이들 가문이 보유한 주식과 재산은 다 합쳐봐야 2억크로나(320억 원)가 채 되지 않는다. 스웨덴의 내로라하는 부자들보다도 재산이 결코 많지 않다. 돈 놓고 돈 먹기 식의 신자유주의 경제로 엄청난 부를 쌓았던 미국 월 스트리트의 졸부들에 비하면 그야말로 푼돈에 지나지 않는다. 회사의 수익이 모두 재단으로 들어가는 구조로 돼 있기 때문이다.

이런 상황에서 발렌베리 가문의 후손들이 사치를 일삼는다는 것은 있을 수 없는 일이다. 실제로 이들에게 유럽을 비롯한 전 세계의 명품들은 남의 얘기일 뿐이다. 어릴 때부터 형제자매들이 옷을 물려주는 것 또한 너무나도 당연한 전통이다.

이 전통은 지금도 유효하다. 총 200명 전후에 이르는 후손들 중 그 누구도 호화 쇼핑이나 통 큰 씀씀이로 스웨덴 언론의 구설수에 오른 적이 없다. 아이 때부터 집안 일을 거들어 받은 용돈을 저축하는 습관이 몸에 뱄기 때문이다.

처신 역시 모두들 숫기가 너무 없다 싶을 만큼 조용하다. 너무 대단한 집안인 탓에 파격적으로 살고 싶어 하는 본능이 간혹 불뚝불뚝 용솟음칠 법도 한데 그런 후손은 전혀 없었다. 지금도 그렇다고 단언해도 좋다. 이러니 아직 인격 성숙이 덜 된 어린 자녀들이 어쩌다 실수로 싸움 같은 것을 벌인다 해도 밥을 먹다 말고 놀라 일어나 몽둥이를 든 채 밖으로 뛰쳐 나가는 아버지를 볼 일은 없을 수밖에 없다. 만약 자녀들이 불미스러운 일에 휘말린다면 이 가문의 처세훈으로 미뤄볼 때 자녀들이 치도곤을 당할 가능성이 높다.

그러나 발렌베리 가문이 존경받는 부자로 우뚝 서게 된 가장 근본적인 이유는 아무래도 인격적으로 성숙한 인간이 되도록 강조하는 가정교육에서 찾아야 할 것 같다. 가정교육의 대전제는 내가 아닌 우리라는 원칙에서 출발한다. 다시 말해 나와 내 가족보다는 사회와 국가 전체에 이로운 인간이 돼라는 목표를 어릴 때부터 끝없이 주입한다는 얘기다. 굳이 거창하게 노블레스 오블리주라는 말을 강조할 필요가 없는 것이다.

이 가문은 이를 위해 이미 5대째 철저한 기본 원칙들을 지키고 있다. 그중 최고 금과옥조는 남자는 반드시 해군사관학교를 나와야 한다는 것이다. 이유는 간단하다. 군대에서 국가와 사회에 도움이 되는 열정을 비롯해 리더십, 도덕심, 애국심을 기를 수 있다고 보기 때문이다.

해외에서 자력으로 공부를 하도록 하는 원칙 역시 간과할 수 없다. 이 원칙에는 직접 학비를 벌도록 함으로써 돈의 소중함, 절약 정신, 성취감을 느낄 수 있게 하려는 깊은 배려가 숨어 있다. 실제로 지금 이 가문과 기업을 이끄는 창업자의 5대손인 야콥 발렌베리와 마커스 발렌베리는 예외 없이 이 원칙을 지켰다. 야콥은 미국 와튼 스쿨, 마커스는 조지 워싱턴 대학을 자력으로 졸업했다.

이 밖에도 발렌베리 가문은 후손에게 가정교육을 통해 검소한 생활, 부의 사회환원 원칙에 대해서도 어릴 때부터 철저하게 교육하는 것으로 유명하다. 어떻게 보면 다소 잔인한 측면이 있으나 원천적으로 가문의 이단아가 되는 길이 차단돼 있는 셈이다.

교육이 이 정도였으니 일대기가 영화로까지 제작된 세계적인 휴머니스트가 이 가문에서 나왔다는 것도 전혀 이상한 일이 아니다. 주인공은 한국에서도 방송된 적이 있는 영화 '굿모닝 미스터 발렌베리'의 실제 주인공인 라울 발렌베리였다.

그는 1912년 창업자 안드레 발렌베리의 증손자로 태어났다. 대부호의 손자로 태어난 만큼 그에게는 평탄한 앞날이 보장돼 있었다. 더구나 가문에서는 형제들 중에서도 유난히 총명하고 성품이 좋은 그에 대한 기대가 남달랐다. 그러나 그에게는 가업인 금융업보다는 다른 일이 하고 싶은 마음이 더 강했다. 미시간 대학 건축학과를 고학으로 졸업한 뒤 스웨덴으로 돌아온 그를 반긴 것은 여전히 은행 경영인의 자리였지만 말이다. 그는 내키지 않으나 일단은 은행업에 종사하기로 결심한다.

그렇게 지루한 일상을 이어가다 1938년을 맞았다. 이때 26세인 그에게 삶을 뒤바꾸게 하는 일이 갑자기 일어났다. 그건 그가 가문을 대표해 팔레스타인으로 파견됐을 때였다. 이곳에서 그는 유럽에서 피난을 온 수많은 유대인들을 만났다. 또 그들로부터 나치의 만행을 들었다. 이때부터 그는 유대인들이 맞닥뜨리고 있던 절박한 현실을 깨달을 수 있었다. 그는 41년에는 사업차 헝가리를 방문할 기회를 가졌다. 이곳에서도 그는 유대인들이 헝가리 나치 괴뢰 정권의 탄압으로 인간 이하 생활을 하는 현실을 목격했다. 그는 괴로웠다. 그러나 전쟁의 시대에 기업가인 그가 할 일은 그다지 많지 않았다.

그러다 1944년 3월 독일군이 헝가리를 점령했다. 안 그래도 헝가리 정부의 탄압으로 고생을 하던 유대인들에게 그 소식은 청천벽력과도 같았다. 결국 수개월 동안 25만여 명에 이르는 유대인이 아우슈비츠 가스실에서 목숨을 잃었다. 다급해진 미국 정부는 중립국 스웨덴에 헝가리 유대인을 구출해낼 외교관을 추천해달라고 의뢰하기에 이르렀다. 스웨덴 정부는 유대인에 대해 이해가 깊은 라울 발렌베리에게 자연스럽게 임무를 맡겼다.

그는 44년 7월 죽음을 무릅쓰고 임무를 수행하기 위해 헝가리에 도착했다. 이때 이곳에서는 인간 사냥꾼 아돌프 아이히만이 유대인 사냥을 진두지휘하고 있었다. 라울 발렌베리는 이에 맞서 유대인을 구하기 위해 혼신의 노력을 다했다. 이 결과 스웨덴행 비자를 발급하거나 독일군 사령관을 설득하는 등의 방법으로 아우슈비츠로 보내질 7만명의 유대인을 구할 수 있었다.

45년 1월 소련군이 헝가리를 점령했다. 이로써 유대인의 악몽은 끝났다. 하지만 그건 라울 발렌베리에게 비극의 시작이었다. 미국의 첩자로 오인한 소련 KGB가 그를 체포한 것이다. 그는 이어 1947년 7월 독약이 든 것도 모른 채 약물을 먹고 35세의 한창 나이에 세상을 떠났다.

그는 세상을 떠난 다음 더 주목과 존경을 받은 사례의 인물에 해당한다. 1981년 미국 의회가 그에게 명예 시민권을 수여한 것이나 97년 그를 기념하는 우표를 발행한 것은 이 사실을 웅변적으로 말해준다. 또 이스라엘 텔아비브와 영국 런던에 그를 기념하는 기념물이 조성된 것 역시 이를 입증한다.

라울 발렌베리가 이처럼 스웨덴판 쉰들러가 된 이유는 그의 인간에 대한 지극한 사랑 때문이었다. 그러나 그 심성도 "존경받는 부자가 돼라"는 가훈에 입각한 철저한 가정교육이 없었다면 아마 쉽게 발현되지 않았을지도 모른다. 제대로 된 교육이 중요했다는 얘기가 되겠다.

공동체 의식을 최우선으로 생각하라

발렌베리 가문의 후손은 지금도 특별한 일이 없으면 매주 일요일 아침마다 모인다고 한다. 이때 이들의 대화 내용은 숲을 조용히 산책하면서 존경받는 부자가 되기 위해 기울인 선조들의 위대한 업적, 앞으로의 과제 등과 관련된 것이다.

한 가지 흥미로운 점은 이럴 때마다 할아버지들이 손자나 손녀들의 멘토가 된다는 사실이다. 이에 대해서는 창업자의 고손자인 현 마커스 발렌베리 회장이 일찍이 자신의 일기에서 다음과 같이 술회한 바 있다.

"나는 어렸을 때부터 존경받는 부자가 돼라는 아버지의 말을 경청했다. 또 할아버지는 나에게 그걸 행동으로 보여주는 선생님이었다. 나는 두 분으로부터 커다란 영향을 받았다. 집안의 원칙을 나 몰라라 하는 것은 나에게는 있을 수 없는 일이었다."

발렌베리 가문과 이들 산하의 기업들이라고 영원하라는 법은 없다. 세계 최고 기업으로 유명한 미국 GE조차 흔들리는 것을 보면 언젠가는 역사 속으로 사라지는 것이 당연할 것이다. 하지만 이들이 설사 역사가 된다 하더라도 그 정신은 쉽게 잊혀지지 않을 것 같다. 더불어 '존경받는 부자'로 살아가기 위해 절제와 검소한 생활을 마다하지 않은 노력들은 칭송받아야 마땅하다.

특히 미국보다 더 천박한 천민자본주의가 깊이 뿌리내린 나라에서는 이에 대해 아무리 강조해도 지나치지 않다. 물론 이 정신을 제대로 이해하는 뇌 구조를 가진 부자들은 많지 않겠지만. 부자에 대한 막연한 적대감이 전 세계적으로 생기는 만큼이나 발렌베리 가문이 세계적인 명가로 존경받고 있는 데에는 다 이런 이유가 있는 것이다.

| 발렌베리 가계도 |

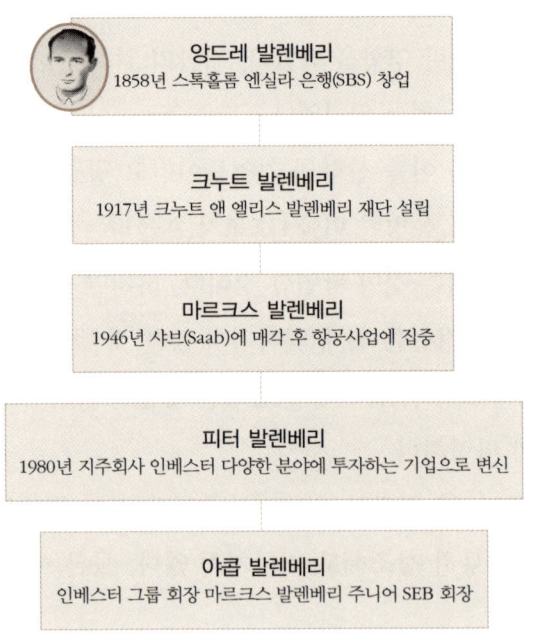

앙드레 발렌베리
1858년 스톡홀롬 엔실라 은행(SBS) 창업

크누트 발렌베리
1917년 크누트 앤 엘리스 발렌베리 재단 설립

마르크스 발렌베리
1946년 샤브(Saab)에 매각 후 항공사업에 집중

피터 발렌베리
1980년 지주회사 인베스터 다양한 분야에 투자하는 기업으로 변신

야콥 발렌베리
인베스터 그룹 회장 마르크스 발렌베리 주니어 SEB 회장

굶어죽는 사람이
절대로 없도록 하라

"**재물**은 분뇨와 같다. 욕심을 부려 한 곳에 그대로 모아 두면 악취가 주위를 진동해 도저히 견딜 수 없다. 반면 마음을 비워 골고루 사방에 흩뿌리면 좋은 거름이 된다."

정말로 천하의 진리라고 해야 좋을 어느 노스님이 했다는 말이다. 그러나 부의 사회 환원을 강조하는 이 진리가 주는 교훈을 몸소 실천하기는 진짜 쉬운 일이 아니다. 이유는 너무나 간단하다. 자신이나 선조들이 생고생을 하면서 어렵게 모은 알토란 같은 재산을 아무 조건 없이 내놓아야 하기 때문이다. 그러나 한국에서는 일찍이 이 진리를 무려 12대에 걸쳐 실천해 온 가문이 있다. 이 놀라운 가문이 경주의 최부자 가문이라고 바로 답을 내놓으면 아마 많은 사람은 바로 고개를 끄덕거릴 것이다.

자세한 내용은 몰라도 각종 매체들을 통해 이래저래 한 번쯤은 들어는 봤을 테니까.

곳간 문을 활짝 열어라

요즘 말로 재벌인 최부자 가문이 부의 사회 환원이라는 덕목을 가훈으로 정하고 대대로 노력한 역사는 조선 숙종 때인 1671년으로 거슬러 올라간다. 당시 한반도 남부에서는 큰 흉년이 들어 백성들이 기근에 시달리고 있었다. 가만히 놔두면 굶어죽을 사람이 지천으로 널릴 상황이었다. 이 절체절명의 순간 지금의 경주 교동에 터를 잡고 있던 최부자 가문의 3대인 최국선은 평소 아버지와 할아버지가 강조한 덕목을 떠올렸다. 그건 가문 주변에 굶어죽는 사람이 절대로 없도록 하라는 가르침이었다. 그는 곧 하인들에게 "이대로 가다가는 다 굶어죽게 된다. 다 죽는다면 우리 집 농사는 누가 짓겠는가? 또 내가 혼자 재물을 다 가지고 있어 뭘 하겠는가"라면서 즉각 곳간 문을 열라고 명령했다. 이렇게 해서 최부자 집 바깥마당에는 대형 가마솥이 내걸렸다. 굶주린 백성들에게 먹을 것을 끓여주기 위해서였다. 솥은 이때부터 무려 100일 동안이나 걸려 있었다고 하니 그가 얼마나 많은 재물을 백성 구제를 위해 썼는지는 충분히 미뤄 짐작할 수 있다. 그는 또 그동안 돈이나 쌀을 빌려주고 받은 담보 문서들도 모조리 태워 없애도록 했다. "돈을 갚을 사람이라면 담보가 없어도 갚는다. 그러나 돈이 없으면 아무리 노력해도 갚을 수가 없다. 담보 문서는 필요가 없다"고 생각한 것이다.

이후 최부자 가문이 베푼 구휼은 거의 매년 연례행사처럼 20세기 초반까지 이어졌다. 흉년이 극심할 때에는 경상북도 인구의 10% 전후에 이르는 엄청난 백성들을 구제했다고 한다. 이 정도 되면 단순하게 재물이

주체하기 어려울 만큼 많아 적선을 베푼다는 차원을 넘어섰다고 할 수 있었다. 가문의 확고한 원칙, 다시 말해 대가 끊어지지 않는 한 영원히 이어질 가훈에 따라 일사불란하게 나섰다고 해야 할 것 같다.

이런 재산의 사회 환원 노력은 훗날 최부자 가문을 위기에서 구출해주는 역할을 하기도 했다. 19세기 말과 20세기 초는 그야말로 국운이 빠르게 기울어가던 조선의 격동기였다. 곳곳에서 민란이 우후죽순 격으로 일어나는 것은 너무나 당연한 일이었다. 재물 깨나 있는 부자들은 모두들 횡액을 당해야만 했다. 가문의 누가 죽거나 재물을 강탈당하는 것은 일반적인 일이었다. 그러나 이럴 때에도 이 최부자 가문은 한 번도 피해를 입지 않았다. 심지어 한반도를 휩쓴 동학혁명이 일어났을 때에도 온전히 집안을 보전할 수 있었다. 모든 게 300년 가까이 적선을 통해 주위로부터 좋은 평판을 쌓은 덕이었다.

3대 가기 힘들다는 부를 무려 12대까지 물려주면서 수많은 선행을 행한 최부자 가문은 통일신라 때 천재 학자로 유명한 최치원을 시조로 하는 집안이다. 가문을 일으킨 사람은 최치원의 17대손인 최진립이었다. 원래는 임진왜란과 정유재란 때 의병을 조직해 싸운 무장 출신으로 명망이 높았으나 무관으로는 드물게 이재에도 뛰어난 능력을 발휘해 300년 이상을 지탱한 최부자 가문의 기틀을 다졌다. 급기야 손자 최국선 때에는 만석꾼 집안으로 올라서는 욱일승천의 기세까지 보였다. 만석의 부가 어느 정도인지는 아마 지금의 시세로 따져봐야 짐작이 가지 않을까 싶다. 현재 단위로 1석은 쌀 한 가마니 정도에 해당한다. 또 한 가마니는 요즘 대략 17만 원을 호가하나 당시에는 5배 정도의 가치가 있었다. 따라서 만석은 지금의 화폐 단위로 85억원 정도에 해당한다. 1년에 쌀농사로 거둬들인 순수익으로만 최소한 85억원이었으니 요즘 시세로 재산을 따지자면 최소 수천억 원은 됐다고 볼 수 있다.

최부자 가문의 출발

최부자 가문이 정말 그 정도로 엄청난 가문이었는지는 현재 남아 있는 안채와 문간채, 창고, 신라 왕궁 기둥에 쓰였던 사랑채 터의 주춧돌만 봐도 충분히 짐작이 가능하다. 대단한 위용이 곳곳에 스며들어 있다. 1만여 평의 후원이 딸린 아흔아홉 칸의 대저택에 노비 100명까지 살았다는 기록이 그대로 실감나게 다가올 수밖에 없다.

그러나 이 가문은 재물이 쌓이면 쌓일수록 환호작약한 것이 아니라 이를 어떻게 잘 활용할 것인가에 더 신경을 쓰고 고민했다. 나중에는 아예 최국선의 적선을 가능케 했던 가훈을 조목조목 정리해 후손이 반드시 지키도록 했다. 지금도 최부자 고택에 걸려 있는 이 가훈은 이른바 수신제가에 꼭 지켜야 할 육연六然과 육훈六訓으로 이뤄져 있다. 우선 행동거지의 기본 원칙인 육연은 스스로 초연하게 지내라自處超然, 남에게는 온화하게 대하라待人靄然, 아무 일이 없을 때는 마음을 맑게 가지라無事澄然, 일을 당했을 때는 용감하게 대처하라有事敢然, 성공했을 때는 담담하게 행동하라得意淡然, 실패했을 때는 태연하게 행동하라失意泰然는 등의 교훈이다. 육훈은 재산의 사회 환원과 직결되는 가훈으로 아주 구체적이다. 첫 번째 원칙은 절대 진사 이상 벼슬을 하지 말라는 것이다. 권력을 쥐어 재산을 더 불리려는 욕심을 경계하고자 했던 원칙이다.

아무리 소출이 많더라도 1년 수입을 딱 1만석에서 그치게 하라는 것이 두 번째 원칙이다. 이 원칙은 재산의 사회 환원 의지를 가장 잘 보여주는 대목으로 손색이 없다. 소출이 많으면 많을수록 소작농들이 더 많이 가져가도록 하고 나머지는 사회에 환원하려 한 갸륵한 생각을 그대로 보여준다. 최부자 가문의 전답이 늘어날 때마다 경상도 일원의 농민들이 배 아파 하지 않고 박수를 쳤다는 일화는 이 원칙을 보면 이해가 된다. 최부자 가문의 전답이 늘어나면 늘어날수록 자신들에게 돌아오는 이익은 더 많았을 테니까. 세 번째 원칙은 손님은 누구를 막론하고 잘 대접하라는 것이다. 신분의 귀천을 따지지 않는 인간에 대한 사랑이 엿보인다. 흉년에는 남의 논과 밭을 매입하지 말라는 가르침에는 더욱 짙은 휴머니즘이 느껴진다. 먹을 것이 없어 싼 값에 내놓은 논밭을 이삭 줍듯 주워 남들을 가슴 아프게 해서는 안 된다는 얘기다. 남의 불행이 나의 행복, 적대적인 기업의 인수·합병을 무슨 엄청난 경영의 기술로 가르치는 신자유주의나 천민자본주의가 횡행하는 요즘 세상에서 보면 완전 웃기는 교훈으로 들린다.

최부자 가문은 며느리 역시 가족의 당당한 일원이라는 생각에 가진 자의 의무를 다하라고 적극 권장했다. 시집을 오면 3년 동안 무명옷을 입힌다는 원칙이 그것이다. 내가 어려움을 알아야 다른 사람의 고통을 헤아릴 수 있다는 생각을 교육하려 했던 것으로 보인다. 사방 100리 안에 굶어죽는 사람이 없게 하라는 마지막 여섯 번째 원칙은 300년 이상이나 매년 실행된 선행의 하이라이트라고 해도 전혀 손색이 없다. 이를 위해 1년에 쌀 1000가마를 썼다는 것이 정설이다.

가훈은 그저 말로만 전해지지 않고 일상의 행동으로 철저하게 옮겨졌다. 구한말 가문의 11대인 최현식이 교유하고 받아들인 인물들의 면면을 살펴보면 어느 정도였는지 짐작이 가능하다. 구한말 충절의 모범을 보인 면암 최익현을 우선 꼽아야 한다. 일제에 저항하기 위해 일으킨 의병 수백 명을 인솔하고 이 가문을 찾은 그를 위험을 무릅쓰고 흔쾌히 받아들였다. 이때 상당한 군자금까지 건네준 것으로 알려지고 있다. 경북 영덕 출신 유명 의병장 신돌석도 거론해야 한다. 신식 무기로 무장한 최정예 일경과의 전투에 패해 전국을 유랑한 끝에 숨어들었으나 서슴지 않고 보호해줬다. 이 가문의 신세를 진 유명 인물로는 왕손 가수로 유명한 이석의 아버지 의친왕 이강, 천도교 교주 손병희 등을 들수 있다. 당시 이강은 최현식의 아들인 최준에게 문파라는 호까지 직접 지어주기도 했다.

새 술은 새 부대에

국가의 주권이 일본 제국주의에 넘어간 1910년은 최부자 가문으로서도 위기의 해라고 할 수 있었다. 엄청난 충격을 받은 최현식은 자신이 교유했던 수많은 인사들처럼 조국을 찾는 독립운동에 적극 헌신할 것이냐 가문을 지킬 것이냐를 놓고 고민에 고민을 거듭했다. 그는 그러다 하루는 20대 중반의 나이인 장남 최준을 불러들여 자신의 생각을 밝혔다.

"내가 너를 부른 이유를 알겠느냐?"

최준은 분위기가 심상치 않았으나 영문을 알 수 없었다. 그저 가만히 아버지의 다음 말을 기다릴 수밖에 없었다. 최현식이 한참을 생각하다 다시 착잡한 어조로 입을 열었다.

"나라가 망했다. 너는 이런 상황에서 우리 집안이 어떻게 해야 한다고 생각하느냐?"

"당연히 나라를 되찾는데 온 집안의 힘을 기울여야 한다고 봅니다."

"그렇다, 네 말이 맞다. 그 일을 네가 해라."

"아버님은요?"

"새 술은 새 부대에 담으라고 했다. 나는 너한테 모든 것을 물려주고 사라지겠다. 네가 우리 가문의 가훈을 너무나도 잘 명심하고 있는 걸 보니 안심하고 물러나도 되겠구나. 앞으로 어려운 일이 있을 때마다 가훈을 되새겨보는 것을 잊지 마라. 두 동생들도 내 대신 잘 이끌어다오."

정확하게 26세의 나이에 감당하기 쉽지 않은 가문의 살림을 졸지에 물려받은 최준은 아버지만큼이나 고민을 계속했다. 그러다 답을 찾았다. 가문이 가지고 있는 재산을 조국 광복을 위해 쓰리라는 중대한 결단을 최종적으로 내린 것이다. 두 동생 최윤, 최완과 며칠을 머리 맞대고 상의한 결과였다.

그가 가장 먼저 한 일은 1915년 초에 조직된 전국적 독립운동 단체였던 조선국권회복단을 돕는 일이었다. 설립 계획이 입안되던 초기부터 적극적으로 관여하면서 전국에서 가장 많은 지원금을 희사한 것으로 알려지고 있다. 이로 인해 이 단체의 경주 책임자를 맡았던 그는 첫 번째 영어의 몸이 되기도 했다.

그의 결단은 우연히 한 살 아래인 독립 운동가 백산 안희제를 만나면서 큰 전환기를 맞는다. 중국에서 독립운동을 하다 1914년 영남지역 민족 자본가들을 규합해 부산에 조선 최초 무역 회사인 백산상회를 설립한 그에게 대규모 자금을 대기 시작한 것이다. 백산상회는 외견적으로는 곡물상이었다. 그러나 실제로는 독립운동가들에게 자금을 제공하는 비밀 아지트였다. 그로서는 본격적으로 재산을 독립운동에 쏟아붓기 시작한 셈이다. 이어 백산상회가 백산무역으로 확대 개편된 1919년부터는 아예 사장 겸 지배인을 맡으면서 더욱 깊숙하게 독립운동에 발을 들여놓는다.

백산무역은 독립운동자금을 지원하는 위장 회사였던 탓에 국내 최대 무역회사라는 명성과는 달리 늘 적자에 허덕였다. 그러나 그는 적자를 주주들의 자본을 계속 끌어들이는 방법을 통해 메워 나갔다. 주주들 역시 자신들도 모르게 독립운동을 하게 된 것이었다.

　매출액이 상당한데도 불구하고 항상 적자에 허덕이는 이런 상황을 일본 식민 당국이 가만히 두고 볼 리 없었다. 이미 백산무역을 요시찰 대상으로도 찍어두고 있던 터였다. 사장 최준 역시 일본 경찰의 미행과 감시를 거의 매일 받고 있었다. 하지만 무슨 비밀이 있는 것 같기는 한데 꼬투리는 영 잡히지 않았다.

　그러나 더 심각한 위기는 내부에서 오고 있었다. 백산무역이 벌어들이는 금액보다 독립운동자금으로 빠져나가는 돈이 더 많았던 탓에 적자로 인한 파산 위기에 직면한 것이다. 주주들이 적자를 메워주는 데에도 한계가 있었다는 얘기다. 적자로 인한 회사의 부채는 상당했다. 요즘 시세로 환산하면 수백억 원에 이르는 130만원이었다. 최준이 사장으로 취임하면서 사재를 털어 내놓았던 상하이 임시정부의 군자금 100만원보다도 더 큰 규모였다.

　아무리 천하의 최부자 가문의 종손 최준이라도 고민을 하지 않을 수 없었다. 더구나 그대로 백산무역이 문을 닫는다면 독립운동자금을 마련할 길은 막막해질 수 있었다. 설상가상이라고 백산무역의 부도설이 나돌자 일본 경찰은 뭔가 이상하다는 생각에 은밀한 뒷조사를 더욱 강력하게 벌이기 시작했다. 그는 위기를 일단 모면해야겠다는 생각에 최악의 시나리오를 현실로 옮길 결심을 했다. 그건 고의적으로 부도를 내는 것이었다. 그는 이럴 경우 일본은행을 이용하면서 더불어 일본 경찰로 하여금 자신에 대한 의심을 하지 않게 하는 효과를 거둘 수 있을 것으로 생각했다. 말하자면 오늘날의 증시에서 종종 볼 수 있는 작전, 그것도 양동 작전이었다.

　상황은 진짜 그의 예상대로 전개됐다. 거래 은행이던 일본계 식산은행과 경남합동은행은 백산무역이 부도를 내자 바로 부실 경영에 대한 책임을 물어 최준의 개인 재산을 압류했다. 일본 경찰도 식산은행이 개입하는 것을 보고는 그에 대한 뒷조사를 그만뒀다.

그는 기다렸다는 듯 당시 식산은행의 아리가 미츠도요 총재를 찾아갔다. 아리가는 나중에 조선불교협회 회장까지 지낸 인물로 사이토 마코토 총독의 오른팔이었다. 한마디로 재계와 정계 모든 방면의 실세였다고 할 수 있었다. 최준은 한참 뜸을 들이다 당초에 계획한 대로 입을 열었다.

"총재, 어차피 내 재산은 식산은행에서 압류했소. 아마도 그 정도면 충분한 담보가 될 거라고 보오. 그러나 나는 돈이 더 필요하오. 우리 백산무역을 살려야 하겠소. 돈을 좀 빌려주시오."

최준의 말에 아리가는 얼굴에 묘한 웃음을 가득 머금었다. 사실 그는 사이토 총독의 지시를 받고 진작부터 최준을 기다리고 있었기 때문이다. 다시 말해 최준에게는 치명적인 아킬레스건을 잡고 회유하기 위해 개인 재산을 미리 압류했다고 할 수 있었다. 어떻게 보면 나름대로 전략을 짜는 노력을 기울인 최준의 머리 위에 올라가 있다고 봐야 했다.

"흠, 일단 돌아가시오. 생각을 해 봐야 하겠소."

아리가의 말에 최준은 발길을 돌렸다. 처음부터 일이 가볍게 풀리리라고 생각하지 않은 터였으므로 큰 실망을 하지는 않았다. 얼마 후 그는 다시 이라가를 찾았다.

"좋습니다. 우리가 백산무역의 빚 반을 탕감해 드리겠소. 또 70만원도 대출해 주겠소."

최준은 그게 미끼인지도 모르고 자신의 계획이 성공한 줄 알았다. 며칠 후 아리가는 다시 그를 불렀다.

"내 부탁할 것이 좀 있소. 들어주셔야 하겠소."

"무슨 부탁입니까?"

"사이토 총독 각하의 특별한 배려로 내려진 결정입니다. 중추원 참의를 맡아주시오."

최준은 그제야 모든 것을 확연하게 깨달았다. 그러나 명색이 조국 독립을 위해 헌신하겠다는 생각을 실천해온 자신이 친일파의 소굴이자 총독부 자문 기관인 중추원 참의가 될 수는 없는 노릇이었다. 그는 대단히 정중하기는 했으나 단호하게 거절했다.

"이거 참, 정말 곤란하게 만드시네. 좋소. 그러면 총독부의 문교부장은 할 수 있겠죠."

"나는 사업을 하는 사람이오. 정치나 교육에 대해서는 아무 것도 모르오."

"그래요? 이렇게 나오면 곤란한데…."

최준은 이후 110만원으로까지 늘어난 은행 빚으로 인해 꼬투리를 잡은 총독부로부터 끊임없는 회유와 압박을 받았다. 그러나 굴복하지 않았다. 나중에는 투옥과 고문 위협까지 당했다. 아무리 강심장이라도 괴로울 수밖에 없었다. 그는 하루는 자신의 이런 고민을 동생 최윤에게 털어놓았다.

"총독부에서 나를 계속 협박과 회유를 하고 있네. 벌써 10여 년째야. 백산무역을 청산한 후부터 줄곧 그랬으니까."

최윤은 형의 고민을 듣고는 한참 심각한 표정을 지었다 이어 뭔가 결심한 듯 입을 열었다.

"우리 집안에서 반드시 중추원 참의가 나와야 한다는 거죠. 그렇다면 제가 모든 짐을 지고 가겠습니다, 형님."

"네가? 네가 내 대신 참의를 하겠다고?"

"그래요, 제가 하겠습니다. 제가 희생해서 형님이 산다면 그렇게 합시다. 집안은 구해야 할 것 아닙니까?"

최부자 가문의 12대 형제의 운명은 1936년 이렇게 해서 갈렸다. 형은 계속 독립 운동으로 나아간 반면 동생 최윤은 희생양을 자처해 총독부의 6대 중추원 참의라는 친일파의 길로 들어선 것이다. 동생으로서는 자두나무가 복숭아나무 대신 쓰러진다는 이른바 이대도강李代桃降의 선행을 몸소 실행했다고 할 수 있었다.

리세스 오블리주를 실천한 후예들

동생 덕에 온전히 절개를 지킬 수 있었던 최준은 해방 후 국가의 미래를 위해 다시 한 번 결단을 내렸다. 신생 국가를 이끌어나갈 인재를 길러야 한다면서 모든 재산과 1만여 권에 이르는 장서를 지금의 영남대학 전신인 대구대학과 계림학숙鷄林學塾 설립을 위해 기증한 다음 스스로 만석꾼의 자리에서 내려온 것이다. 그뿐만이 아니었다. 그는 1960년대에는 자신이 가지고 있던 대구대학의 일부 지분마저 기꺼이 삼성의 이병철 회장에게 무상으로 넘기고 역사 속으로 완전히 사라졌다. 목숨 같은 가훈도 가훈이었으나 분뇨는 곳곳에 뿌려야 이롭다는, 젊은 시절 어느 노스님에게 들은 교훈이 그의 놀라운 결단을 가능케 만든 원동력이 아니었나 한다.

300년 이상을 내려온 거부 가문이었던 만큼 최부자 집안과 관련한 일화는 일일이 다 꼽지 못할 정도로 엄청나게 많다. 가장 감동적인 것이 아마 가문을 일으켜 세운 최진립이 거느렸던 옥동과 기별이라는 노복에게 후손들이 오늘날까지 제사를 지내주는 파격적 대우가 아닌가 한다. 평생을 최진립을 따라 충성을 다한 충절을 기리기 위해 이렇듯 제사도 지내

주고 있는 것이다.

해방 직후인 1946년 2월 서울 경교장에서 이뤄진 최준과 백범 김구의 대면 광경과 이후의 얘기 역시 감동적이다. 이때 김구는 70세, 최준은 62세로 서로에 대해 알기는 했으나 직접 만나기는 처음이었다. 그럼에도 김구는 만나자마자 최준을 향해 "최 선생, 그동안 정말 수고가 많았습니다. 선생은 가산을 탕진하면서까지 우리 임시정부에 자금을 보내주셨습니다. 3000만 우리 동포 모두가 우러러 보게 될 것입니다"라는 치하의 말을 전했다. 거액의 독립운동자금을 낸 기록장을 보여주면서였다.

최준은 사실 김구를 만나기 직전만 해도 자신이 안희제를 통해 임시정부에 낸 자금의 반이라도 전달됐다면 다행일 것이라고 생각했다. 그러나 그는 안희제에게 전달한 자금의 액수와 기록장의 내용이 일치하는 것을 보고 감명을 받았다. 그는 경교장을 나오자마자 바로 안희제의 무덤쪽을 향해 대성통곡을 했다.

최준과 식산은행 총재였던 아리가 미츠도요의 후대에까지 이어진 인연도 눈길을 끄는 대목이다. 1970년 86세로 세상을 떠난 최준은 말년에 장손인 최염에게 훗날 일본에 들를 기회가 있으면 아리가의 무덤을 꼭 참배하라는 유언을 남겼다. 또 아리가의 셋째아들인 아리가 도시히코 역시 언젠가 한 번 만나고 싶다는 편지를 최염에게 보내기도 했다. 비록 적이었으나 빈번하게 만나다 보니 자연스레 친해졌기 때문으로 보인다. 기록에 따르면 아리가는 해방 전에 자주 경주를 찾아 최부자 가문의 명물인 법주를 맛보는 등 최준과 각별한 관계를 유지했다고 한다.

가문의 정체성을 바로 세우다

옥에도 티가 있듯 털어서 먼지 하나 안 나는 사람 없다는 말이 있다.

한국에서는 쉽지 않을 노블레스 오블리주를 실천한 존경받는 부자였음에도 최부자 가문 역시 일부 아쉬운 부분이 있을 수 있다는 얘기다. 그게 다름 아닌 최윤이 중추원 참의를 지낸 것과 최부자 가문의 사위인 독립 투사 박상진 가문의 재산을 속임수를 써서 강탈했다는 의혹의 시선이 그 것이다.

그러나 이 부분은 변명의 소지가 상당히 많다. 우선 최윤의 경우 자신을 희생해 형 대신 중추원 참의를 지냈다. 참의로 있는 동안 특별히 문제가 될 만한 반민족행위는 거의 하지 않았다. 친일파 단죄를 위해 구성된 특별검찰이었던 반민특위가 해방 후 자신 때문에 민족 반역자로 낙인이 찍힌 동생을 변호하기 위해 백방으로 뛰어다닌 최준의 입장을 고려해 최윤을 재판 회부 전에 석방한 것은 바로 이런 사실이 참작된 결과다. 털어서 먼지는 났어도 주변에서 대단한 악취가 나거나 하늘을 우러러 부끄러울 정도는 아니었다는 얘기가 되겠다.

최준의 사촌 매형이기도 한 박상진 가문에 씻기 어려운 상처를 줬다는 의혹은 솔직히 조금은 억울한 측면이 있다. 박상진의 아버지 박시규가 아들이 일경에 의해 총살된 지 2년 후인 1923년 피를 토하면서 썼다는 제문에만 의혹을 입증할 주관적인 증거가 나오기 때문이다. 이에 따르면 최준은 사촌 누나의 시집인 사촌 매형 가문의 상당한 규모에 이르는 전답을 막내동생인 최완과 함께 사기로 빼앗았다. 사실이라면 최부자 가문의 명성에 치명적인 흠이 될 수밖에 없다.

그러나 박시규의 제문 외에는 그 어디에도 이에 대한 사실은 기록돼 있지 않다. 더구나 1913년 중국에서 쑨원까지 만나본 다음 대한광복회를 조직해 지도자로 활약할 정도로 대단한 투사였던 박상진은 사촌 처남들인 최준, 최완 형제와 대단히 돈독하게 지냈다.

처남인 최준과 임시정부에서 일하다 1921년 일경의 고문에 의해 순국한 최완이 매형 박상진의 인품과 능력에 감복해 독립운동에 더욱 적극적으로 뛰어들어야겠다는 생각을 했을 정도였으니까. 아무래도 박시규의 제문은 개인의 북받친 감정이 개입된 다분히 주관적인 생각을 반영했다고 결론을 내리지 않을 수 없다.

최부자 가문의 공덕은 그러나 그동안 별로 알려지지 않았다. 자신들이 당연히 해야 할 일을 했을 뿐이고 이미 역사 속으로 사라진 이상 거론하는 것이 이상하다는 생각을 했던 탓이었다. 다행히 이들의 업적은 12대의 장남 최준과 삼남 최완이 독립유공자로 인정돼 1990년 건국훈장 애족장을 받음으로써 대대적으로 조명됐다.

존경받는 부자 12대 만석꾼의 신화는 최준의 대에 와서 완전히 끝났다. 더 정확하게 말하면 그가 대학 설립에 남아 있던 가문의 모든 재산을 기부하면서 역사 속으로 사라졌다. 그러나 재물은 사라졌어도 그 정신은 끊이지 않고 이어지고 있다.

현재 가문을 이어가고 있는 종손은 할아버지로부터 아리가의 무덤을 꼭 찾아보라는 유언을 들었던 14대인 최염이다. 70대 중반인 그는 어렸을 때부터 매일 아침마다 할아버지 방에 가서 붓글씨로 육연과 육훈의 내용을 정성스레 쓰는 교육을 받고 자랐다고 한다. 어려서부터 군자다운 행동을 하도록 훈육하는 철저한 교육은 그때까지 사라지지 않고 있었던 것이다.

재미있는 점은 최염의 아들인 15대 최성길이 가훈의 첫 번째 원칙을 무시하고 대학 졸업 후 법관이 되기 위해 무려 10년이나 노력했다는 사실이다. 그럼에도 그는 나이 30대 중반이 넘어설 때까지 사법고시에 합격하지 못했다. 아무리 가훈에 실패했을 때는 태연하게 행동하라는 가르침이 있다고 해도 이 정도 되면 본인은 말할 것 없고 부모들 역시 괴로울 수밖에 없었다. 가훈은 가훈이고 아들이 입을 마음의 상처가 더 걱정이 되는 것은 인지상정이었다. 최염의 부인 강희숙은 불교 신자답게 하루는 모 법사를 찾아가 고민을 털어놨다.

"나 이거야 원. 사모님 집안의 증조부께서 증손자가 판사 되는 것을 막고 있군요. 그거 참 이상하네."

"아이고, 그럴 겁니다."

강희숙은 시댁의 가훈이 생각나 바로 무릎을 쳤다. 갑자기 등에 식은 땀도 나고 있었다.

"아니 조상이 후손 잘 되게 도와줘야지 이렇게 출세 길을 막을 수가 있나요. 저는 평생 이런 경우는 처음 봅니다."

"우리 시할아버님은 가문의 가르침에 철저했던 분이에요."

강희숙은 시댁의 가훈과 내력에 대해 차근차근 설명했다. 그제야 법사는 고개를 끄덕였다. 이해가 된다는 눈치였다. 이어 곧 모종의 방법을 조용히 알려줬다.

강희숙은 집에 돌아오자마자 바로 법사가 일러준 대로 시할아버지 최준의 영혼을 설득하는 조치를 취했다. 손자며느리의 정성에 최준의 영혼이 감동을 해서였을까, 아들 최성길은 그 후 1년 만에 우수한 성적으로 시험에 합격했다. 지금은 선조의 가르침과는 달리 진사보다 몇 배나 높다고 해도 좋은 자리인 인천 지방법원 판사로 일하고 있다.

최부자 가문은 현재 15대 종손 최성길을 비롯해 방계 일족 수백여 명의 자손들이 각계각층에서 활약하고 있다. 육훈의 첫 번째 가훈은 비록 아름답게 깨졌으나 나머지 가르침들은 대체로 잘 지켜지고 있다. 한국에는 존경받는 부자가 없다는 비관적인 생각을 갖는 사람이 있다면 경주 최부자 가문을 한 번쯤 떠올릴 필요가 있다.

| 경주 최부자 가계도 |

초지일관 자기 자신만의
길을 가라

사람에게 보내는 최고 찬사인 신이라는 호칭은 아무에게나 붙이지 않는다. 하지만 어떤 방면에 불후의 업적을 남기거나 남이 감히 넘보기 어려운 경지에 이른 사람에게는 간혹 붙이기도 한다. 일본 재계에는 바로 이런 사람이 존재한다. 지금은 파나소닉으로 이름이 바뀐 일본 굴지 기업 마쓰시타 전기산업을 일군 마쓰시타 고노스케가 바로 그 주인공이다.

그가 진짜 신으로 추앙될 정도로 엄청난 인물인지는 그의 위상에 대한 몇 가지 사례를 들어보면 간단히 알 수 있다. 무엇보다 일본 최고 권위지로 손꼽히는 아사히 신문이 20세기 말에 실시한 밀레니엄 특집 설문 조사 결과가 그렇다. 지난 1000년 동안 일본에서 활약한 경제인 중 가장 위대한 인물이 누구인지 묻는 항목에서 그는 무려 득표율 31.2%의 압도적 1위를 차지했다. 혼다 기연공업 창업주인 2위 혼다 소이치로의 12%와는 비교조차 되지 않는 1위였다.

일본 교토 남부에 위치한 마쓰시타 자료관 역시 그가 어떤 인물인지를 아주 잘 보여준다. 개관한 지 6년이 넘어 신선한 맛이 떨어졌음에도 불구하고 그의 경영 정신을 배우려는 각 기업체의 신입사원 연수단 행렬이 1년 365일 거의 매일 끊이지 않고 있다. 인근 웬만한 명승지들이나 관광지보다 더 붐빈다고 할 수 있다.

파나소닉의 기업 규모를 봐도 충분히 상상할 수 있다. 2009년 현재 종업원 25만명에 연매출 900억달러를 자랑한다. 회사명이면서도 내셔널을 통합한 거대 브랜드이기도 한 파나소닉은 삼성, 소니 등과 함께 단연 세계 최고 주자로 손꼽힌다.

마쓰시타 고노스케는 사례를 들면 들수록 진짜 경영의 신이라는 소리를 들어도 충분한 인물이다. 그러나 그가 신으로까지 추앙받게 된 비결은 의외로 복잡하지 않다. 아버지 마쓰시타 마사우에의 가르침에 따라 자기 자신만의 길을 초지일관 걸어갔기 때문이다.

너 자신만의 길을 가라

그는 1894년 와카야마 현에서 태어났다. 원래는 부잣집의 8남매 중 막내아들이었다. 그러나 좋은 시절은 오래 가지 못했다. 그가 어린 시절 아버지가 사업에 실패해 초등학교 4학년을 중퇴해야 할 지경에까지 가세가 기운 것이다.

그의 아버지는 가족의 생계를 위해 어쩔 수 없이 오사카로 나가 노동을 하지 않으면 안 됐다. 아버지 수입이 형편없어 그의 가족은 입에 풀칠

하기도 힘들 만큼 어려운 생활을 견뎌내야 했다.

그의 아버지는 그러나 부잣집 아들답게 배짱 하나만큼은 굉장히 좋았다. 항상 그에게 "너는 너 자신만의 길을 가야 한다. 한 번 먹은 마음을 견지하지 않으면 안 돼"라는 말로 아들의 용기를 북돋아주곤 했다. 말하자면 가훈을 일러준 셈이다. 그 아버지는 불행히도 그가 11세 때 세상을 떠나고 말았다. 마쓰시타는 어린 나이였으나 아버지의 말씀을 한 귀로 흘려듣지 않았다. 항상 가슴 속에 간직하고 실천하려고 노력했다.

그가 돈을 벌기 위해 오사카에 나간 어느날이었다. 그의 눈에 지나가던 전차가 순간적으로 들어왔다. 그는 불현듯 앞으로 전기 시대가 올 것이라는 생각이 들었다. 그 생각을 바로 행동으로 옮겼다. 그동안 다니던 자전거 가게를 그만두고 오사카 전등이라는 전기 회사에 견습공으로 들어간 것이다. 15세 때 일이었다.

시대를 내다보는 혜안과 자기 자신만의 길을 가겠다는 결단력은 그가 22세가 되던 해 드디어 빛을 발했다. 아내, 처남 등과 함께 조그마한 가내 수공업 형태의 회사를 차린 것이다. 소박한 출발과는 달리 사업은 기가 막히게 잘 됐다.

곧 전등용 쌍둥이 개량 소켓을 고안해 이를 토대로 마쓰시타전기기구제작소를 1918년 창업할 수 있었다. 그의 아이디어 상품인 쌍둥이 소켓은 요즘 말로 하면 대박이라고 할 만한 베스트셀러였다. 불티난다는 말이 현실화됐다.

마쓰시타는 1923년에는 여세를 몰아 자전거 전등도 만들었다. 이 제품 역시 크게 성공했다. 27년에는 획기적인 제품도 시장에 선보였다. 건전지를 넣어 사용하는 램프였다. 이 제품에는 한때 세계를 주름잡았던 내셔널 상표를 처음으로 붙이기도 했다.

미래를 예언한 경영의 신

31년은 그의 회사가 비약적으로 발전을 시작한 해였다. 종합 전기 메이커로서의 위상 역시 이때부터 확고히 다지기 시작했다. 회사 규모가 커진 33년에는 기업을 여러 개로 쪼개 독립채산형으로 경영하는 체제인 이른바 사업부 제도 방식을 도입했다. 회사가 커졌다는 얘기였다.

2차 세계대전은 대부분의 전기 분야 회사들에 그랬듯 그의 회사에도 특수를 안겨다줬다. 그는 전쟁 특수를 적극적으로 향유해야 할 방법을 찾아내야 했다. 그러나 회사 내부에서는 신중해야 한다는 의견이 적지 않았다. 그는 이 순간 최고 목적이 이윤을 내는 것이라는 기업의 존재 가치를 생각했다. 더구나 군수품을 만드는 것은 도덕적으로는 문제가 될지 몰라도 악마에게 영혼을 파는 정도와 같은 파렴치한 행위로 볼 수는 없다고 생각했다. 생각이 이렇게 정리가 되자 다음 행보는 거칠 것이 없었다. 적극적으로 무선기기, 레이더, 항공기 등 군수품의 대량 생산에 나선 것이다.

아니나 다를까, 제국주의 일본의 패전은 그에게 부메랑으로 돌아왔다. 연합군최고사령부인 GHQ에 의해 일본 제국주의 정부의 전쟁을 도운 혐의를 뒤집어쓴 채 단죄된 뒤 모든 공직에서 추방되는 조치를 당한 것이다. 모든 혐의가 사실이었으므로 변명할 여지가 없었다. 그는 그러나 평소 관계가 극도로 좋았던 마쓰시타 노조가 전개한 그의 복귀 운동 덕택에 47년 사장으로 재기할 수 있었다. 그가 악질 재벌이 아니었다는 증거였다. 이후 그는 더욱 경영에 전념해 드디어 50년대 중반에는 TV, 세탁기, 냉장고 등이 보급되는 가전 붐을 타고 업계의 황제로 군림케 됐다. 해마다 세금 납부 실적 1위를 도맡아 한 것도 이때부터 였다.

그는 67세이던 1961년에 한 명뿐인 사위 마쓰시타 마사하루에게 사장 자리를 물려준다. 이어 79세이던 73년에는 마사하루에게 회장 자리까지 넘겨줬다. 법적으로 경영일선에서 은퇴했다고 할 수 있었다.

그러나 사실상 그는 경영 활동에서 상대적으로 자유로워진 이때부터 더욱 확실하게 자신만의 길을 가기 위해 초지일관 노력했다고 볼 수 있다. 그가 당시 택한 길은 다름 아닌 정치였다. 이를 위해 그는 자신의 목소리를 본격적으로 내기 시작했다. 처음 주창한 것이 다소 엉뚱한 느낌을 주는 무세국가론이었다. 매년 정부에서 예산 중 일정 부분을 떼어 적립한 다음 그 이자만으로 국가를 운영하면 굳이 국민들로부터 세금을 걷을 필요가 없다는 이 이론은 얼핏 들으면 무척이나 그럴 듯해 보였다. 하지만 실질적으로는 실현 가능성이 거의 없었다. 당연히 정치권과 언론에서는 특별한 반응을 보이지 않았다. 그는 화를 참을 수 없었다. 자신의 생각을 보다 적극적으로 알릴 방법을 찾기 위해 며칠이나 불면의 밤을 보냈다. 그러다 하루는 무슨 생각 끝에 무릎을 쳤다. 좋은 아이디어가 떠오른 것이다.

후속 행보 역시 빨랐다. 그가 사재 70억엔을 출연해 1980년 설립한 정치, 경제 분야 엘리트 양성기관 마쓰시타 정경숙政經塾은 바로 이렇게 해서 시작됐다. 당시 언론에 그가 밝힌 논리는 대단히 분명했다. 그는 "현재 상태로는 일본에서 온 국민이 열광하는 수준 높은 정치를 기대하기는 어렵다. 우리 정부는 국가를 100년 동안 지속시킬 이념을 가지고 있지 못하다. 이런 이념은 정부를 비롯한 누군가가 적극적으로 만들어줘야 한다. 그렇지 않으면 우리는 정경숙을 만들어야 한다"고 밝혔다. 그는 더불어 "기업은 사람이 한다. 마찬가지로 민주 정치와 의회 정치도 사람이 하는 것이다. 나는 그런 사람을 만들겠다"면서 인재 양성의 중요성을 강조했다.

정치·경제 분야 엘리트 양성기관을 설립하다

그는 그저 정경숙을 설립하는 데 만족하지 않았다. 나중에는 직접 제도권에 뛰어들기 위해 신당 창당에 대한 의욕까지 불태웠다. 그러나 창당을 3개월 남겨둔 1989년 4월 94세의 나이로 사망함으로써 그 꿈은 실현되지 못했다. 하지만 그의 노력은 헛되지 않았다. 지난 30여 년 동안 마쓰시타 정경숙 출신들이 현실 정치 무대에 속속 진입한 것이다. 지금도 국회의원 30여 명을 비롯해 100여 명의 정치인들이 맹활약하고 있다.

그의 사회 참여는 사실 경영 일선에서 물러난 후 뛰어든 정치 실험이 첫 번째가 아니다. 대표적인 것이 1947년 4월부터 본격적으로 추진한 PHP 운동이다. 이 운동은 번영을 통한 평화와 행복을 추구한다는 그의 인생관을 반영한 사회 활동으로 그가 마쓰시타 정경숙만큼이나 애착을 가졌던 것으로 알려지고 있다. 이 운동은 PHP 연구소와 산하의 잡지 및 문고 발행 등을 통해 지금도 지속되고 있다.

그는 아버지의 가르침을 기업 경영에도 똑같이 적용했다. 자신의 스타일을 기업 문화에 그대로 접목한 것이다. 그의 생전에는 거의 불문율처럼 지켜졌던 이 독특한 문화는 바로 연공서열 중시, 종신 고용 보장, 노조의 인정을 통한 노사 협력 등이었다. 특히 종신 고용은 철저하게 지킨 것으로 유명했다. 대표적인 사례를 보자. 그건 미국 월 스트리트에서 시작된 세계 대공황의 그늘이 드리워지기 시작한 1920년대 후반이었다. 당시 그의 회사 역시 다른 회사들처럼 불황을 겪었다. 그는 불황 타개책을 논의하기 위해 임원 회의를 소집했다.

"이제는 감원 외에 효과적인 방법이 없습니다. 괴롭지만 회사를 살리기 위해 감원을 합시다."

"일단 최소한의 인원은 정리해야 할 것 같습니다."

마쓰시타는 눈을 감고 임원들의 말을 경청하고 있었다. 가슴이 먹먹해지고 있었다. 그는 한참 후 입을 열었다.

"언제나 상황이 좋을 수는 없습니다. 불황이라는 것은 주기적으로 오는 겁니다. 불황을 맞을 때마다 직원들을 해고하면 어떻게 되겠소? 회사에 충성을 할까요? 나는 그렇게 생각하지 않습니다. 다른 방법을 찾아보시오."

"그렇다고 당장 다른 뾰족한 방법이 생각이 나지 않네요. 이번 불황은 언제 끝날지 모르는 엄청난 불황입니다. 공황에 가깝습니다."

한 임원이 다시 자신의 주장을 은근히 내세웠다. 그러나 마쓰시타는 고개를 흔들었다. 그가 다시 말했다.

"이렇게 합시다. 1주일에 하루 있는 휴일을 이틀로 합시다. 불황이라고 직원부터 해고하는 것은 최악의 경영 방식이에요."

"임금은 어떻게 합니까?"

"최대한 원래 상태를 유지하도록 노력하시오. 또 가능하면 경영 실태도 투명하게 공개하시오. 만약 그렇게 한다면 임금이 설사 조금 깎여도 이해할 겁니다. 애사심은 더욱 커질 것이오."

마쓰시타는 자신의 회사 직원들만 끔찍하게 챙기지 않았다. 동업자 정신 역시 대단했다. 한 번은 이런 일도 있었다. 그가 60년대 초 회의를 주재할 때였다. 한 임원이 괴로운 표정을 지으면서 고충을 토로했다.

"카 오디오를 납품받는 도요타 자동차가 가격을 무려 20%나 내려달라고 하는 데요. 요청을 들어줄 수도 없고 안 들어줄 수도 없고… 괴롭습니다."

마쓰시타는 간부의 말에 당장 노라는 말을 하지 않았다. 오랫동안 사업을 같이해온 협력 회사가 단가 인하를 부탁했다면 뭔가 까닭이 있을 것이라고 봤던 것이다. 그는 한참을 생각한 끝에 "성능과 디자인은 그대로 살려주고 다른 부품의 단가는 낮춰서 원가를 줄이시오"라고 지시했다. 이때 납품된 카 오디오는 훗날 마쓰시타의 대표적 베스트셀러가 됐다. 이 정도였으니 마쓰시타 제품을 취급하는 대리점이 다른 회사의 대리점들보다 더 많은 수익을 올리는 것은 당연했다. 그가 생전에 5000억 엔의 재산을 보유하고 있었음에도 큰 욕을 먹지 않은 데에는 다 이유가 있었던 것이다. 한마디로 그는 자신만 탐욕스럽게 재산을 모으지 않은 청부清富의 기업인이었다고 할 수 있다.

그는 여윳돈이 있으면 눈을 돌릴 법한 부동산에도 평생 관심을 기울이지 않았다. 회사에 돈이 쌓이면 대신 연구개발이나 종업원들의 복지로 눈을 돌렸다. 일본이 잃어버린 10년 동안 부동산 폭락으로 인해 수많은 기업들이 파산한 사실에 비춰보면 자신의 길만을 고집한 그의 이런 원칙은 선견지명이었다고 해도 좋다.

마쓰시타에게 직계 가족이라고는 딸과 사위인 마쓰시타 마사하루밖에 없었다. 당연히 이들에게 지극정성의 애정을 보일 수밖에 없었다. 평소 세습에 대해 별로 긍정적인 입장을 갖고 있지 않았음에도 불구하고 사위에게 경영권을 물려준 데에는 다 나름의 고충이 있었다. 그러나 경영권을 물려주기 전에 당시 전무로 있던 44세의 사위를 비밀리에 불러 몇 가지 테스트와 당부를 하는 것을 잊지 않았다.

"자네가 내 딸과 결혼해서 내 양자로 입적된 지가 몇 년이나 됐나?"

마사하루는 장인이 웬 뜬금없는 질문을 할까 생각했으나 평소대로 차분하게 대답했다. 신중하기로 소문난 장인이 괜한 소리를 할 리 없었던 것이다.

"벌써 10년이 넘었네요."

"나는 그동안 자네를 가만히 지켜봤어. 잘 하더군."

"모두가 지도편달 덕분이었습니다."

"자네는 내가 회사를 경영하면서 평생 가려고 했던 길이 어떤 것인지 아는가?"

"대략은 알 것 같습니다."

"그러면 구체적으로 내가 어떤 원칙을 지켜왔다고 생각하나?"

"사람 중심의 경영입니다. 첫째도 둘째도 셋째도 사람입니다. 마쓰시타는 사람을 만드는 회사라는 사장님 말씀을 감명 깊게 되새기고 있습니다."

"그렇다면 종업원들에게는 어떻게 해줘야 한다고 생각하나?"

"그들은 우리 회사를 이끌어가는 주인이라고 생각합니다. 근무 연수와 공헌도에 따라 합당한 대우를 해주고 평생을 보장해야 한다고 생각합니다. 노조도 동등한 입장에서 함께 가야 한다고 생각하고요."

"내 생각을 잘 읽고 있군. 아는 것보다 실천이 더 중요하네."

"최선을 다하겠습니다."

"좋아, 나는 곧 사장직에서 물러나네. 자네가 내 대신 경영을 하게."

마사하루는 장인이 자신을 아무도 모르게 비밀리에 부른 이유를 비로소 알 것 같았다. 그는 이후 사장으로 12년, 회장으로 23년 동안 장인 대신 마쓰시타를 성공적으로 이끌었다. 장인이 평생 지켜온 경영의 기본 원칙도 잃지 않아 그의 재임 기간 중 연공서열이나 종신 고용의 시스템이 흔들린 적은 없었다. 라이벌인 산요三洋의 파산, 소니의 맹추격이라는 업계의 격변에도 불구하고 명성 역시 굳건히 지킬 수 있었다.

마쓰시타 가문의 정신은 사위 마사하루의 자녀들인 외손들에게도 그대로 이어졌다. 특히 장손인 마쓰시타 마사유키는 외할아버지와 아버지에게 철저히 교육을 받은 후계자다. 대학을 졸업하자마자 마쓰시타에 입사해 부사장을 거쳐 지금은 부회장으로 마쓰시타 가문의 정신을 구현하는데 노력하고 있다. 현재 60대 중반 나이인 그는 지난 2000년 전무 시절에는 당연히 될 줄 알았던 사장 자리를 마쓰시타 개혁의 기치를 높이 든 나카무라 구니오 전무에게 양보해 화제를 모은 바 있다. 지금도 이 체제는 그대로 유지돼 나카무라가 회장, 그가 부회장 자리를 지키고 있다. 아마 사람을 중시한 외할아버지 마쓰시타 철학을 그가 지키기 위해 사심을 버린 결과로 보인다.

사람 중심의 경영을 하라

자신이 가는 길에 무한한 자부심을 가지고 일로매진한 그의 정신은 그가 말년에 남긴 한 일화에서 분명히 엿보인다. 그가 폐암으로 투병하고 있을 때인 80년대 후반이었다. 문병을 온 한 임원이 그에게 임원 회의에서 거론됐을 법한 내용의 제안을 불쑥 꺼냈다.

"회장님, 이제 마쓰시타와 내셔널에 집착하지 마십시오. 저는 우리가 그동안 가지 않았던 새로운 길을 가야 한다고 생각합니다. 모든 것을 파나소닉 한 가지로 통일하는 게 어떻겠습니까?"

마쓰시타는 임원의 말에 한동안 대답을 하지 못했다. 그저 얼굴만 부르르 떨 뿐이었다. 평소 직원들을 자식처럼 사랑한 그답지 않은 분노의 표출이었다. 사실 회사의 명칭 마쓰시타와 60년을 이어온 브랜드 내셔널은 그의 분신이라고 해도 좋았다. 반면 파나소닉은 그에게는 너무나도 낯선 이름이었다. 그가 66세 때인 61년 마쓰시타는 내셔널 브랜드로 미국 진출을 계획하고 있었다. 그러나 이미 내셔널 브랜드는 현지 기업이 사용하고 있었다. 다른 브랜드를 붙이지 않으면 안 되는 상황이었다. 이때 임시방편으로 사용된 브랜드가 다름 아닌 파나소닉이었다. 이런 브랜드 명을 회사 이름으로 하자는 파격적인 제안을 했으니 마쓰시타의 반응이 격할 수밖에 없었던 것이다.

물론 마쓰시타 임원들의 생각이 전혀 틀린 것은 아니었다. 당시는 전 세계적으로 글로벌화가 이뤄지고 그에 따른 첨예한 경쟁이 본격적으로 진행되던 시절이었다. 따라서 기업들이 국제적으로 이름을 널리 알리는 일이 무엇보다 화급했다. 이때 일본 기업들은 그 어떤 나라의 기업들보다도 과감하게 나섰다. 가장 먼저 한 것이 회사의 이름을 영문으로 바꾸는 일이었다. 예컨대 도쿄통신공업은 소니로 이름을 바꿨다. 도쿄전기화학공업은 회사명의 영문 앞 글자를 각각 차용해 KDK로 고쳤다. 니콘은 일본광학공업이 해외에서 인지도가 높은 브랜드를 그대로 회사 이름으로 바꾼 사례였다.

시대의 변화를 받아들이다

그러나 이런 당시의 유행도 마쓰시타 앞에서는 통하지 않았다. 그는 아마도 자신이 평생을 바쳐 걸어온 길이 한 순간에 부정되고 있다는 사실을 절감했는지도 몰랐다. 아무리 마음이 열려 있는 경영자라고 해도 이 정도가 되면 화가 폭발할 수도 있는 일이 아닌가. 결국 이 임원은 얼굴이 누렇게 뜬 채 병원을 허겁지겁 빠져 나왔다. 이 소문은 삽시간에 마쓰시타 내부에 퍼져나갔다. 마쓰시타라는 회사명과 내셔널이라는 브랜드는 누구라도 건드리면 안 되는 일종의 타부로 남게 됐다. 심지어 브랜드를 파나소닉으로 통일하자는 말을 꺼내는 것조차 용인되지 않았다. 그의 사후에는 후계자들이었던 마쓰시타 마사하루와 마쓰시타 마사유키가 이 원칙을 확고하게 지키는 데 진력하기도 했다.

하지만 아무리 신으로 추앙받는 사람이라고 해도 세상에 존재하지 않는 이상 도도한 변화의 물결을 막을 힘이 없다. 2008년 1월 10일 이 사실은 분명하게 증명됐다. 이날 오사카에 있는 마쓰시타 본사에서는 창립 90주년을 맞아 임시 이사회가 열리고 있었다. 회사명과 브랜드를 파나소닉으로 통합하자는 안건이었다. 정확하게 20년 전에 나왔다가 조용히 사라진 이슈가 다시 안건으로 떠오른 것이다. 더구나 이 방침은 사장을 거쳐 회장에 오른 나카무라 구니오와 오쓰보 후미오 사장이 강력하게 밀어붙이고 있었다. 명예 회장인 마쓰시타 마사하루와 부회장 마쓰시타 마사유키는 최대한 장인과 외할아버지의 유지를 이어가기 위해 고군분투했으나 상황은 여의치 않았다. 안건은 나카무라 구니오 회장과 오쓰보 후미오 사장의 의견대로 확정됐다. 지난 2000년 직원을 절대로 해고해서는 안 된다는 마쓰시타의 85년 동안에 이르는 경영원칙을 깨고 무려 2만명을 해고한 데 뒤이은 또 다른 파격적인 조치였다. 이로써 마쓰시타는 타계한 지 20여 년 만에 경영의 신에서 다시 인간의 얼굴을 가질 수 있게 됐다. 그것도 자신이 그토록 사랑했던 마쓰시타의 전문 경영진에 의해. 사위인 마쓰시타 마사하루가 이사회가 끝난 다음 "아, 이건 신의 뜻이다"라며 신음에 가까운 탄식을 토한 것은 충분히 이해가 갈 것 같다.

그는 95세까지 사는 천수를 누렸으나 별로 건강하지는 않았다. 이는 그 자신이 평소에 누누이 "나는 세 가지에서 불행했다. 건강하지 못했고 많이 배우지 못했다. 또 가난했다"고 말했다는 사실에서도 잘 알 수 있다. 실제로 그는 생애의 거의 절반을 병석에 누워 지냈다. 또 가정적으로도 대단히 불우했다. 13세 때 아버지, 20대 초반에 어머니를 잃고 결혼해서는 아들을 생후 한 살 때 잃었다. 그러나 그는 좌절하지 않았다. 그 결과 전자 분야에서 단연 세계 최고 기업을 일궈냈다. 만년에는 예상을 깨고 정치에도 투신해 적지 않은 족적을 남겼다. 그렇게 할 수 있었던 데에는 분명 자신이 선택한 길을 가도록 가르친 그 집안의 가훈이 큰 역할을 했다고 해도 틀리지 않다. 더불어 그의 정신 역시 그가 평생을 바쳐 일군 파나소닉이 존재할 때까지는 계속 이어질 것이다. 비록 마쓰시타가 생존과 경쟁력 강화를 위해 그만의 독특한 색깔을 벗어던지는 눈물겨운 결단을 내리기는 했지만…

| 마쓰시타 가계도 |

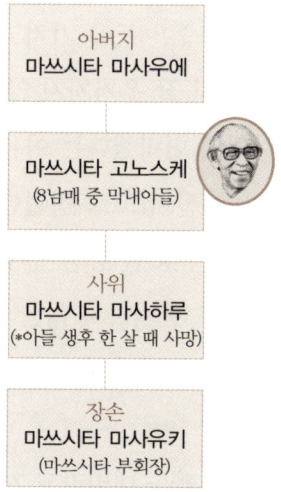

용서하고 또 용서하라

불어로 톨레랑스라는 말이 있다. 용서를 의미하는 관용이라는 단어다. 진짜 좋은 뜻을 가지고 있다. 그러나 고향인 프랑스에서도 실천으로는 그다지 잘 옮겨지지 않는 단어이다. 제2차 세계대전 중 조국을 배신해 나치에 협력했다는 이유로 자국민 수 만여 명을 몽마르트 언덕이 피로 물들여질 정도로 징벌한 나라가 바로 프랑스 아닌가. 이 정도가 되면 프랑스는 36년 동안 무수한 친일파들을 양산했음에도 공식적으로는 단 한 명도 단죄하지 않은 위대한 용서의 대국 한국에 용서를 구해야 한다. 자신들은 정작 용서를 할 줄 모르고 너무 잔인했노라고.

왼쪽 뺨을 맞으면 오른쪽 뺨을 내밀라고 가르친 예수의 가르침과도 상통하는 용서는 이처럼 말로는 쉬우나 행동으로는 잘 옮겨지지 않는다. 아니 용서는커녕 자신이 당한 것에 대한 보복만 하지 않으면 다행이다. 역사적으로도 당한 그 이상으로 보복하거나 심하면 자신에게 해를 입힌 사람의 목숨까지 빼앗는 경우는 정말 셀 수 없이 많다. 무덤을 파고 관을 꺼내어 시체를 베거나 목을 잘라 거리에 내걸었던 형벌인 부관참시등이 괜히 있는 게 아니다. 하지만 정말로 쉽지 않을 이 용서라는 덕목을 평생 실천한 정치인이 현존하고 있다. 작은 예수, 살아 있는 성자로 불리는 남아프리카공화국의 넬슨 만델라가 그 주인공이다.

검은 대륙의 스승이 되다

그의 트레이드마크가 되다시피 한 용서라는 덕목은 하루아침에 갑자기 얻은 게 아니다. 그의 집안 어른들이 그에게 귀에 못이 박히도록 들려준 용서와 평화라는 처세훈과 큰 관련이 있다. 이에 대해서는 그도 이때부터 가지기 시작한 평화와 용서를 향한 동경이 자신의 정치투쟁의 원동력이 됐다고 자서전에서 밝힌 바가 있다.

사실 과거 아프리카의 흑인들에게 관용이나 용서라는 교훈은 숙명적이라고 할 수 있었다. 부족 체제로 이뤄져 있는 흑인 사회에 이런 정신이 부족했다면 조그마한 충돌이 증오와 보복을 낳고 나중에는 전쟁으로 치달았으니까 말이다. 이 사실은 르완다 내전을 촉발시킨 후투족과 투치족의 끔찍한 갈등을 보면 분명히 알 수 있다. 한마디로 만델라는 흑인들의 숙명과도 같은 용서라는 가르침을 교육받은 인물이다.

이뿐만 아니다. 그의 할머니나 어머니 역시 그에게 항상 용서를 강조하는 것을 잊지 않았다. 이 역시 지금도 남아 있는 악습인 일부다처제와 무관하지 않다. 한 남편을 놓고 부인들이 다투면 가정불화로 이어지는 것은 필연적이기 때문이다.

그는 1918년 7월 트란스케이 움타타에서 코사어를 사용하는 템부족 추장 헨리 만델라의 아들로 태어났다. 추장인 아버지 덕에 어렵지 않게 유년 시절을 보낸 그는 9세 때 처음으로 불행을 당한다. 백인 정부에 저항했다는 이유로 추장 자리를 박탈당한 아버지가 갑자기 세상을 떠난 것이다. 그에게는 아버지의 대를 이어 추장이 되는 길이 자연스럽게 다가왔다. 하지만 그는 자의반 타의반 추장 자리를 포기하고 학문의 길을 걷는 결정을 내렸다. 이후 감리교 선교 학교를 거쳐 포트헤어대학에 진학했다. 그의 포트헤어대학 시절은 짧았다. 학생 운동으로 제적된 것이다. 그는 다행히 42년에 다시 입학한 버트바터스란트 대학에서 법률을 공부하고 무사히 졸업했다.

그는 대학 졸업과 동시에 학창 시절부터 가입한 아프리카 민족회의(ANC)의 활동에 본격적으로 뛰어들었다. 더불어 1912년 창립 이래 온건하고 타협적인 흑인 자주운동에 머물러 있던 ANC에 대한 비판도 마다하지 않았다. 조금 더 강력하고 전투적인 투쟁을 목표로 내세운 것은 당연한 일이었다. 그는 그러나 어린 시절부터 형성된 자신의 본령을 잊지 않았다. 강력한 투쟁을 이끌 때에도 언제나 용서라는 화두를 먼저 앞세웠다. 무차별적인 폭력투쟁 방식은 철저하게 배제했다.

1948년은 그동안 관습으로만 지켜지던 소위 흑인에 대한 백인의 차별 정책인 아파르트헤이트가 공식 법률로 채택된 해였다. ANC와 남아공 정부와의 대대적인 충돌은 불가피했다. 하지만 그는 비폭력 투쟁을 적극적으로 이끌었다. 악법 지키지 않기 운동이 그때 그가 이끈 대표적인 저항운동이었다.

인권 변호사 겸 비폭력주의자

1952년 그는 흑인으로는 최초로 변호사 시험에 합격했다. 곧 친구인 올리버 탐보와 사무실을 열었다. 그의 사무실은 당연히 언제나 발 디딜 틈이 없었다. 대대로 내려오던 땅에서 갑자기 내쫓긴 농민들, 취업 허가서가 없어 시내에서 살아가기 어렵게 된 사람들이 그의 사무실을 가득 채웠던 것이다. 그는 남아공 흑인들이 직면한 비참한 현실에 눈을 크게 뜨지 않을 수 없었다. 아파르트헤이트 철폐 운동에 본격적으로 뛰어들기로 결심한 것도 바로 이때다.

1960년에는 그를 비폭력주의자에서 혁명가로 만들어버린 사건이 발생했다. 이른바 백인 경찰관의 무차별 발포로 흑인 69명이 무참히 살해되는 이른바 샤프빌 학살이 벌어진 것이다. 이 사건은 그에게 비폭력 투쟁 방식의 한계를 절실히 깨닫게 했다. 그는 동지들과 격론을 벌인 끝에 ANC 내부에 무장조직을 창설하는 용단을 내렸다. 대원들에게는 알제리의 기지에서 게릴라 훈련까지 받게끔 했다. 어쩔 수 없었다고는 하지만 평소와는 완전히 다른 행보였다. 그러나 그는 무장투쟁이 본격화되기 직전인 62년 8월 전격 체포돼 5년형을 선고받았다. 이어 복역 중 다시 정부 전복 음모죄로 재판에 회부돼 종신형을 선고받고 28년 동안에 걸친 장기 수형 생활을 하게 된다.

수감 생활은 그에게 평상심을 되찾게 하는 효과는 있었다. 실제로 그는 악명 높은 로벤 섬의 감옥에서 증오와 복수심으로 고통스런 나날을 보내지 않았다. 아니 오히려 남아공 백인 정부에 대한 용서를 통해 감옥 밖에 있을 때보다 마음이 더 평화로웠다. 심지어 익살스런 생활까지 한 것으로 알려지고 있다. 그는 이와 관련한 에피소드를 자신의 자서전에 기록하기도 했다.

하루는 스와네포엘이라는 간수가 감방의 문에 바짝 붙어 만델라와 그의 동지들을 감시하고 있었다. 그럼에도 만델라의 동지인 고반 음베키는 조심스럽게 무슨 쪽지를 열심히 쓰고 있었다. 그건 수감자들이 감옥에서 자주 사용하는 의사소통 수단이었다. 음베키는 간수의 눈을 피하는 척하면서 쪽지를 조심스럽게 만델라에게 전했다. 만델라는 쪽지를 읽고 점잖게 고개를 끄덕이고는 케이시라는 동지에게 다시 그걸 건넸다. 케이시 역시 한 번 죽 훑어본 다음 보란듯 쪽지를 태우기 위해 성냥을 꺼냈다. 이때 간수 스와네포엘이 감방으로 달려 들어왔다. 쪽지는 바로 그의 손에 들어갔다.

"감방 안에서 성냥을 켜는 것은 위험한 일이야. 앞으로는 절대로 이런 짓을 해서는 안 돼."

스와네포엘은 대충 몇 마디 위엄을 부리는 말을 내뱉은 다음 자신의 전리품을 읽기 위해 황급히 감방을 나갔다. 몇 초 후 그는 얼굴이 불그스레한 상태로 다시 감방 앞으로 돌아와 "내 네 놈들을 절대로 가만두지 않겠어. 두고 봐"하고 위협적인 말을 쏟아냈다. 음베키가 쓴 쪽지에는 "스와네포엘, 이 자식 잘 생기지 않았어"라는 내용의 글이 적혀 있었다. 만델라와 동지들이 간수를 골려주기 위해 벌인 장난이었던 것이다.

가슴에 용서하는 마음이 없었다면 불가능했을 그의 익살은 엉뚱한 쪽으로 비화되기도 했다. 그게 바로 아프리카에 호랑이가 있느냐 하는 동지들과의 격렬한 토론이었다. 하나마나한 토론이었음에도 불구하고 결론은 나지 않았다고 한다.

그는 운동도 게을리하지 않았다. 특히 권투와 럭비는 그가 꽤나 즐긴 운동이었다. 그가 1992년 바르셀로나 올림픽에 귀빈 자격으로 참가한 것은 다 이런 옥중에서의 취미생활과 무관하지 않았다.

그는 또 동지들과 힘을 합쳐 감옥 안에 학교도 세웠다. 이 학교를 통해 죄수들의 교육에 힘쓰면서 늘 용서의 마음을 가지도록 역설하는 것도 잊지 않았다.

만델라가 이처럼 용서라는 덕목을 감옥에서도 실천했음에도 불구하고 남아공 정부 당국의 태도는 조금도 달라지지 않았다. 우선 검열을 통과하지 않은 신문은 읽지 못하게 했다. 외국 방송 역시 청취를 금지했다. 오로지 아파르트헤이트의 정당성을 주장하는 정부 당국의 방송만 듣게 했다. 변호사나 가족의 면회도 엄격히 통제했다. 연간 30회로 제한하는 것도 모자라 시간을 40분으로 한정했다. 교도관이 반드시 입회하는 원칙은 굳이 언급할 필요조차 없었다. 편지도 마찬가지였다. 검열을 거쳐 일주일에 수신과 회신 각 한 통으로 제한했다. 이탈리아의 영화감독 베르나르도 베를루치 감독이 선물로 보내준 《마지막 황제》의 복사판 필름을 그대로 전달해준 것이 이상할 정도였다.

심지어 그는 암살당할 위기도 겪었다. 대표적인 사례를 들 수도 있다. 수형 생활 5년째인 1969년 그는 한 젊은 간수로부터 탈옥을 적극적으로 돕겠다는 제안을 받았다. 그의 말은 귀가 솔깃할 만큼 그럴 듯했다.

"만델라 선생, 아직 생각을 굳히지 못했소? 내 말대로 하면 진짜 탈옥할 수 있어요. 나를 믿으시오."

만델라는 간수의 말에 심하게 흔들리는 자신을 느꼈다. 하지만 함부로 승낙을 할 수도 없는 일이었다. 그는 한참을 생각하다 간수를 떠보기 위해 자신을 어떻게 탈옥을 시킬 것인지에 대해 물었다. 간수는 마치 계획을 다 짜놓았다는 듯 구체적으로 입을 열었다.

"감방의 간수들에게 수면제를 먹이면 되는 거요. 그런 다음 감방에서 빠져나가 미리 숨겨둔 잠수복을 입고 한밤에 바다를 헤엄쳐 건너면 되오. 나는 선생을 위해 육지의 외진 곳에 있는 공항도 하나 물색해뒀소. 그곳의 소형 비행기를 타고 제3국으로 망명을 하면 되지 않겠소."

만델라는 평소 탈옥을 꿈꿨던 차였다. 평생을 감옥에서 보내는 것보다 위험하기는 해도 탈옥이 더 좋을 수 있다는 생각이 들었다. 그러나 아무리 생각해도 석연치 않은 구석이 있었다. 그는 고민 끝에 간수의 제의를 거절했다. 그는 탈옥 제의를 거절한 다음에도 후회를 적지 않게 했다. 그러나 그가 자신의 선택이 현명했다는 사실을 깨닫는 데는 그리 오랜 시간이 필요하지 않았다. 간수는 남아공 비밀 정보기관의 에이전트였던 것이다.

남아공 정부는 용서라는 미덕을 초지일관 견지했던 그의 자세에 굴복하지 않을 수 없었다. 1982년 그를 로벤 섬에서 풀스무어 형무소로 이감한 것은 다 까닭이 있었다. 이어 87년에는 그와 본격적으로 협상을 벌이는 태도 변화를 보여줬다. 그는 이 협상의 결과로 90년 2월 드디어 28년이라는 기나긴 수형생활에 종지부를 찍을 수 있었다.

백인들의 지지를 받은 흑인 대통령

그는 출감 후 28년의 공백이 있었음에도 불구하고 바로 왕성한 활동에 돌입했다. 91년 7월에는 오랜 동지이자 친구인 올리버 탐보의 뒤를 이어 ANC 의장에 취임한다. 이후는 그야말로 탄탄대로라는 말이 어울렸다. 93년에는 인종 차별을 불식시킨 민주 헌법을 제정하기 위해 노력한 공로를 인정받아 데 클레르크 대통령과 노벨 평화상도 공동수상했다. 또 94년 4월 26일에 실시된 대통령 선거에서는 여세를 몰아 62%의 지지율로 당선됐다.

그의 진면목은 대통령에 당선된 뒤에 더욱 빛이 났다. "이제 남아공에서는 보복은 없다"고 한 취임사가 무엇보다 돋보인다. 그는 말로만 그런 것이 아니었다. 대통령을 지낸 데 클레르크를 부통령으로 지명해 백인과의 화합을 다지려는 자신의 의지를 분명히 밝히기도 했다. 임기 중 백인 경제 전문가들을 대거 중용한 것은 크게 놀랄 일도 아니었다.

그러나 아무래도 가장 돋보이는 부분은 용서와 관용, 화해의 정치를 구현하기 위해 진실과 화해위원회를 발족시킨 조치가 아닌가 한다. 유명한 데스몬드 투투 주교를 위원장으로 하고 17명의 민주 인사들로 구성된 이 위원회의 목적은 오로지 딱 하나였다. 만델라가 주창한 상호 이해의 정신으로 과거를 정리한 다음 국가적 통합과 화해를 도모하는 것이었다. 따라서 자신이 저지른 범죄를 고백하면 반민주, 반인권 인사들에 대한 처벌은 절대로 가하지 않는다는 것이 기본 원칙이었다. 용서를 받은 대표적인 반인권 인사도 있었다. 흑인들에게는 공포의 대상이었던 경찰 총수 반데어 메르베도 도이가 주인공이었다. 그는 위원회에 자진 출두해 자신의 죄상을 자백한 뒤 용서받았다.

물론 만델라의 정신은 받아들이면서도 악질 반민주, 반인권 인사들에 대한 관용과 용서를 반대하는 피해자 가족들이 없는 것은 아니었다. 이들은 하나같이 정의의 법칙에 의거해 범법자를 강력하게 처리해야 한다는 논리를 폈다. 상황이 이렇게 되자 만델라는 자신이 직접 나서 이들을 설득하기 시작했다. 반대자들은 곧 "진정한 화해를 이루려고 한다면 적이라도 함께 일해야 한다. 이렇게 하면 적은 여러분들의 동지가 될 것이오"라는 그의 말에 모두 고개를 숙였다.

아무리 잘못을 고백한다고 해도 아무런 처벌을 하지 않는다는 것은 솔직히 문제가 없는 것은 아니었다. 그러나 처벌을 하면 백인 세력의 반발로 정국이 내전으로 치닫지 말라는 법이 없었다. 더구나 내전이 격화되면 백인 정권이 일궈놓은 경제, 사회적 성과들은 완전히 무위로 돌아갈 수 있었다. 만델라는 바로 이 점을 우려했던 것이다. '망각하지 않는 용서'를 제창한 그의 생각은 옳았다고 할 수밖에 없다.

그의 이런 용서의 정신은 부인에게도 똑같이 적용됐다. 그는 원래 에벌린 은토코메사와 첫 번째 결혼을 했다. 그러나 종교적인 차이와 그 자신의 ANC 참여 문제로 갈등을 겪다 결국 이혼에 이르고야 만다. 그는 이혼 후 1956년의 어느날 요하네스버그 외곽의 소웨토 흑인 마을에서 문제의 여자를 만나게 된다. 우연히 버스 정거장에서 위니 만델라로 흔히 불리는 놈자모 위니프레드 마디키젤라를 발견한 것이다. 그는 운명이라고 생각하고 그녀와 재혼할 것을 결심했다. 그러나 결혼생활은 그다지 길지 않았다. 고작 4년이었다. 심지어 위니의 말에 의하면 둘이 같이 산 것은 4개월에 불과했다고 한다.

그는 1962년 투옥된 이후 28년 동안은 그녀와 철창을 사이에 두고서만 만나야 했다. 이때까지만 해도 애정은 식지 않았다. 그녀에게는 어느새 흑인의 어머니라는 대단한 별명이 자연스레 붙게 됐다. 그러나 그녀는 서서히 변해갔다. 1987년에는 무슨 돈이 그렇게 많았는지 소웨토에 방이 15개나 되는 호화주택을 지어 물의를 빚기도 했다. 만델라는 감옥에서 이 소식을 듣고 기가 막혔으나 관용의 마음으로 받아들였다. 그녀의 일탈은 만델라의 석방 이후에도 이어졌다. 심지어 자신의 정치 노선을 따르지 않는 14세짜리 흑인 소년을 납치해 살해해버리는 끔찍한 일을 저지르기도 했다. 그녀는 이로 인해 6년형을 선고받았다. 만델라는 이때에도 그녀를 용서했다. 1992년에는 도리 없이 별거에 들어갔으나 그는 추종자들에게 위니에 대한 자신의 사랑은 변함이 없다고 강조했다. 그러나 대통령 재임 기간인 1996년 4월 둘은 결국 이혼에 합의했다. 이번에도 그가 그녀에게 어떤 원망의 말을 하지 않은 것은 물론이었다.

만델라는 40대 중반부터 28년 동안 수형 생활을 했다. 또 그 이전에는 대외 활동과 도피 등으로 가정을 돌볼 여유가 거의 없었다. 위니 만델라가 그와 함께 산 기간이 고작 4개월에 불과했다고 한 말은 결코 과장된 말이 아니었다. 그럼에도 그는 자식들에 대한 교육만큼은 게을리하지 않았다. 용서의 미덕을 딸 진드지와 아들 마가토에게 늘 강조했다. 심지어 감옥에서도 남아공 정부를 원망하지 말라는 권고 역시 무수히 했다. 딸 진드지가 처음 면회를 왔을 때에는 더욱 그랬다. 울면서 남아공 정부를 원망하는 그녀에게 용서의 마음을 가지라는 말을 몇 번씩이나 했을 정도였다. 그는 심지어 면회실에서 처음 손녀를 안아봤을 때도 죽지 않고 살아 있어 이런 행복을 맛본다며 남아공 정부에 고마움을 표하기까지 했다.

그 아버지에 그 아들이라는 말이 있듯 마가토 역시 아버지의 가르침을 거역하지 않았다. 사실 웬만한 사람이 그의 입장이었다면 용서는커녕 손에 총을 들었을 수도 있었다. 아버지가 종신형을 선고받고 수형 생활을 하던 중인 1969년 동생 템베킬은 정부가 사주한 것으로 보이는 의문의 교통사고로 세상을 떠났으니 충분히 그럴 수 있었다. 실제로 그는 아버지를 면회할 때 젊은이 특유의 울분을 토로하면서 과격한 행동에 나설지도 모른다는 개연성을 은연중에 내비치기도 했다. 그러나 아버지의 설득으로 마음을 다잡고 공부에 매진해 70년대 후반부터 대를 이어 변호사로 활동할 수 있게 됐다.

그는 변호사가 된 다음에도 더욱 아버지의 정신을 계승, 발전시키기 위해 노력했다. 경우에 따라서는 아버지를 대리해 군중집회에 참석해 연설까지 하는 적극성을 보였다. 만약 아버지의 그늘이 크지 않았다면 그 역시 정치적으로 더 성장할 여지는 당연히 있었다. 하지만 불행히도 아버지는 뛰어넘기에 너무나 큰 거목이었다.

그는 지난 2005년 한창 활동할 나이인 54세 때 에이즈로 목숨을 잃었다. 이때 만델라는 아들의 사망 원인을 숨기지 않고 솔직하게 밝혀 세계인들에게 훈훈한 감동을 안겨줬다. 그건 부끄러운 병으로 자신보다 먼저 세상을 떠난 아들에 대한 화해와 용서의 손짓이었다고도 할 수 있었다.

에이즈는 부자 두 사람을 갈라놓았으나 위대한 정신의 계승은 막지 못했다. 마가토의 아들인 30대 중반의 만들라 만델라가 아버지의 뒤를 이어 왕성하게 활동하고 있기 때문이다. 어린 시절 감옥의 면회실에서부터 할아버지에게 용서라는 단어를 듣고 자란 그는 아버지가 사망하기 전까지는 이스턴 케이프 주에 소재한 로드 대학 정치학과 학생이었다. 그러다 아버지가 사망한 2년 후인 2007년 처음으로 공식적인 자리에 등장했다. 증조할아버지에 이어 무려 87년 만에 이스턴 케이프 주의 음베조 지역에서 추장 취임식을 가지게 된 것이다. 3대 만에 잃어버린 추장 자리를 다시 찾은 것이나 기구한 가족사에 비춰볼 경우 그는 만델라까지 참석한 이날의 취임식에서 회한에 찬 연설을 할 법도 했다. 그러나 그렇게 하지 않았다. 대신 흑인 종족 내부의 화합, 백인과의 협조 등을 강조함으로써 역시 만델라의 손자라는 찬탄을 받았다. 만델라도 마찬가지였다. "손자가 드디어 추장 자리에 올랐으니 죽어서 무덤에 누워도 영원히 행복할 것이다"는 연설을 통해 여전히 응어리로 남아 있을 아버지의 한보다는 기쁨을 피력했다.

손자 만들라의 행보는 이 정도에서 끝나지 않았다. 2009년 3월에는 할아버지를 도와 요하네스버그에서 열릴 예정이던 화해와 화합 주제의 세계 평화회의를 준비하는 열성도 보여줬다. 아쉽게도 이 회의는 남아공 정부가 주요 초청 인사인 달라이 라마의 비자를 거부해 개최가 연기됐으나 그는 유감만 표시했을 뿐 정부를 비난하지 않았다.

그는 2009년 4월에는 할아버지의 대를 이어 정치권에도 입문했다. ANC 후보로 의회에 진출한 것이다. 모든 면에서 할아버지를 그대로 빼닮은 그가 흑백 인종 간의 앙금이 여전히 남아 있는 남아공의 정계에서 나름의 역할을 할 것으로 주변에서 크게 기대한다는 얘기다.

흑백 갈등을 봉합한 평화주의자

만델라가 주창한 용서의 정신은 그가 노벨 평화상 수상자가 아니라고 해도 전 세계인들에게 많은 감명을 주기에 충분하다. 이는 그의 삶을 그린 영화 《굿바이 바파나》가 2007년 제작돼 많은 이들에게 감동을 준 사실에서 무엇보다 잘 알 수 있다. 이뿐만 아니다. 할리우드를 상징하는 영화감독 클린트 이스트우드는 만델라의 일생을 그린 자신의 생애 마지막 영화를 곧 제작할 계획으로 있다. 그의 딸 진드지 역시 그를 기리는 대열에 적극적으로 합류할 예정이다. 자신이 직접 옆에서 보고 느낀 아버지의 일생을 뮤지컬로 제작해 보급할 계획을 구체적으로 추진하고 있는 것이다. 주제는 말할 것도 없이 그의 사상적 뼈대인 용서다.

그는 임기가 얼마 남지 않았던 1999년 5월 "나는 내 후계자에게 정권을 물려주고 나를 낳고 키운 고향의 산과 언덕에서 사랑하는 7명의 손자와 함께 여생을 보내려고 합니다. 많은 가족을 거느린 실업자 만델라를 기억해 주십시오, 국민 여러분"이라는 내용의 감동적인 연설을 했다. 완전한 은퇴 선언이었다. 실제로 그는 이후 거의 공식 석상에 모습을 보이지 않았다. 나이가 90세를 넘은 만큼 앞으로도 그럴 가능성은 거의 없다. 그럼에도 그에게 보내는 세계인들의 존경심은 끊이지 않고 있다. 영국하원 의원들이 최근 실시한 위인들에 대한 투표 순위에서 그는 마거릿 대처나 윈스턴 처칠 전 총리보다 많은 표를 얻어 1위에 올랐을 정도다.

아파르트헤이트 정책을 공식으로 폐지한 후 남아공의 흑백 인종 간 갈등은 예상과는 달리 크게 나타나고 있지 않다. 흑인들은 여전히 가난하나 이전보다는 훨씬 더 정치적, 경제적 자유를 누리고 있다. 또 백인들 역시 집권의 기득권을 포기했음에도 사회의 주류 자리를 계속 굳건하게 지키고 있다. 서로 좋은 윈-윈의 국면을 향유하고 있는 것이다. 만델라가 어릴 때부터 교육받은 용서가 이런 상황을 가능케 만든 원동력이라고 하면 과연 지나친 평가일까. 답은 아니다가 돼야 할 것이다.

| 넬슨 만델라 가계도 |

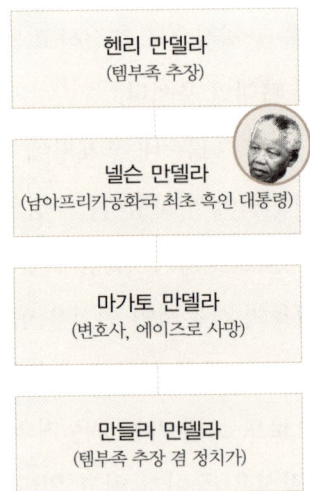

헨리 만델라
(템부족 추장)

넬슨 만델라
(남아프리카공화국 최초 흑인 대통령)

마가토 만델라
(변호사, 에이즈로 사망)

만들라 만델라
(템부족 추장 겸 정치가)

*위니 만델라: 아프리카 여성동맹 의장(전 만델라 대통령 전 부인)
*막내딸: 진드지

성실이라는 덕목보다
더 훌륭한 유산은 없다

조지 워싱턴부터 버락 오바마까지 총 44명에 이르는 미국 대통령 중에서 역사상 가장 위대한 대통령이 누구라고 생각하느냐는 질문을 받으면 미국인 십중팔구는 기다렸다는 듯 바로 대답한다. 흑인 노예 해방이라는 큰 업적을 남긴 16대 대통령 에이브러햄 링컨이 바로 그 영광스런 주인공이라고. 그의 이름 앞에서는 이처럼 서부의 총잡이를 자처했던 조지 부시나 재임 기간만큼은 경제 부흥을 가져왔다는 평가를 듣는 빌 클린턴 등 최근의 대통령들도 바로 꼬리를 내려야 한다. 링컨이 1864년 남북전쟁 당시 썼던 연설 원고가 최근 열린 경매에서 미국 내 문서로서는 가장 비싼 344만달러에 팔린 것은 이런 사실에 비춰보면 크게 놀랄 만한 일도 아니다.

이뿐만 아니다. 남북전쟁이 끝난 다음 펜실베이니아 주 게티즈버그에서 행한 그의 연설은 달랑 2분 분량의 짧은 내용이었으나 지금까지 세계를 감동시키는 불후의 연설로 칭송받고 있다. 특히 그가 연설에서 강조한 "국민의, 국민에 의한, 국민을 위한 정부"라는 명언은 민주주의의 영원한 금과옥조로 남아 있다.

미국의 가장 위대한 대통령

미국의 가장 위대한 대통령으로 영원히 남을 링컨 가문은 17세기 말 영국에서 미국 매사추세츠 주로 이민을 온 집안을 뿌리로 두고 있다. 그러나 링컨이 정작 태어난 곳은 1809년 2월 켄터키 주 하젠빌에서 남쪽으로 4.8km 떨어진 외딴 오두막이었다. 할아버지가 버지니아 주를 거쳐 켄터키 주로 이주했기 때문이다. 그의 아버지 토머스 링컨은 가난한 이민자의 후손다웠다. 가난했음에도 불구하고 굴하지 않고 부지런히 농장을 개척하는 열의를 보였던 것이다. 하지만 살림은 그 시대 대부분 미국인들이 그랬듯 좀처럼 나아지지 않았다. 결국 토머스 링컨은 아들이 두 살 때 보다 나은 삶을 위해 이웃마을인 노브크리크로 이사를 단행한다. 그가 어린 시절 얼마나 가난했는지를 단적으로 보여준 사실 중 하나다.

1816년 12월 링컨 가족의 켄터키 농장이 소유권과 관련한 송사에 휘말리게 됐는데 불행하게도 그 다툼에서 지고 말았다. 그나마 있던 알량한 재산마저 몽땅 날려버린 것은 당연한 일이었다. 아버지 토머스 링컨은 어쩔 수 없이 가족을 이끌고 인디애나 주 남서부로 거처를 옮겼다. 다행히 새로 이주한 마을에서는 약간의 행운이 따랐다. 무엇보다 엉성한 통나무집에서 출발한 살림이 점차 펴나가는 모습을 보였다. 또 집 주위 땅을 조금이나마 사들일 수 있었다.

1830년 3월 링컨의 가족은 일리노이 주로 두 번째 이사를 단행했다. 그는 그곳에서 여러 가지 일에 손을 댔다. 아버지가 일군 농장을 운영하는가 하면 선원 생활을 하기도 했다. 이때 미시시피 강을 따라 뉴올리언스까지 항해하는 희귀한 경험도 할 수 있었다. 사정이 이랬으니 링컨 역시 문맹이었던 부모처럼 정규 교육을 받을 기회가 없었다. 그러나 그는 공부를 해야 한다는 생각은 한시도 버리지 않았다. 독학으로 법률을 공부하기 시작한 것도 다 그런 이유에서였다. 결국 그는 1836년에 변호사 시험에 합격했다.

이후 링컨은 어린 시절보다는 경제적으로 다소 안정된 생활을 할 수 있게 된다. 무엇보다 수입이 상대적으로 좋아졌다. 얼마 후에는 정치 관련 사건의 변론에서도 두각을 나타내기 시작했다. 급기야 그는 일리노이 주에서 가장 저명하고 성공한 변호사 반열에 오른다. 이때 그는 대단히 정직하고 어떤 경우에든 공정함을 잃지 않는 변호사라는 평판과 유명세까지 타게 된다. 중벌을 받아야 할 파렴치범에게도 타고난 달변과 풍부한 법률 지식으로 선처를 호소하는 일반 변호사들과는 확연하게 달랐다.

독학으로 성공을 이루다

경제적 안정은 자연스레 결혼도 할 수 있게 했다. 그의 부인 메리 토드는 그와는 완전히 반대되는 가문의 여자였다. 켄터키 주 상류층 출신으로 재치가 대단한 사람이었다. 게다가 교육도 많이 받았다. 한마디로 링컨과는 비교하기가 어려운 귀족이자 인텔리였다. 그녀의 가족이 링컨과 교제하는 것을 한사코 반대한 것은 너무나 당연했다. 링컨은 그로 인해 자신이 과연 그녀를 행복하게 해줄 수 있을 것인가를 잠시 고민했으나 결혼은 피하지 못할 운명이었다.

이후 그의 삶은 탄탄대로였다. 1846년에는 일리노이 주에서 휘그당 의원으로 네 번이나 당선된 여세를 몰아 연방 의원에도 당선됐다. 의원 활동 기간의 그의 활약은 초선치고는 꽤 눈부셨다. 멕시코 전쟁의 영웅으로 유명한 휘그당의 재커리 테일러를 대통령으로 당선시키는 데 일등 공신 역할을 한 것이다.

그럼에도 불구하고 그는 승리의 과실을 테일러와 함께 나누지 못했다. 정작 논공행상에서는 테일러의 외면으로 합당한 보상을 전혀 받지 못한 것이다. 곧 이어 연방 의원 자리에서도 물러났다.

그는 변호사로 돌아간 후 5년 동안이나 의식적으로 정계와는 일정한 거리를 뒀다. 사실상 정계를 은퇴했다고 해도 좋았다. 그러나 그는 5년의 공백에도 불구하고 훌륭하게 재기해 결국 1860년 5월 18일 시카고에서 열린 공화당 전당대회에서 3차에 걸친 투표 끝에 대통령 후보로 선출됐다. 이어 11월의 본 선거에서도 네 명이나 됐던 민주당 후보들에게 압승을 거뒀다.

링컨은 썩 좋은 환경에서 자란 사람이 아니었다. 아니 경제적으로 볼 때는 극빈층 출신이었다. 그럼에도 불구하고 좌절하지 않았다. 항상 긍정적인 사고방식으로 매사를 생각했다. 사람 역시 진지하게 대했다. 그가 그렇게 할 수 있었던 것은 무엇보다 성실이라는 집안의 가르침이 결정적인 영향을 미치지 않았나 싶다.

그의 집안이 얼마나 성실이라는 덕목에 충실했는지를 말해주는 사례는 매우 많다. 평생을 문맹으로 살면서도 가족을 위해 불평 한 마디 없이 성실하게 살다 간 그의 아버지는 아예 운명적으로 그랬다. 링컨이 아버지와 몹시 사이가 좋지 않았다는 기록도 있으나 그건 성실과는 별개 문제라고 봐야 한다. 어머니 낸시 행크스는 아버지보다도 훨씬 더 성실한 사람이었다. 그녀는 평생 황무지를 개간하는 가난한 개척자의 아내로 살았다. 때문에 척박한 자연 환경과 싸우면서 농삿일과 허드렛일로 바쁜 궁색한 시골 생활을 견뎌낼 수밖에 없었다. 하지만 그녀는 자녀들을 돌보고 교육하는 일은 그 누구보다도 부지런하고 성실하게 수행했다. 틈만 나면 아들을 데리고 숲속이나 강가를 거닐면서 신기하고 경이로운 자연의 세계에 눈뜨게 했다. 나아가 풍부한 상상력과 창의적인 사고로 사물을 바라볼 수 있도록 자녀 교육에 힘썼다.

그녀는 그러나 링컨이 아홉 살 때 상한 우유를 마셔 생긴 식중독으로 세상을 떠난다. 이때 그녀는 링컨에게 "내 사랑하는 아들아! 이 성경은 내 부모님으로부터 물려받은 것이다. 내가 여러 번 읽은 탓에 많이 낡았다. 그 어느 것과도 비교할 수 없는 우리 집안의 값진 보물이다. 나는 100에이커의 땅보다 이 한 권의 성경을 너에게 유산으로 물려줄 수 있게 된 것을 진심으로 기쁘게 생각한다. 아들아! 너는 성경을 부지런히 읽어라. 그리고 성경 말씀대로 하느님을 사랑하고 이웃을 사랑하는 사람이 돼라. 이것이 나의 마지막 부탁이다. 약속할 수 있겠지"라고 당부했다. 그녀가 성실을 얼마나 강조했는지를 말해주는 대목이 아닌가 한다. 링컨은 비록 나이가 어렸으나 어머니의 유언을 마음 속 깊이 간직했다. 또 그것을 지키기 위해 부단히 노력했다.

그가 잠깐 다닌 초등학교에서 일어난 아홉 살 때의 일화는 이 사실을 웅변적으로 보여준다. 어느날이었다. 그의 담임교사가 교실의 문 위에 한 쌍의 사슴뿔을 걸어놓은 채 잠깐 자리를 비웠다. 아직 어린 아이 특유의 장난기가 남아 있던 링컨은 그 사슴뿔에 매달려 그네를 타다 그만 밑으로 떨어지고 말았다. 사슴뿔 역시 그대로 부러져버렸다.

교사는 교실로 돌아오자마자 바로 누가 사고를 쳤는지 물었다. 링컨은 솔직하게 "선생님, 제가 그랬습니다. 그러나 고의는 아니었습니다. 저는 그저 잠깐 매달렸을 뿐입니다. 그게 부러질 줄은 생각도 못했습니다"라고 대답했다. 교사는 그의 성실한 자세에 크게 감동했다. 물론 사고를 친데에 대한 벌은 내렸지만.

성실과 정직을 통해 미국을 통합시키다

1860년 공화당 대통령 후보 경선에 나섰을 때도 그의 성실성은 단연 빛을 발했다. 당시 그는 어렸을 때처럼 먹고사는 데 지장을 받을 정도는 아니었으나 선거를 치를 만한 큰돈은 없었다. 선거 운동에 반드시 필요한 자가용조차 마련하지 못할 정도였다. 그렇다고 성실하고 정직하기로 소문난 그가 부당한 정치 자금을 모금하거나 남에게 손을 벌릴 수는 없는 일이었다.

그는 할 수 없이 유세를 하기 위해 지방으로 이동할 때에는 일반인처럼 열차를 이용했다. 사실 말이 쉬워 그렇지 그건 결코 쉬운 일이 아니었다. 여객이 붐빌 때에는 자리에 앉지도 못한 적이 한 두 번이 아니었으니까. 그뿐만이 아니었다. 그는 급할 때는 친구들이 자신을 위해 마련해준 마차 같은 운송 수단도 마다하지 않았다. 강력한 라이벌이었던 평생의 정적이자 연적이기도 했던 스티븐 더글러스 민주당 후보가 대형 자가용에 몸을 싣고 무수한 수행원들을 거느린 것과 비교해보면 정말 하늘과 땅의 차이가 아닐 수 없었다.

그러던 어느 날 그는 친구들이 급히 마련해준 마차 위에서 대중에게 연설할 기회를 가지게 됐다. 이때 그는 "어떤 사람이 저에게 편지를 보내 당신 재산이 얼마나 되느냐고 물었습니다. 저는 숨길 것이 없습니다. 그래서 솔직하게 대답했습니다. 부인 한 명과 아들 한 명이 있다고요. 네,

그렇습니다. 이들은 여러분들이 그런 것처럼 그 어느 것과도 바꿀 수 없는 저의 가장 소중한 보물들입니다. 저는 이 밖에도 개인 사무실이 하나 있습니다. 사무실에는 테이블 하나와 의자 세 개도 있습니다. 구석에는 책장 역시 하나 있죠. 책장에는 읽을 만한 가치 있는 책들이 많이 있기도 합니다. 여러분, 저는 정치인치고는 무척이나 가난합니다. 또 말랐습니다. 얼굴도 별로 매력 없이 길기만 합니다. 재산을 모으기 힘든 관상입니다. 저는 실제로도 의지할 만한 게 별로 없습니다. 제가 의지할 것이라고는 오로지 훌륭한 심판을 해줄 현명한 유권자인 여러분들뿐입니다"라는 사자후로 유권자들을 감동시켰다. 링컨의 이 감동적 연설은 결국 나중 그에게 '성실한 에이브'라는 별명이 붙게 만들었다.

링컨은 이처럼 성실했음에도 불구하고 가정적으로는 그다지 행복한 삶을 살았다고 하기 어렵다. 우선 출신 성분이 완전히 다른 부인 메리 토드와의 사이가 그다지 원만하지 않았다는 설이 있다.

물론 일부 링컨 연구자들이나 역사학자들은 둘의 사이가 생각만큼 나쁘지 않았다고 주장하기도 한다. 그러나 역시 완전히 상반된 성장 배경과 판이한 성격 등을 감안하면 금슬이 그다지 좋지 않았을 가능성이 더 높다. 더구나 그녀는 심한 우울증을 앓은 탓에 무의식중에 남편을 괴롭혔다고 한다.

그는 또 세 명이나 되는 아들들을 어렸을 때 하나씩 차례로 잃는 가슴 아픈 일들을 겪었다. 그의 사진 속 얼굴이 늘 수심에 가득 차 있는 것처럼 보이는 데는 다 이런 가정사가 영향을 미치지 않았을까 여겨진다.

하지만 하나 남은 큰아들 로버트 토드 링컨은 아버지 못지않게 훌륭하게 성장했다. 하버드 대학을 나와 제임스 가필드 대통령 시절인 1881년에 육군 장관에 임명돼 5년 동안 일한 데 이어 1889년부터 수년 동안 영국 주재 공사로 맹활약했다. 이때 그는 자신을 믿고 보내준 조국의 이익을 위해 성실하게 최선을 다하다 역대 미국의 주영 공사 중 유일하게 친영파가 아니라는 혹독한 비난을 영국으로부터 들어야 했다. 그러나 그건 임무에 최선을 다했다는 그에 대한 칭찬이기도 했다. 전혀 예기치 못한 아버지의 암살, 나중에 정신병으로까지 발전한 어머니의 우울증 심화 등으로 극도의 마음고생을 했을 법도 한데 가정교육을 제대로 잘 받았다는 얘기로 이해된다.

성실보다 더 훌륭한 유산은 없다

그는 아버지에 이어 대통령이 될 기회를 가질 뻔도 했다. 공화당이 1892년 그의 빛나는 경력과 링컨이라는 매력적인 이름에 반해 대통령 후보로 적극 내세우려 했기 때문이었다. 그는 하지만 이게 웬 떡이냐고 침을 흘렸을 법도 한데 단호하게 "노"라고 대답했다. 성실한 생활과는 거리가 멀 수도 있는 정치에 대한 혐오가 그를 그렇게 만든 것이다.

그는 상원의원의 딸인 매리 하알런과 결혼해 딸 둘과 아들 하나를 낳았다. 그러나 불행히도 아들 에이브러햄 링컨 2세는 세 명의 삼촌들처럼 16세 때 요절하고 말았다. 링컨 가문의 대는 이로써 완전히 끊겼다. 남아 있는 후손은 방계 혈족일 뿐이다. 최근에도 꾸준히 자신이 직계 후손이라고 주장하는 사람들이 가끔 튀어나와 뉴스거리가 되기는 하나 법적으로는 가능성이 극히 희박하다. 더구나 그의 성실성으로 미뤄봤을 때 혼외정사로 자식을 낳았을 가능성은 거의 없다.

그러나 대가 완전히 끊겼다고 해도 링컨이 남긴 위대한 정신과 교훈은 영원히 사라지지 않을 것이다. 이는 2009년 탄생 200주년을 맞은 링컨의 실질적인 고향 일리노이 주의 분위기를 보면 너무나 잘 알 수 있다. 하나씩 예를 들어 보겠다. 우선 모든 차량이 '링컨의 고향'이라는 구호가 적힌 번호판을 단 채 거리를 질주한다. 일리노이 주 소재 89개 학교 이름이 링컨과 연관돼 있다는 사실 역시 간과해서는 안 된다. 주도인 스프링필드 도심에 위치한 링컨 기념 도서관과 박물관도 놀라운 역사 현장으로 전혀 손색이 없다. 2005년에 개관해 아직 널리 알려지지 않았음에도 불구하고 벌써 미국에서 가장 크며, 많은 방문객이 다녀간 대통령 기념박물관으로 각광받고 있다.

링컨은 스프링필드 북서쪽에 위치한 오크리지 묘지 안쪽에서 평화롭게 영면 중이다. 그의 동상과 보병, 기병, 포병, 해병 병사들이 조형물로 장식된 거대한 첨탑이 솟아 있는 이곳에는 부인 메리 토드와 네 명의 아들 중 일찍 세상을 떠난 세 명도 함께 묻혀 있다. 이곳에서 단연 특이한 것은 묘소 입구 쪽에 있는 그의 청동 두상의 코 부분이 아닌가 싶다. 유난히 반질반질하게 변해 있다. 그에 대한 추모의 열기를 대변하는 증거이다.

앞서 언급했듯 대가 끊겼기 때문에 지금 공식적으로는 성실이라는 교훈은 더 이상 링컨의 가문에서 실천으로 옮겨지지 않고 있다. 그러나 수많은 미국의 학교와 가정에서는 여전히 '성실한 에이브처럼 돼라'는 교육을 끊임없이 하고 있다. 성실이라는 덕목이 단순하게 링컨가를 뛰어넘어 전 미국 가정의 덕목이 됐다고 해도 과언이 아니다.

칼 마르크스는 자본주의를 극도로 증오했다. 자본주의의 첨병 국가인 미국에 대해서도 당연히 좋은 감정을 가지고 있지 않았다. 그럼에도 불구하고 링컨에 대해서만큼은 "위대한 경지에 이른 인물이다. 더불어 홀륭한 품성을 계속 가지고 있었던 드물게 보는 위인이다"고 극찬했다. 링컨이 마르크스에게조차 이처럼 칭송을 받는 성공적인 삶을 산 것은 "성실이라는 덕목보다 더 훌륭한 유산은 없다"는 가르침에 충실했기 때문이라고 해도 좋다.

| 링컨 가계도 |

기회가 왔을 때 꽉 붙잡아라

벤츠와 함께 세계적인 명차의 대명사로 통하는 독일의 BMW는 이름부터 무척 그럴 듯해 보인다. 하지만 생각처럼 그렇게 특별한 뜻이 담겨 있지는 않다. 그저 독일 남부의 바이에른에 소재한다는 의미를 가진 바이에른 자동차 회사라는 평범한 이름의 약자일 뿐이다.

그러나 위상은 평범한 이름과는 달리 엄청나다. 자동차 왕국인 독일에서도 벤츠 이상 가는 명성을 자랑한다. 특히 유행에 민감한 젊은이들로부터는 가히 폭발적인 인기를 끌고 있는 것이 이를 입증한다. 벤츠는 택시로도 굴러다니나 BMW 택시가 드문 데에는 다 그런 이유가 있다. 세계적인 자동차 회사인 일본 도요타가 부러워하는 것도 같은 이유에서다.

100년 역사를 자랑하는 이 BMW를 소유하고 있는 대주주는 콴트 가문이다. 전체 주식 중 47%를 이 가문이 보유하고 있다. 나머지 주주들은 아무리 많아도 2%를 넘지 않는다. 유럽에서는 흔하지 않은 재벌 오너라고 할 수 있다.

콴트 가문이 유럽에서 내로라하는 명가로 우뚝 서게 된 비결은 복잡하지 않다. 기회가 찾아왔을 때 꽉 붙잡은 것이 주효한 것이다. 이 원칙은 현재 콴트 가문의 가훈으로 굳어져 있다.

기회를 꽉 붙잡아 고속성장을 이룩하다

콴트 가문을 명문 재벌로 이끈 1세대 창업자는 19세기 후반에 활약한 에밀리 콴트였다. 별로 이름도 없는 가문 출신으로 출발 역시 출신 성분만큼 소박하기가 이를 데 없었다. 수도 베를린 인근 한 작은 마을이었던 브라운슈바이크에서 남의 눈에 띄지 않게 조용히 시작됐다. 이곳에 자리 잡은 조그마한 방직 공장에서 에밀리가 10대 중반의 어린 나이로 일을 하다가 나중에는 공장장에까지 오른 것이다. 그의 인생은 이때까지만 해도 그저 공장장을 마지막으로 끝날 것처럼 보였다. 그러나 1870년 터진 독일과 프랑스 사이의 보불전쟁은 그의 공장에 엄청난 군복 특수를 안겨다 준다. 그는 이 기회를 놓치지 않았다. 군복의 폭발적인 수요는 곧 그의 공장을 일거에 가내 수공업 형태에서 기업으로 탈바꿈시켰다. 1879년에는 공장 사장인 루드비히 드레거가 세상을 떠나자 그는 자연스럽게 사장으로 승진했다. 3년 후에는 사망한 오너의 딸인 루드비히 헤더비히와 결혼도 하게 됐다. 이미 기업 형태를 띠기 시작한 공장은 완전히 그의 소유가 됐다. 규모도 갈수록 커졌다. 기회가 왔을 때 순발력 있게 대응한 경영 능력이 고속 성장의 비결이었다.

그의 후계자인 귄터 콴트는 기회가 왔을 때 잡는 능력에 있어서는 에 밀리 콴트보다 한 수 위였다. 기업의 인수·합병에 탁월한 능력을 보인 것 역시 바로 이런 재능과 무관하지 않았다. 1920년대에 이미 방직업에 서 벗어나 철강업과 금융업까지 진출하는 기반을 닦았을 정도였다. 회사 의 본사도 과감하게 항구를 끼고 있는 하노버로 이전하는 모험도 감행했 다. 그는 회사가 그룹 규모로 커지던 1940년 전후에는 나치 정권까지 사 세 확장에 이용했다. AFA라는 회사를 설립해 전쟁에 필수적인 배터리를 독점 공급하는가 하면 강제 수용소 인력들을 자신의 공장에서 일하게 할 정도였다. 이로 인해 그는 뉘른베르크 전범 재판에도 회부됐으나 단순 가담자로 분류돼 석방됐다. 기업 규모를 수십 배로 불린 것에 비하면 처 벌은 경미한 수준이었다.

그는 전후 서독의 부흥기가 준 기회도 놓치지 않았다. 수많은 기업들 이 그의 손으로 다시 들어오기 시작했다. 전쟁 전보다 더 많은 부를 쌓게 된 것은 지극히 당연한 일이었다.

그는 50대 때에는 가업을 이어갈 후계자 문제로 마음고생도 적지 않 았다. 이유는 있었다. 무엇보다 장남인 헤르베르트 콴트가 문제였다. 그 는 다리를 저는 신체장애자에다 맹인에 가까울 정도로 시력이 나빴다. 또 차남 하랄트는 형보다 무려 11세나 어렸다. 마음이 놓일 까닭이 없었 다. 그러나 그의 기우는 장남 헤르베르트가 미국 필라델피아에서 6개월 동안 연수를 받고 돌아온 1932년 봄에 깨졌다. 그는 이때 아들에게 어떻 게 지냈는지를 조용히 물었다.

"아버지, 저는 차를 몰고 여행을 많이 다녔어요."

헤르베르트는 아버지의 질문에 거침없이 대답했다. 겹치기 장애를 가 진 젊은이답지 않았다.

"그래. 그거 참 신통하구나. 너는 눈도 잘 보이지 않고 다리도 불편한데 어떻게 그렇게 차를 몰고 다녔니?"

"미국은 우리 독일과는 달리 도로가 굉장히 넓어요, 조심하면 별로 문제가 될 게 없어요. 저는 다리도 절고 시력도 나쁘나 자동차를 몰지 못할 정도는 아니에요. 세상을 보는 눈마저 없는 게 아니잖아요."

"그렇지. 바로 그거야. 그건 그렇고 네가 타고 다니던 자동차는 어떻게 살 수 있었니?"

"중고차 시장에 나가보니 괜찮아 보이는 차가 75달러에 나와 있었어요. 놓치면 몹시 후회하겠다는 생각이 들더라고요. 얼른 샀죠. 그걸 신나게 타고 다니다 돌아올 때는 제가 조금 수리를 해서 110달러에 팔았어요. 결과적으로 35달러를 벌었죠."

아들의 말에 귄터는 무릎을 탁 쳤다. 항상 그의 골치를 썩였던 후계자에 대한 걱정은 언제 그랬느냐는 듯 뇌리에서 완전히 사라졌다. 장남이야말로 기회가 주어지면 절대로 놓치지 않을 경영인이 될 것이라고 믿었던 그의 판단은 정확했다. 헤르베르트는 후계자로 활동하면서 시력이 더 나빠졌지만 아버지를 능가하는 사업 수완을 발휘한 적이 한두 번이 아니었다.

사업 수완을 발휘하는 콴트 3세

헤르베르트 콴트는 결혼도 사업처럼 적극적으로 생각했다. 대상은 자신의 비서로 있던 요한나였다. 미모에다 재치 만점의 매력을 물씬 풍기는 재원이었다. 인기도 많았다. 하루는 그가 요한나가 들려주는 세무 관련 서류의 내용을 듣고 있었다.

"요한나, 오늘은 그 서류들의 내용이 귀에 잘 들어오지 않는구려."

헤르베르트가 사무실 창 밖으로 시선을 향한 채 조용히 말했다. 무척 심각한 표정이었다.

"제가 너무 빨리 읽었나요? 아니면 목소리가 작았나요?"

요한나가 평소답지 않은 헤르베르트 콘트의 태도에 놀랐는지 눈을 크게 뜨고 물었다. 얼굴에는 일말의 불안감도 드러나고 있었다.

"아니, 그렇지는 않았소. 내 마음이 복잡해서 그렇겠지."

"왜 그러세요, 갑자기?"

"나를 남자로서 어떻게 생각하오. 다리는 절고 눈은 잘 보이지 않는데…"

"회장님은 다리와 눈이 불편하지만 그 이상의 장점이 있어요. 뛰어난 판단력, 꼼꼼한 성격 등은 정말 최고죠."

"남편감으로도 괜찮겠소?"

"…"

"계속 내 곁에서 서류들을 읽어주고 내 불편한 다리를 위해 도움을 달라는 말이오. 나는 잘 안 보여서 다른 여자는 눈에 잘 들어오지도 않소. 그렇게 해 주시오, 요한나!"

"그 말이 진심이라면 생각해 보겠어요."

헤르베르트 콘트에게 1959년은 다소 엉뚱했던 그의 결혼만큼이나 일생일대의 중대한 결단을 내려야 하는 해였다. 3대를 이어오면서 축적한 여유 자금으로 뭔가 새로운 사업에 뛰어들려는 생각을 하고 있던 차에 BMW가 벤츠에 팔릴 운명에 봉착하고 있었던 것이다. 당시 BMW는 수많은 베스트셀러 카를 탄생시킨 최고 자동차였으나 벤츠처럼 대형차 고객은 확보하지 못하고 있었다. 유럽 전체에서는 이탈리아의 이세타에 밀려 고전하고 있었다. 급기야 경영적자가 연속됨으로써 회사의 운명이 풍

전등화가 되어 있었다.

벤츠에 회사를 매각하는 안건을 결정할 BMW의 주주총회는 59년 12월 9일 바이에른 주의 주도인 뮌헨에서 막을 올렸다. 당시 회의장 곳곳에서는 "BMW는 바이에른 사람들의 자존심이다. 벤츠에 넘어가서는 절대로 안 된다. BMW를 지켜야 한다"는 소액 주주들의 고성이 자연스럽게 터져 나왔다. "우리의 힘으로 파산 위기에 내몰린 BMW를 살려내자"는 충정 어린 호소도 잇따랐다. 그러나 힘없는 소액 주주들에 불과한 그들에게는 자금이 충분하지 않았다. 더구나 BMW 지분 중 70%를 보유한 독일 유력 은행들은 BMW를 벤츠에 매각하기로 이미 합의한 상태였다.

그러나 바로 이 순간 기적이 일어났다. 한 소액 주주가 "전년도 회계 결산에 문제가 있을 경우 주주들 10%의 지지만 얻어도 주총을 무산시킬 수 있다"는 조항을 정관에서 간신히 찾아낸 것이다. 게다가 1958년도의 BMW 회계는 상당한 착오가 있었다. 이로 인해 분위기는 일변했다. 주총은 당연히 무산됐다. 매각 계획은 백지화됐다.

다음날 아침 헤르베르트 콴트는 유력지인 프랑크푸르트 알게마이네 자이퉁의 경제면을 특수 돋보기를 바짝 가져다댄 채 읽고 있었다. 그의 눈은 조금 전부터 BMW를 지키기 위해 바이에른 사람들이 보여준 열성과 관련된 기사에 고정돼 움직일 줄 모르고 있었다. 상당히 감동을 받은 모양이었다. 그는 즉시 동생인 하랄트 콴트에게 전화를 걸었다. 동생은 30분이 안 돼 달려왔다.

"하랄트, 이 기사 좀 봐라."

"BMW 관련 기사군요. 저도 대강 내용은 알고 있죠."

"너는 어떻게 생각하느냐?"

"바이에른 사람들한테는 안 된 말이지만 벤츠에 인수되는 것이 나을 수도 있다고 봅니다."

"과연 그럴까?"

"지금처럼 계속 적자가 나면 파산은 불가피해요. 그럴 바에야 벤츠의 도움으로 다시 태어나는 것도 괜찮을 수 있죠."

"우리가 인수하는 게 어떨까?"

"예? 그랬다가 계속 적자를 보면 어떻게 하나요? 우리까지 무너지지 말라는 법이 없어요. 은행들도 벤츠에 인수시키기 위해 대출을 하지 않을 텐데요. 만약 잘못 되기라도 하는 날에는 3대째 일궈온 가업을 모조리 날려버리게 돼요. 다시 한 번 생각해 보세요."

"우리 집안의 가훈이 뭐냐?"

"기회가 왔을 때 놓치지 않고 꼭 붙잡는 거죠. 할아버지 때부터 귀가 따갑게 들어왔잖아요."

"너는 이게 우리한테 찾아온 기회라고 생각하지 않니?"

"기회라고요?"

"그렇지. 원래 BMW는 기술력이 대단히 뛰어난 회사야. 항공기 엔진을 만들던 회사 아닌가. 이걸 우리가 살려 벤츠에 필적할 만한 회사로 만들자. 나는 벤츠보다 작은 엔진으로 벤츠보다 더 빠르게 달릴 수 있는 차를 꼭 만들겠어. 이건 천재일우의 기회야. 놓치면 안 돼."

"형님 말을 들어보니 그럴 수도 있겠다는 생각이 들군요."

"바이에른 사람들이 우리가 좋은 뜻으로 인수하겠다고 하면 그들은 반대하지 않을 거야. 현장 근로자들도 소액 주주로 참여시켜 주면 우리를 환영할 거야."

"좋습니다. 합시다."

세계적 자동차 명가 BMW의 운명은 이렇게 결정됐다. 이후 헤르베르트 콘트는 자신의 말대로 벤츠를 이기기 위해 BMW에 가지고 있는 모든 열정을 쏟아부었다. 다행히 자동차를 살 만한 중산층이 빠르게 늘어났던 1960년대라는 시기도 좋았다. 그는 이 절호의 기회를 놓치지 않았다. "중산층을 목표로 하는 중형 세단을 만들어라"는 지시가 바로 떨어졌다. 2년 후 선보인 1500 모델은 그의 기대를 저버리지 않았다. 다이내믹한 성능과 합리적인 가격으로 폭발적인 인기를 끌었다. 새로운 전기를 맞이한 회사는 그야말로 승승장구했다. 63년에는 무려 20년 만에 주주들에게 배당을 해주기도 했다. 이후에도 BMW의 기세는 꺾일 줄 몰랐다. 1500의 후속 모델인 1600과 변형 모델들이 잇달아 성공하는 기적이 이어졌다. 세계적 명차라는 이름은 자연스럽게 얻을 수 있었다.

장애를 뛰어넘는 성공 신화

헤르베르트 콘트는 거의 맹인과 다를 바 없었다. 하지만 새로운 차가 개발됐을 때는 모델 차량을 마치 점자를 읽듯 더듬으면서 품질과 디자인을 점검하는 열성을 보이곤 했다. 뮌헨 올림픽이 열리던 1972년 출시된 패밀리카 5 시리즈는 바로 이런 과정을 통해 탄생한 명차였다. 주력 제품인 3, 6, 7, 8 시리즈도 마찬가지였다.

그는 또 인재를 잡을 기회가 오면 절대로 놓치지 않았다. 1970년에 직접 발탁해 CEO로 선임한 에버하르트 폰 퀸하임이 대표적인 인물이다. 실제로 퀸하임은 92년까지 회장으로 재직하는 동안 단 한 해도 적자를 내지 않았을 정도로 뛰어난 경영능력을 발휘했다. 또 70년에 17억달러이던 영업 이익을 50억달러 규모로 끌어올리기도 했다.

퀸하임의 밑에서 제품 개발 책임을 맡았던 볼프강 라이츨레를 발탁한 것도 헤르베르트 콘트의 혜안과 무관하지 않다. 벤츠의 경우 책임자가 네 번이나 바뀌었으나 그는 무려 14년 동안 한 자리를 지켰다. 사주의 적극적인 지원과 신뢰가 없었다면 불가능한 일이었다.

콴트 가문의 가훈은 지금 제4세대인 슈테판과 수잔나에게 이어지고 있다. 특히 오빠인 슈테판은 BMW 감독이사회 일원으로 있으면서 대규모 투자나 인수 · 합병과 관련된 결정을 내려야 할 순간에는 대주주로서 적극적으로 의사 결정에 참여하고 있다.

헤르베르트 콴트는 이런 정신을 함양해주기 위해 일찌감치 자녀들에게 스파르타식 교육을 하는 것도 마다하지 않았다. 예를 하나 들자면 경영학을 전공한 슈테판이 대학, 수잔나가 고등학교를 졸업하던 1970년대 말이었다. 하루는 그가 자녀 둘을 조용히 서재로 불렀다.

"너희들도 이제 일을 해야 하지 않겠니?"

"네, 그런데 어떤 자리로 가죠?"

아들 슈테판의 말에는 아버지가 자신에게 그럴 듯한 자리를 주지 않을까 하는 기대심이 잔뜩 묻어났다.

"어떤 자리라니. 당연히 생산라인으로 가야지."

"예? 우리가 생산직 근로자로 일해야 한다는 거예요?"

이번에는 딸 수잔나가 깜짝 놀라 물었다.

"당연하지. 나도 밑에서부터 일을 배워가지고 올라갔어. 기회는 그렇게 현장에서부터 노력하는 사람에게 오는 법이야. 대주주의 자식이라고 처음부터 간부로 갈 수는 없어."

"그래도 그렇지 어떻게 공장에서 일해요?"

슈테판이 다시 볼멘 목소리로 반문했다.

"못할 것도 없어. 그렇게 해 보는 것도 다시 없는 좋은 기회야."

"좋아요. 하죠, 뭐."

슈테판은 아버지의 뜻을 따르기로 마음을 굳혔다. 그리고 남매는 뮌헨의 BMW 공장에서 1년여 동안 근로자들과 한솥밥을 먹었다. 중요한 점은 근로자 중 아무도 이들이 콴트 가문의 자제들이라는 것을 몰랐다는 사실이었다.

슈테판 콴트가 대주주로서 결정적인 순간에 중요한 역할을 한 대표적인 사례를 보자. 때는 1994년이었다. 이때 46세 나이로 퀸하임의 뒤를 이어 BMW 회장이 된 베른트 피체스리더는 취임한 이후 첫 중대 결단을 내린다. 다름 아닌 영국 자동차 회사 로버 매입 결정이었다. 갈수록 치열해져 가는 경쟁구도에서 살아남기 위해서는 미니와 랜드로버, 오스틴 할리 등의 브랜드로 유명한 로버를 매입해 BMW를 대형화할 필요가 있다고 판단한 것이다. 그러나 그의 생각은 결과적으로 오산이었다. 로버는 재정 상태가 건전한 BMW와는 근본적으로 달랐다. 시간이 지날수록 문제점만 속속 노출될 뿐이었다.

그 상태로 5년여가 흘러 99년 2월 5일이 됐다. 이날 뮌헨에 있는 BMW 본사 이사회에 참석한 임원들은 벌어진 입을 다물지 못했다. 로버의 누적 적자가 무려 70억유로에 이른다는 사실이 공식 발표된 것이다. 그건 기회가 오면 꽉 붙잡는 콴트 가문의 BMW가 기록할 성적이 아니었다.

이사회를 소집한 사람은 말할 것도 없이 콴트 가문의 슈테판 콴트였다. 이사회의 결정사항은 간단했다. 회사에 엄청난 손해를 끼친 책임자인 피체스리더의 사임이 슈테판 콴트의 강력한 주문에 의해 가장 먼저 결정됐다. 이어 차기 회장으로 유력했던 라이츨러 사장 역시 회장을 잘못 보필한 책임을 지고 경질됐다. 새로운 회장도 결정됐다. 전혀 의외의 인물인 제조 부문 책임자 요하임 밀베르크가 구원 투수였다. 다음 수순은 더 말할 필요가 없었다. "로버 회생에 집착하면 BMW마저 위험해질 수 있다. 어떤 손해를 감수하고라도 부실기업을 털어버리겠다"는 말을 입에 달고 다닌 슈테판 콴트의 의지에 따라 매각이 진행된 것이다. 우선 가장 유명한 브랜드인 랜드로버가 미국의 포드에 매각됐다. 또 로버는 영국 컨소시엄에 단돈 1파운드에 팔려나갔다.

세계화의 선두주자로 자리매김하다

이때 슈테판 콴트는 미니라는 브랜드만큼은 끝까지 매각하지 않았다. 로버조차 수명이 다 된 브랜드라고 관리하지 않았으나 그의 생각은 전혀 달랐던 것이다. 결국 2001년 BMW는 뉴미니를 출시해 전 세계 소비자들을 열광시켰다.

이 과정에서 슈테판 콴트는 평소 언론에 전혀 모습을 보이지 않는 관례도 깨뜨렸다. 심지어 언론 플레이로 BMW 흠집 내기에 열중했던 인사들에게 직접 공개 편지를 쓰는 대담성까지 보였다. 대주주인 그의 흔들리지 않는 BMW에 대한 사랑은 결국 결실을 봤다. 일단 주가가 두 배나 오르는 기염을 토했다. 수익 역시 독일 경기가 바닥을 헤매고 있을 때인 2002년의 경우 전년도에 비해 무려 네 배나 증가하는 기적을 일궜다. 언제 위기가 있었는지 의아스러울 정도였다. 위기를 또 다른 기회라고 생각하고 적극 대처한 슈테판 콴트의 행보가 일궈낸 성과다.

전 세계 자동차 산업은 지금 한창 재편 중에 있다. 한때 세계를 주름잡은 GM은 생존에 매달려야 하는 상황이고 크라이슬러는 거의 생명이 다했다고 해도 틀리지 않다. 심지어 도요타도 휘청거리는 모습을 보이는 것이 오늘의 현실이다. 그러나 이런 와중에도 BMW는 크게 흔들리지 않고 있다. 아니 어쩌면 이 위기는 BMW로서는 절호의 기회일지도 모른다.

BMW가 한 단계 더 도약해 세계 자동차 시장의 몇 안 되는 승자로 우뚝
설 가능성이 높다는 얘기다. 실제로 기회가 올 때 꽉 붙잡고 절대로 놓치
지 않는다는 콴트 가문의 가훈은 충분히 그럴 수 있다는 사실을 증명해
주지 않나 여겨진다. 이들 가문이 최대 주주로 있는 제약, 화학, 식품 분
야 회사들도 하나같이 세계적인 경쟁력을 갖춘 독일 굴지 업체로 군림한
다는 사실을 상기하면 더욱 그럴 것이라고 봐도 무방할 것 같다.

| 콴트 가계도 |

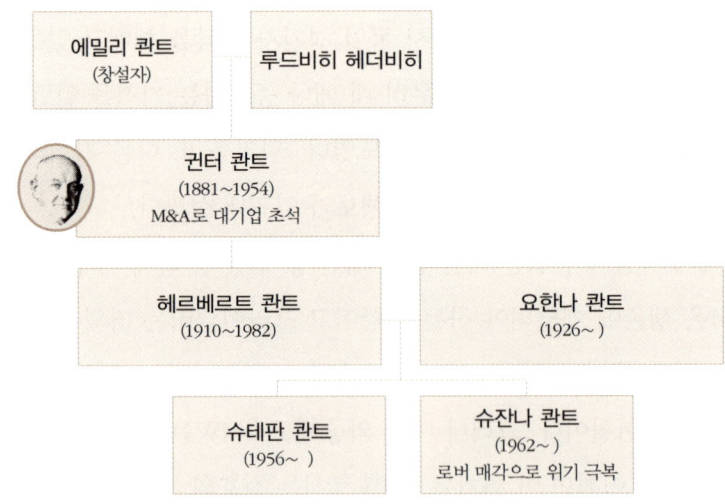

part 3

너는 할 수 있다
나는 할 수 있다

지난 2009년 1월 20일 미국인들은 제44대 대통령으로 당선된 검은 케네디 버락 오바마의 취임 연설에 그야말로 열광했다. 그 열광은 단순히 경제 위기로 나락에 빠져 있는 미국을 잘 이끌어달라는 대통령에 대한 의례적이고도 통상적인 격려의 의미만 담겨 있는 것이 아니었다. 기적을 일으킨 대통령에게 보내는 경외심을 동반한 찬사의 의미 또한 상당히 컸다고 해야 한다.

신의 축복을 뜻하는 버락이라는 케냐 이름을 가진 오바마는 정확하게 말하자면 흑백 혼혈이다. 완전한 순종 흑인이라고 하기 어렵다. 본인 역시 50%는 백인이라고 주장해도 틀린 말은 아니다. 그러나 핏속에 단 한 방울, 수학적으로 말해 고작 1%의 흑인 형질만 있어도 완벽한 흑인으로 분류하는 미국 사회의 특성상 오바마는 흑인으로 분류된다. 그 자신도 백인 피를 50% 물려받았음에도 백인이라고 생각해 본 적이 한 번도 없다고 한다. 아무리 인종에 대한 미국인들의 편견이 많이 개선됐다고 해도 그는 미국 사회의 주류가 아닌 아웃사이더가 분명하다. 게다가 가족 관계는 도표를 그려야 이해가 갈 정도로 복잡하기 이를 데 없다. 우선 아프리카 케냐 출신인 아버지 버락 후세인 오바마 시니어는 본국에 첫 번째 부인과 두 자녀가 있는 상태에서 어머니 스탠리 앤 던햄과 미 하와이에서 결혼해 그를 낳았다. 또 어머니와 헤어진 다음에는 케냐로 돌아가 첫 번째 부인과의 사이에 자식 둘을 더 낳고 두 번의 결혼을 통해 또 세 명의 자녀를 낳았다. 모두 일곱 명의 배다른 형제가 그에게 있는 셈이다. 정말 복잡하다. 그렇다고 어머니 쪽이 간단한 것은 아니었다. 어머니는 아버지와 헤어진 다음 인도네시아 출신 유학생 롤로 소에토로와 재혼해 딸 마야 소에토로를 낳는 거침없는 행보를 보여줬다. 총정리를 하면 성이 각각 같고 다른 형제가 무려 여덟 명이나 되는 것이다. 이 정도 되면 속된 말로 완전히 콩가루 집안이라고 해도 과언이 아니다. 아무리 미국이 내 자식과 네 자식, 우리 자식을 둔 가정이 적지 않더라도 이런 가정의 출신에 대한 시선이 고울 리 없다. 불량 청소년이 될 것이라고 손가락질을 했을 것이라는 점은 불 보듯 훤하다.

'너는 할 수 있어'를 가슴에 새긴 아이

그러나 그는 일반적인 예상과는 완전히 달랐다. 혼란하고 불안정한 청소년기를 장기간 거치면서 상당한 방황을 하지 않은 것은 아니나 그걸 극복하고 홀로 우뚝 일어섰다. 그것도 미국 역사에서 이루기 힘든 두 번의 기적을 일궈내면서 그렇게 했다. 하나는 말할 것도 없이 233년 만에 미국 역사상 최초 흑인 대통령으로 당선돼 취임한 것이었다. 다른 하나는 1990년부터 세계적 학술지인 하버드 로스쿨의 《법률 평론》 104년 역사상 최초 흑인 편집장으로 맹활약한 사실이다. 양자를 단순 비교하는 것이 좀 그렇기는 하나 어쨌든 후자 역시 대단한 사건이었다. 이런 사람이었으니 미 국민들이 그에게 열광한 것은 어찌 보면 크게 놀랄 일은 아니었다.

그가 이처럼 좌절과 방황을 거듭했음에도 불구하고 무려 세 대륙에 걸쳐 가족을 가진 미 역사상 최초 코스모폴리탄 대통령이 된 데에는 당연히 여러 요인들이 작용했다. 그중 가장 중요한 요인은 아마 가족의 힘이 아니었나 싶다. 특히 어머니 던햄의 영향은 절대적이었다. 그녀는 1942년 미국 중부 캔자스 주 동북쪽에 자리 잡은 도시 레븐위스에서 평범한 백인 가정의 맏딸로 태어났다. 너무나도 순탄했던 그녀의 삶이 격변 속으로 휘말려 들어가기 시작한 것은 부모가 캘리포니아와 텍사스, 워싱턴 주의 시애틀 등지로 쉴 새 없이 이사를 다니다 1960년 하와이로 이주하면서부터였다. 당시 소녀티를 채 벗지 못한 18세 나이의 수학과 인류학 전공의 하와이 대학 학생이었던 그녀는 이곳에서 케냐 유학생 오바마 주니어를 만나 이듬해 결혼을 했다. 당시는 50개에 이르는 미국 주의 절반이 서로 다른 인종 간의 결혼을 중죄로 다스리던 시기였으므로 그녀의 용기는 정말 대단했다는 표현이 딱 맞았다. 그럼에도 그녀의 결혼생활은 그다지 길지 못했다. 오바마가 태어난 지 1년 만에 남편이 하버드대 박사과정을 밟으러 떠난 것이다. 이 이별은 급기야 64년 둘의 파경으로 이어졌고 그녀는 67년 롤로 소에토로와 재혼할 때까지 오바마를 혼자 길러야 했다. 오바마의 어린 시절 기억에 아버지가 전혀 없는 이유다.

그녀는 싱글 맘이었으나 대단히 현명하고 유능한 여자였다. 요즘 말로 하면 울트라 알파 걸이었다. 홀로 아들을 키우면서도 세상을 보는 눈을 뜨게 하는 데 전혀 소홀하지 않았다. 두 번째 남편을 따라간 인도네시아 수도 자카르타에서 흑인 인권 운동가 마틴 루터 킹 목사의 연설집을 비롯한 다양한 책들을 읽도록 채 10세도 되지 않은 아들에게 적극적으로 권유했을 정도였다. 그녀는 또 흑백차별 철폐운동을 펼친 흑인 가수 마할리아 잭슨의 노래 역시 자주 들려줬다. 자메이카 출신 팝송 가수로 민권과 인도주의의 열렬한 대변자였던 해리 벨라폰테의 정신을 배우라는 교육도 잊지 않았다. 모두가 아들로 하여금 흑인으로서의 정체성을 갖도록 하기 위해서였다. 이런 교육은 훗날 오바마가 민권운동가로 맹활약을 하는 데 상당한 영향을 끼친다.

그녀는 아들의 학과 교육도 소홀히 하지 않았다. 경제사정 탓에 국제학교 대신 인도네시아 학교를 다니던 아들이 혹시 영어를 잊어버릴까 걱정이 돼 학원강사 일을 나가기 전인 새벽 4시에 깨워 가르친 것은 이 사실을 입증한다. 그녀는 이 밖에 수학이나 과학 등 다른 학과 공부 역시 시간이 날 때마다 직접 지도하는 열성을 보였다.

그러나 인류학 박사 과정에 적을 두고 있던 그녀의 수준 높은 교육 방식은 아무래도 어린 아이에게는 무리였다. 게다가 오바마는 이때부터 자신의 피부색에 대한 극심한 콤플렉스를 갖기 시작했다. 정신적으로 몹시 힘들어 한 것은 너무나 당연한 귀결이었다. 그의 어머니는 그러나 이럴 때마다 "너는 할 수 있어. 충분히 할 수 있어. 너는 아메리칸 드림을 이뤄야 해"라는 말을 되뇌면서 아들을 격려했다.

하지만 그는 어머니의 격려와 기대와는 달리 9세 때 평생 기억 속에 남을 치명적인 상처를 받았다. 그건 그가 의붓아버지 소에토로와 함께 자카르타 주재 미국 대사관에 들렀을 때였다. 그는 대사관 부속 도서관에서 우연히 미국 잡지 《라이프》를 뒤적이다가 충격적인 사진을 보게 된다. 피부색을 백인처럼 하얗게 만들기 위해 화학 요법 수술을 받았다가 실패해서 참혹한 모습을 한 흑인 노인의 얼굴이었다.

더구나 라이프의 기사는 사진보다 훨씬 더 충격적이었다. 피부색이 하얗게 되면 행복과 성공이 그냥 보장될 것이라는 엉터리 광고를 믿고 수술을 받는 유색인종이 미국에서만 1년에 수천 명이나 된다는 내용이었다. 그는 갑자기 백인 어머니에 대한 순간적인 배신감에 몸을 떨었다. 어머니는 항상 분명한 실상보다는 그에게 극소수였던 성공한 흑인들에 대해서만 얘기를 해 준 것이 확실했으므로. 그의 자서전 《아버지로부터의 꿈》에 따르면 오바마는 이러한 사실을 어머니에게는 절대로 말하지 않았다고 한다.

'나는 할 수 있다' 를 실천해 대통령이 되다

오바마는 이때부터 어머니를 몹시 사랑하고 따랐음에도 불구하고 어머니의 말을 전적으로 다 믿지 않았다. 머릿속에는 언제나 환청처럼 "너는 흑인이다"라는 말이 맴돌았다. 고등학교 시절 술과 담배뿐만 아니라 마리화나까지 손을 댄 것은 아마 정체성 혼란 때문으로 보인다. 그는 하지만 술과 마약에 찌들어 방황하던 자신을 안타깝게 지켜보면서 "너는 할 수 있다"라는 신념을 계속 주입시킨 어머니의 가르침을 뇌리에서 지우지 않으려는 노력은 계속했다. 그가 대통령에 당선된 2008년 11월 4일 시카고에서 한 연설 제목이 "그렇습니다. 우리는 할 수 있습니다"였던 것은 그가 얼마나 어머니의 가르침을 계속 마음에 새기고 있었는지를 잘 보여주는 대목이 아닌가 싶다.

어머니는 사실 "너는 할 수 있다"라는 말을 자식도 자식이지만 너무나

기구한 운명의 자신에게 계속 주지시키려 했는지도 모른다. 어머니 역시 어린 나이에 쉽지 않은 선택을 한 데다 버릇처럼 계속 이혼을 하는 등 어려운 상황이 이어진 탓에 마음을 의지할 뭔가가 필요했던 것이다. 어머니는 실제로 아들에게 두 번이나 남편과 헤어진 이혼녀도 마음만 먹으면 아무리 어려운 일이라도 할 수 있다는 사실을 증명해 보였다. 하와이대학 시절 전공인 인류학을 계속 연구해 무려 49세 때인 1992년 박사 학위를 받았으니까 말이다. 하지만 어머니는 박사 학위를 받은 다음 인도네시아로 되돌아가 농어촌 계몽운동과 빈민구제 사업을 벌이다가 94년 불행히 암에 걸린다. 이어 95년 1년 동안 투병한 끝에 52세를 일기로 하와이에서 세상을 떠났다. 이때 오바마는 동생 마야 소에토로와 함께 눈물을 흘리며 어머니의 유골을 태평양에 뿌린다.

오바마는 어머니가 두 번째 남편인 소에토로와도 딸 마야를 낳고 헤어지자 자카르타에서 하와이로 보내졌다. 1971년 무렵이었다. 이때부터 자카르타에서 받은 그의 충격은 아주 구체적인 현실이 돼버렸다. 그는 그때까지 흑인 학생이 단 세 명밖에 다니지 않는 명문 학교인 푸나호우 스쿨에 5학년으로 편입한 것이다. 친구들의 놀림과 따돌림은 일상생활이 됐고 오바마는 타고난 자폐아처럼 잔뜩 움츠러들 수밖에 없었다. "너는 할 수 있다"라는 어머니의 말은 그저 공허한 메아리로 오바마의 뇌리에서만 맴돌 뿐이었다.

그나마 오바마에게 자신감을 완전히 잃어버리지 않게끔 해준 위안거리가 하나 있었다. 농구였다. 그는 즉각 푸나호우 농구부에 들어가 선수로 뛰었다. 자신감은 서서히 돌아오기 시작했다. 훗날 그는 "존경을 받느냐 않느냐 하는 것은 자신이 무엇을 하느냐에 달려 있다. 아버지가 누구인지는 전혀 중요하지 않다는 사실을 그 순간 깨달았다"면서 이때를 회상한 바 있다.

　오바마는 이 자신감을 바탕으로 열심히 공부하면서 운동에 매진했다. 타고난 재주와 노력은 그를 배반하지 않았다. 곧 '폭격기 배리'라는 별명을 들을 정도로 덩크 슛까지 구사하는 선수의 반열에 오를 수 있었다. 하와이 최강 팀으로 군림한 푸나호우 스쿨 농구부의 주전으로 당당히 이름을 올리는 것은 별로 어렵지 않았다.

　그러나 이때라고 위기가 없을 수 없었다. 자기보다 덩치가 크고 역량이 뛰어난 후배들이 서서히 자리를 위협하기 시작한 것이다. 더구나 이들 중 일부 선수들은 프로 진출까지 꿈꾸고 있었다. 가끔 전지훈련차 모교를 찾은 흑인 프로 선수들을 동경의 눈초리로 쳐다보지 않은 것은 아니었으나 그쪽으로 진출할 생각까지는 하지 않았던 그로서는 위기였다고 할 수 있었다. 그는 실제로 잠깐 좌절을 하기도 했다. 불리한 조건을 극복할 자신이 없었던 것이다. 그는 이때 어머니의 말을 되새겼다. "나는 할 수 있다"는 생각을 늘 뇌리에서 지우지 않고 후배들이나 동료들보다 더 열심히 훈련에 매진했다. 이 결과 프로 농구 최상위 리그인 NBA는 몰라도 하부 리그에서 뛸 정도의 실력을 갖추게 됐다. 하지만 그의 꿈은 농구 선수에 있지 않았다.

　농구 외에 가장 민감한 시기에 있던 당시의 그에게 상당한 힘을 줬던 것은 가족이었다. 인류학 연구를 위해 인도네시아에 남은 어머니 대신 그를 돌보게 된 열성적인 외조부모가 그랬다. 특히 외조모는 그에게 바위 같은 안정감과 미국인으로서의 뿌리를 느끼도록 이끌었다. 세계를 보는 눈과 할 수 있다는 자신감을 심어준 어머니와 비견될 정도의 큰 역할을 한 셈이다. 또 외할머니는 남편과 함께 입고 쓸 돈을 아껴가면서 외손자가 주눅이 들지 않도록 경제적 지원을 했다. 이 지원은 그가 로스앤젤레스의 옥시덴틀 대학에 입학할 때까지 이어졌다. 어머니 이상 그에게 큰 영향을 미쳤던 이 외할머니는 안타깝게 그가 대통령에 당선되기 전날 눈을 감았다.

하와이로 돌아간 1971년의 크리스마스 전후에 이뤄진 케냐 출신 아버지와의 최초이자 마지막 해후는 비록 한 달 동안의 짧은 기간이었음에도 그에게 일생일대 영향을 미쳤다. 그로 하여금 케냐 출신이라는 자부심도 처음으로 강하게 느끼도록 하기는 했으나 자신의 정체성에 대한 고민을 더욱 본격적으로 하도록 만든 것이다. 자부심이 커진 만큼이나 검은 피부에 대한 열등감과 고민 역시 더욱 깊어만 갔다. 당시 그의 아버지는 어머니 없이 혼자 살고 있던 그를 케냐로 데려갈 목적으로 하와이에 들렀다. 그러나 예상과 달리 외조부모와 잘 지내고 있는 모습을 보고는 마음이 흔들렸다고 한다. 더구나 미국은 케냐와는 비교하기 어려울 만큼 엄청난 별세계이자 세계 최고 선진국이 아닌가. 그는 아들의 장래를 위해서라도 함께 귀국하겠다는 생각을 포기한다. 오바마와 미국에는 일촉즉발의 위기였다고 해도 과언이 아니다. 이 아버지는 불행히 그와 헤어진 지 11년 후인 1982년 교통사고로 세상을 떠났다.

하버드 로스쿨 최초 흑인 편집장

오바마는 고교 시절 정서적으로 고통스런 나날을 보냈으나 성적은 좋았다. 푸나호우 스쿨을 우등으로 졸업하는 것은 그다지 어렵지 않았다. "너는 할 수 있다"라는 어머니의 가르침을 어려운 상황에서도 항상 마음에 새긴 덕분이었다. 이후는 종종 정체성으로 고민하는 어려운 시기도 없지 않았지만 말 그대로 탄탄대로였다. 로스앤젤레스로 이주한 다음 옥시덴틀 대학을 거쳐 뉴욕 컬럼비아 대학 정치학과에 순조롭게 진학해 수학할 수 있었다. 이때만 해도 그는 어머니의 가르침을 정치 쪽에서 발휘하겠다는 생각은 별로 하지 않았다. 하지만 컬럼비아 대학에서 2년을 보내면서 그는 "인생에 뭔가 이렇다 할 족적을 남기기로 결심했다"라는 자신의 말처럼 야심을 품기 시작했다.

이를 위한 오바마의 첫 목표는 하버드 대학 로스쿨이었다. "나는 할 수 있다"는 신념은 진짜 그를 그렇게 만들었다. 로스쿨 학생이 된 것에서 한참 더 나아가 역사상 최초 흑인 출신 《법률 평론》 편집장이 된 것이다.

당초 그는 편집장에 출마할 생각이 없었다. 그러나 제3자인 주변 동창들의 눈은 확실히 달랐다. 그가 무려 80명의 로스쿨 학생 편집진이 움직이고 미국 전역 법원들에까지 영향을 미치는 세계적 학술지 리더로 적격이라는 생각들을 너 나 할 것 없이 했던 것이다. 더구나 나중에 하버드 로스쿨 교수가 된 케네스 맥 등과 같은 일부 흑인 학생들은 적극적으로 출마를 권유하기도 했다. 오바마는 자신의 뜻은 컬럼비아대학 졸업 후 빈민구제사업을 했던 시카고로 다시 돌아가 지역사회에 봉사하는 것이라면서 처음에는 제의를 거절했다. 그러자 한 친구가 그에게 "지금까지 우리 로스쿨에 흑인 편집장은 없었어. 너는 그 관례를 깨부숴야 해. 너는 할 수 있어"라는 자극적인 말을 건넸다. 그는 순간 용기가 치솟는 것을 느끼고 친구들의 제의를 겸허히 받아들이기로 했다.

그의 편집장 출마는 극적이라는 표현이 딱 알맞았다. 무려 19명이나 되는 후보 중에서 가장 뒤늦게 헐레벌떡 후보 신청을 하는 촌극을 벌인 것이다. 하지만 결과는 가장 후발주자인 그의 승리였다. 그가 《법률 평론》 창간 104년 만에 최초 흑인 편집자로 탄생하자 권위를 자랑하는 뉴욕 타임스와 워싱턴 포스트를 비롯한 신문과 잡지들이 벌떼처럼 하버드대학 로스쿨로 몰려들었다. 길고 자세한 그의 프로필은 졸지에 미국 전역에 자세하게 소개됐다. 작은 아메리칸 드림이 현실로 나타났다고 흥분하는 지역 신문들까지 있을 정도였다. 심지어 그의 일대기를 바로 영화화하겠다는 영화 제작자도 있었다. 주연에 캐스팅된 배우는 유명한 블레어 언더우드로 영화 제작은 이뤄지지 않았으나 그는 그때의 인연으로 훗날 민주당 대통령 후보인 오바마를 적극적으로 지지했다.

그는 여세를 몰아 1996년 일리노이 주 상원의원에 도전해 가볍게 당선됐다. 미셸 오바마가 된 변호사 미셸 로빈슨과 결혼한 지 4년 후인 35세 때였다. 2004년에는 대통령의 꿈까지 바라볼 수 있는 위치인 연방 상원의원에 도전해 또 당선됐다. 이어 2008년 6월 민주당 대통령 후보로 지명된 다음 마침내 이해 11월 4일 대망의 대통령에 당선됐다. "너는 할 수 있다"는 자신감을 심어준 어머니의 기대에 드디어 부응한 것이다.

채 50세도 안 된 나이에 이룬 그의 성공은 어머니의 가르침과 외조부모의 물심양면에 걸친 지원이 무엇보다 결정적인 역할을 했다. 그러나 그에게는 무시하기 어려운 또 한 사람이 있다. 바로 그의 아내 미셸 오바마다. 그녀는 남편보다는 세 살이 어리나 하버드 로스쿨은 선배다. 처음 만난 것은 오바마가 시들리&오스틴이라는 로펌에서 로스쿨 학생으로 인턴 생활을 하던 1989년이었다. 그때 그녀는 그곳 변호사로 일하고 있었다.

둘의 관계는 처음에는 그다지 순탄하지 못했다. 그녀는 은근하게 접근해 오는 오바마의 데이트 신청을 일언지하에 거절했다. 그러나 시간이 갈수록 그녀는 그에게 호감이 가는 것을 어쩌지 못했다. 둘의 데이트는 흑인 배우인 스파이크 리가 직접 제작·감독한 미국판 〈착하게 살자〉인 〈옳은 일 하면서 살자〉라는 영화를 감상하면서 시작됐다. 그러다 그녀는 지역사회 발전을 위한 어느 토론회에서 오바마가 주민들과 논리적으로 대화하는 모습을 보고 반하게 된다. 그녀는 또 오바마가 할 수 있다는 자신감을 비롯한 모든 정신적 미덕이 어머니의 교육을 통해 받은 것이라는 말에 감동하기에 이른다. 결국 둘은 급속하게 가까워져 3년 후 어렵지 않게 결혼에 골인했다. 98년에는 첫째딸 말리아, 2001년에는 둘째딸 나타샤가 태어났다.

오바마와는 달리 평범한 가정 출신인 그녀는 결혼과 동시에 그때까지만 해도 종종 정체성 고민과 열등감으로 흔들리던 그에게 안정이라는 선물을 안겨줬다. 게다가 인생관도 거의 비슷했다. 오바마는 급속도로 안정을 찾아갔다. 점점 주위의 주목을 받는 거목으로 성장하기 시작했다.

내조의 여왕, 미셸 오바마

둘의 의기투합은 각각 11세와 8세인 두 딸 말리아와 나타샤에 대한 교육에서도 그대로 드러난다. 가훈으로 굳어진 "너는 할 수 있다"는 신념을 가질 수 있도록 가르치고 있는 것이다. 이를 위해 두 사람은 아이들이 제 몸을 가누기 시작할 때부터 세세하고 엄격한 규칙까지 만들었다.

가장 먼저 강조하는 것이 뭐든지 스스로 하는 힘이었다. 따라서 딸들이 아침에 제 시간에 일어나기 위해 자명종을 맞추는 것은 너무나도 당연한 일이다. 기상 후 스스로 옷을 찾아 입는 것은 당연히 아이들 몫이다.

부부는 딸들에게 긍정의 중요성을 강조하는 것 역시 잊지 않는다. 그가 "절망이라는 말보다 희망이라는 말을 더 해야 한다, 긍정의 힘이 없었다면 나는 이 자리에 설 수 없었다"고 한 말을 보면 딸들에게 어떻게 교육을 했는지는 너무나 잘 알 수 있다.

남과 타협할 수 있는 아이로 가르친 것은 둘의 성향으로 볼 때 너무나 당연하다. 둘은 이 원칙을 지키도록 하기 위해 집에서는 불평이나 말다툼을 일절 금지했다.

재미있는 원칙은 딸들에게 용돈을 일주일에 고작 1달러씩만 준다는 사실이다. 대통령으로 활동하고 있는 그의 현재 순수 재산은 100만달러 정도에 이른다고 한다. 딸들에게 1달러 이상을 줄 능력은 충분하다. 그러나 그는 이 원칙을 확정하고 철저하게 지키고 있다. 그것도 그냥은 주지 않는다. 심부름을 하거나 접시를 닦는 등 일을 해야 준다.

실제로 오바마 부부는 백악관에서 자신들이 정한 원칙을 직원들도 그대로 지켜줄 것을 당부하고 있다고 한다. 두 딸들을 전담하는 직원이 있기는 하나 특별대우는 절대로 하지 말라는 얘기인 셈이다. 그렇다고 오바마가 원칙만 강조하는 엄격한 아버지는 아니다. 그 역시 어머니와 외조부모로부터 받은 헌신적인 사랑을 그대로 대물림하는 모범을 보이고 있다. 아무리 직무에 바빠도 아이들 일이라면 적극적으로 참여한다. 이는 그가 상원의원 시절에도 두 딸의 학예회나 학부모 회의에 거의 빠지지 않았다는 사실이 이를 잘 말해준다. 그뿐만 아니다. 해리포터 시리즈 7권 모두를 나타샤에게 직접 읽어줘 내용까지 훤히 알고 있다. 그는 또 백악관 생활을 시작한 이후에도 가능한 한 저녁식사는 가족과 함께 하는 것을 원칙으로 하고 있다.

검은 케네디라는 별명이나 미국 역사상 최초 흑인 대통령 당선은 말이 쉬워 그렇지 결코 간단하게 얻거나 이룰 성과가 아니다. 그러나 오바마는 50세도 채 되지 않은 나이에 주 상원의원 연방하원 의원을 딱 한 차례씩만 역임하고 그걸 이뤄냈다. 기적이라고 할 수 있다. 그렇다면 과연 그 비결은 어디에 있었을까? 그저 그와 미국의 운명이라고 말하면 너무 무

책임한 것 같다. 답은 역시 가족의 끊임없는 격려와 지원으로 보인다. 특히 어머니가 자신감을 심어주기 위해 늘 입에 달다시피 한 "너는 할 수 있다"는 말이 그를 대통령으로 만든 일등공신으로 가장 먼저 꼽아야 하지 않을까.

| 오바마 가계도 |

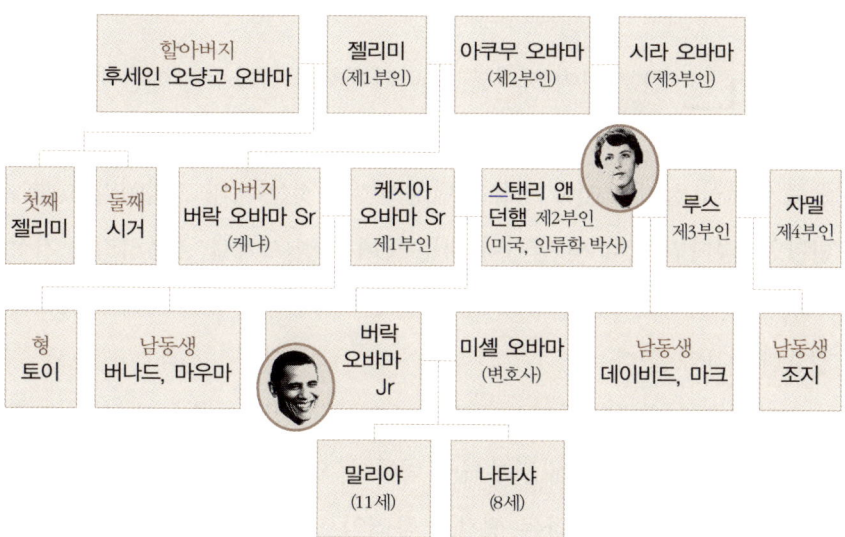

정명훈 가문 이야기

자신이 하고 싶은 일을
스스로 선택하라

어느 한 가정이 자녀를 그 나라에서만 알아주는 예술계 거장으로 키우는 것은 결코 쉬운 일이 아니다. 그러므로 세계적으로 이름을 떨치는 예술 거장을 탄생시키는 것은 거의 기적이라고 해야 한다. 그렇다면 만약 세 명이나 되는 자녀가 전 세계를 흥분시키는 거장으로 활약하고 있다면 어떻게 될까? 그건 그 가정이 진짜 세기의 기적을 일궜다고 봐도 좋다.

정트리오로 세계적인 명성을 떨치고 있는 정명훈 가족은 바로 이 기적을 창출한 명문가로 오래 전부터 유명하다. 당연히 이런 기적을 일군 엄청난 비결이 있을 것이라는 생각을 불러일으킬 수밖에 없다. 그러나 단언컨대 그 비결은 엄청나지 않다. 오히려 너무 단순하기만 하다. 60대 초반과 중반 나이의 누나들인 첼리스트 정명화, 바이올리니스트 정경화, 50대 중반의 동생인 피아니스트 겸 마에스트로 정명훈을 기른 원동력인 이 집안의 가르침은 자신이 하고 싶은 일을 스스로 선택하라는 것이니까 말이다.

네가 하고 싶은 일을 열심히 하라

정명훈 가족 구성원들의 성공 비결은 같아 보이면서도 서로 다른 이들 7남매의 가는 길을 보면 즉각 수긍이 간다. 첫째누나이자 언니인 정명소를 대표적으로 꼽을 수 있다. 그녀는 첫째답게 7남매 중 음악을 가장 먼저 시작했다. 줄리어드 음악원 역시 플룻 전공으로 가장 먼저 입학해 동생들의 길잡이 역할을 맡았다. 줄리어드 졸업 후에는 워싱턴 대학에서 합창 지휘로 박사 과정까지 마쳤다. 이 정도 되면 세계가 우러러보는 대가로 불리지는 못해도 음악을 평생 직업으로 삼아도 남부럽지 않을 수준은 충분히 된다고 할 수 있다. 그러나 그녀는 마흔이 다 된 나이에 음악이 자신의 길이 아니라고 생각했다. 그녀는 이때 어머니 이원숙 여사에게 고민을 털어났다.

"지금부터 하고 싶은 게 뭔데?"

이원숙은 정말 느닷없는 큰딸의 말에 조금도 놀라지 않았다. 얼굴에는 자신의 일이니 오죽 많이 고민했을까 하는 표정이 어려 있었다.

"음악은 확실히 제 적성이 아닌 것 같아요. 이제라도 제대로 된 선택을 하고 싶어요. 어릴 때 무심코 공부했던 신학을 더 체계적으로 공부하고 싶어요. 신학대학에 가겠어요."

"지금 시작해도 괜찮겠니? 힘들지 않겠어?"

"계속 제 적성이 아닌 일을 하는 것보다는 고생은 되더라도 하고 싶은 일을 하는 것이 더 마음 편할 거예요.”

“그래, 네 선택을 존중한다. 신학 공부를 해라. 그러나 나중에 다시 음악이 하고 싶으면 번복해도 돼.”

정명소의 선택은 그것이 마지막이었다. 그녀는 신학대학을 졸업한 후 교편을 잡는 한편, 목회와 카운슬링에 전력하다 2년여 전 60대 중반 아까운 나이에 세상을 떠났다.

누나보다 1년 늦은 1942년에 출생한 큰아들 정명근은 순전히 자신의 의지를 통해 다양한 경험을 한 경우에 해당한다. MIT에 들어가 공부하는가 하면 학업을 중도에 포기하고 사업에 뛰어들어 미국에서 호텔업을 하는 등 무척이나 다양한 경력을 쌓았다. 지금은 한국에서 공연 기획사인 CMI코리아를 운영하고 있다. 원래 바이올린을 전공했으나 스스로 자신의 진로를 선택해 계속 바꿔나갔다.

정명훈의 바로 위의 형 정명철 역시 클라리넷을 공부한 음악도였으나 경영학을 전공해 박사 학위를 받았다. 캘리포니아 주립 대학 교수로 재직하다 불의의 교통사고로 유명을 달리했다. 어머니 이원숙 여사가 자서전에서 팝 가수가 되려고 해도 허락했을 것이라고 술회했을 정도로 노래를 잘했다.

정명훈 가문의 막내 정명규는 트럼펫을 즐기기는 했으나 직업으로 삼으려는 생각은 처음부터 없었다. 집안에서는 유일하게 워싱턴 의대에 진학해 음악을 애호하는 의사가 됐다. 음악을 포기하고 의대에 들어간 것 모두 본인 스스로의 선택이었다.

굳이 따지자면 정트리오 역시 그렇다고 해야 한다. 부모의 강요에 의해서가 아니라 각자 좋아하는 악기를 선택해 음악의 길로 들어섰으니 말이다.

이처럼 정명훈 가문 구성원들의 평생을 지배하는 정신은 외가로부터 유래했다는 것이 정설이다. 이는 이들이 80년대에 세상을 떠난 아버지 정준채보다는 어머니 이원숙 여사의 영향을 훨씬 더 많이 받았다는 세간의 평가가 이를 증명한다.

정명훈 가문의 어머니 이원숙은 1918년 함경남도 원산에서 출생했다. 52세의 나이에 늦둥이를 본 이가순의 둘째 딸이었다. 그런데 이 아버지가 보통 사람이 아니었다. 당시 기준으로는 원산에서 보기 드문 인텔리로 일찌감치 신간회에 관여하는 등 독립운동에 투신한 인물이었다.

1989년에는 100인의 독립 유공자로 인정돼 대전 국립묘지에 안장되기도 했다. 게다가 그는 당시의 부모들이 그랬던 것과는 달리 자식들에게 자신의 인생을 스스로 선택하도록 맡긴 선각자였다. 이원숙의 언니가 의학을 공부한 것이나 그녀가 이화여전에 진학할 수 있었던 것 역시 아버지의 이런 태도 때문에 가능했다. 심지어 그는 둘째딸의 결혼에 대해서도 이런 자세를 견지했다. 이원숙은 자신의 자서전 《너의 꿈을 펼쳐라》에서 당시 자신의 아버지가 다음과 같이 말했다고 기록하고 있다.

"경기도 사람은 의지가 단단하지 못하다고 한다. 그러나 그것은 네가 판단하고 결정할 문제이니 6개월쯤 사귀어 보고 스스로 알아서 해라."

이원숙은 정준채와 결혼 후 7남매를 낳아 기르면서 아버지의 가르침을 잊지 않았다. 아니 아버지의 가르침대로 살려고 노력했다. 자식들이 모두 자신의 길을 알아서 가도록 해 준 것이다.

경제적 지원을 아끼지 않은 어머니

그렇다고 그녀가 자식들을 제 맘대로 하도록 한 것은 아니었다. 오히려 아이들이 자신들의 길을 선택한 다음에는 힘닿는 데까지 전폭적인 지원을 아끼지 않았다. 특히 음악의 길을 선택한 정트리오에게는 더욱 그랬다. 음악계에 일화가 많이 남을 수밖에 없었다. 가장 유명한 게 아마 정 트리오가 어렸을 때 항상 핸드백에 망치와 못을 가지고 다닌 기이한 행동이 아니었나 싶다. 연주회가 열릴 강당의 나무 의자들이 삐걱거리는 소리를 낼 경우 연주에 방해가 될 것이라 생각하고 미리 고치기 위해 그런 것이었다고 한다. 또 그녀는 이화여대에서 연주회가 열릴 때면 언제나 신촌 역을 먼저 찾고는 했다. 열차의 기관사에게 공연 시간 중에는 기적 소리를 울리지 말아달라는 부탁하기 위해서였다. 그녀는 또 정트리오의 공연이 있을 때마다 로열석에 앉아 조용히 관람하지 못했다. 항상 좌석 뒤에서 돌발적인 소음이 나지나 않을까 긴장을 하는 것이 일상이었던 것이다.

이와 관련해서는 가슴 훈훈한 최근의 일화도 전해진다. 때는 지난 2008년 7월 30일이었다. 이날 서울 예술의 전당에서는 정명훈이 지휘하는 아시아 필하모닉 오케스트라 공연이 있었다. 그는 이날 공연 시작 전 늘 그랬듯이 성공을 기원하는 기도를 짤막하게 올렸다. 바로 그 순간 로열석에서 난데없이 핸드폰 벨소리가 요란하게 울리는 게 아닌가. 청중은 약속이나 한 것처럼 안타까운 표정으로 정명훈을 쳐다봤다. 혹시라도 세계적 거장이 신경질적인 반응을 보이지나 않을까 하는 걱정이 없지 않았던 것이다. 다행히 그는 청중 쪽을 한 번 뒤돌아보면서 싱긋이 사람 좋은 미소를 지었을 뿐 아무렇지 않다는 반응을 보였다. 그러나 그는 공연이 끝난 다음 "우리 어머니가 그 자리에 앉아 계셨다면 아마 기절초풍을 했을 겁니다"라고 웃으며 말했다.

그녀는 자녀들의 경제적 지원을 위해 거의 평생 온갖 사업을 하는 등 고생을 마다하지 않았다. 처음 시작한 사업은 1945년에 시작한 냉면집이었다. 그녀의 사업 투신은 1961년 미국으로 이주해와 시애틀에서 7

년 동안 이어진 한정식 식당 코리아 하우스의 경영으로 이어졌다. 그녀는 그러나 1968년에는 다시 한국으로 돌아와 구미물산을 설립해 경영했다. 그녀의 사업 가운데 가장 특이했던 것은 1970년 주식회사 원을 통해 시작한 양송이 사업이었다. 이때는 이미 두 딸 정명화, 정경화가 세계적인 명성을 얻었던 시절로 그녀의 노력이 결실을 봤다고 할 수 있었다. 그녀가 모든 사업을 장남인 정명근에게 물려주고 미국으로 다시 이주한 다음 1986년 신학대학을 졸업하고 목사가 된 것은 이 때문에 가능한 일이었다. 자신의 임무가 끝났다고 보고 스스로 새로운 길을 찾아 떠난 것이다.

자신이 원하는 것을 하게 한 다음 전폭적인 지원을 해주는, 어떻게 보면 단순한 이원숙 여사의 교육은 그러나 효과는 대단했다. 무엇보다 금세기를 대표하는 마에스트로로 불리는 정명훈의 성공 스토리를 상기해보면 그렇다. 그는 고작 6세 때 서울 시립 교향악단과 협연을 했을 만큼 일찌감치 피아노에 뛰어난 재능을 보였다. 1961년 가족과 함께 미국으로 이주한 7년 후인 68년, 15세가 된 정명훈은 진짜 어려운 선택을 해야 하는 순간에 봉착한다. 진학할 음악대학을 결정해야 했던 것이다. 놀랍게 그는 이때 집안 교육이 헛되지 않았는지 스스로 기가 막힌 결정을 내렸다. 이 순간을 어머니 이원숙 여사는 자신의 자서전에서 다음과 같이 회고하고 있다.

"명훈아, 너도 누나들과 형처럼 줄리어드에 가야 하지 않겠니? 우리는 그렇게 믿고 있는데 말이야."

어머니는 별 생각 없이 아들에게 물었다. 아들이 줄리어드 말고 다른 학교로 간다는 생각은 해보지도 않았으니 그건 당연한 물음이었다. 그러나 정명훈의 대답은 전혀 의외였다.

"꼭 형이나 누나들처럼 줄리어드로 가야 하나요? 다른 학교로 가면 안될까요?"

"언제나처럼 선택은 네가 해라. 네 말이 말도 안 된다고 생각하지 않는 한 엄마는 네 말대로 할게."

"저는 줄리어드가 싫어요. 네가 잘한다, 내가 잘 한다 하면서 경쟁하면서 공부하는 게 너무 싫어요."

"그러면 어디로 가겠니?"

"저 매네스 음악원으로 갈래요. 줄리어드에 비하면 시골이고 이름도 없는 학교지만 어쩐지 그곳이 마음에 끌려요."

"그래 네 말이 맞는 것 같구나. 네 말대로 하렴."

내가 하고 싶은 일, 최선을 다해 한다

정명훈은 자신의 이 선택으로 인해 매네스 음악원에서 좋은 스승을 만날 수 있었다. 나디아 라이젠버그와 칼 밤베르거에게 각각 피아노와 지휘를 배워 기초를 확실히 다진 것이다. 그는 이때 다진 실력을 바탕으로 74년 차이코프스키 국제 음악 콩쿠르에 참가해 피아노 부문에서 2위에 입상했다. 당시 이 수상으로 인해 김포공항에서 시청 앞까지 카퍼레이드가 펼쳐졌다.

그는 이듬해에는 줄리어드에 입학해 지휘를 추가로 더 공부한 뒤 1978년 졸업했다. 이보다 2년 전에는 뉴욕 청소년 교향악단을 지휘하는 지휘자로 공식 데뷔해 능력을 인정받았다. 그러나 이 때문에 오히려 행복한 고민을 해야 했다. 피아노와 지휘 중 하나를 포기해야 했던 것이다. 그는 이때에는 매네스 음악원 진학을 결심했을 때보다 더 심각하게 고민을 한 것으로 보인다. 그는 도리 없이 어머니와 상의를 하지 않으면 안 됐다.

"너는 어렸을 때부터 피아노와 초콜릿이 제일 좋다고 했어. 그런데 피아노를 포기하고 지휘에만 매달릴 수 있겠니?"

"두 마리 토끼를 완벽하게 다 잡을 수는 없어요. 그렇게 한 거장도 그리 많지 않고요. 그래서 저도 고민이에요."

"만약 하나를 선택해야 한다면 나는 지휘를 권하고 싶다. 그러나 모든 것은 네 마음먹기에 달려 있다. 나는 네가 선택하면 그걸 따르겠다."

"지휘를 해야겠어요. 사실 고민이 좀 됐는데 어머니 말씀을 들어보니 그래야겠다는 생각이 드네요."

지휘를 음악 인생의 반려자로 선택한 다음 정명훈의 지휘 인생은 거칠 것이 없었다. 1984년에 자르브뤼켄 방송 교향악단의 음악감독 겸 상임지휘자로 발탁돼 윤이상의 교향곡 3번의 세계 초연과 음반 녹음 등의 업적을 일궈낸 것은 그 시작일 뿐이었다. 86년에는 파리 국립 오페라에서 프로코피에프의 《불의 천사》를 지휘해 오페라 지휘자로도 본격적인 활동을 시작한다.

또 이듬해는 피렌체에서 모소르크스키와 베르디, 모차르트의 오페라를 지휘해 국제적인 명성을 얻었다. 다음해 지휘자 최고 영광인 아르투로 토스카니니 상을 수상하게 되는 것은 다 이런 맹활약 덕택이었다. 이후 프랑스 국립 바스티유 오페라단 음악감독 겸 상임지휘자, 이탈리아 로마 산타 체칠리아 오케스트라 상임지휘자를 거친 후 현재는 라디오 프랑스 필하모닉 음악감독, 서울시립 교향악단 음악감독 겸 상임지휘자로 맹활약하고 있다.

이 숨 가쁜 과정에서도 그는 수많은 선택을 하는 상황에 직면할 수밖에 없었다. 실제 그와 언론이 전하는 바에 따르면 그의 인생에는 중요한 결정적인 선택이 두 번이나 더 있었다고 한다. 한 번은 일생의 중대사인 결혼이었다. 널리 알려진 대로 그의 부인 구순열은 자형인 구삼열의 누이동생이었다. 다시 말해 누나의 시누이, 즉 사돈 여자였다. 법적으로는 결혼하지 말라는 법은 없으나 가급적이면 하지 않는 것이 바람직하다고 할 수 있었다. 게다가 그녀는 정명훈보다 무려 네 살이나 위였다. 악조건은 모두 갖췄다고 해도 좋았다. 집안의 반대는 당연히 심할 수밖에 없었다.

"명훈아, 다른 것은 다 네 마음대로 해도 좋으나 사돈처녀와 결혼하는 것만큼은 절대로 안 된다."

이원숙은 좋은 말로 아들을 타일렀다. 그녀로서는 평생 처음 아들의 뜻에 반하는 말을 입에 담은 셈이었다.

"제 결정을 한 번 더 존중해 주십시오. 지금까지 제 의견에 반대하신 적이 없었잖아요."

"그러나 이건 정말 아니다. 웬만하면 하지 마라. 네 누나 입장도 생각해 줘야지. 시누이가 올케가 되면 되겠니?"

"법적으로는 아무 문제가 없습니다. 저도 굉장히 오래 생각하고 신중하게 내린 결정이에요."

"이 문제는 다른 가족 입장도 좀 더 들어봐야 하겠다. 나중에 다시 조용히 얘기해보도록 하자."

다른 가족이라고 그의 엉뚱한 결정에 쌍수를 들어 환영할 까닭이 없었다. 그러나 정명훈은 한 번 내린 자신의 결정을 번복하지 않았다. 가족이 양보할 수밖에 다른 방법이 없었다. 그는 이렇게 해서 작은 기적을 일궈냈다.

두 번째 일화는 서울 시향의 단원들을 대상으로 읍참마속의 안타까운 심정을 애써 누르고 오디션을 실시하기로 한 결정이었다. 그는 불과 5세 때 서울 시립교향악단과의 협연을 통해 데뷔한 경력이 있었기 때문에 이 오케스트라에 많은 애착을 가지고 있었다. 언젠가는 꼭 상임 지휘자로 일하면서 세계적인 오케스트라로 키우겠다는 생각을 늘 가지고 있었던 것도 다 이런 것과 관련이 있었다. 음악감독 겸 상임지휘자로 부임하기 전인 2005년 3월 예술 고문으로 임명된 후에는 자신의 꿈이 곧 현실로 나타날 것이라고 믿어 의심치 않았다. 그러나 이때 직접 몸으로 부대끼면서 겪은 서울 시향의 모습은 그의 생각과는 완전히 달랐다. 한 마디로 자신의 색깔을 입혀 세계적인 오케스트라로 키우기에 한계가 있었던 것이다.

그는 이대로는 안 되겠다는 생각이 들자 즉각 전 단원 대상의 오디션을 통해 오케스트라를 재정비하겠다고 선언하기에 이른다. 당연히 "오디션은 정리 해고나 다름없다"라는 단원들의 극심한 반발이 뒤따랐다. 심지어는 서울시청 앞 서울광장에서의 항의 시위까지 불러왔다. 그로서는 권위에 심각한 도전을 받는 위기의 순간이었다. 선·후배들과 동료들의 시향 단원 자리와 명예를 동시에 앗아야 하는 그의 마음은 더욱 아팠다. 좋은 게 좋은 것이라고 한 발 물러설 수도 있는 상황이기도 했다.

그러나 그는 양보하지 않았다. 4월과 7월 두 차례에 걸친 오디션을 통해 90여 명 시향 단원 중 3분의 1 이상을 교체했다. 이 과정에서 화려한 학력과 테크닉을 자랑하는 해외 유학파가 떨어져나가는 대신 국내 음대를 갓 졸업한 참신한 음악도가 합격하는 등 이변이 속출했다. 아무리 기량이 뛰어나도 함께 조화로운 연주를 하는데 방해가 되겠다 싶으면 눈물을 머금고 바로 솎아냈기 때문이었다.

그는 이때 하루 10시간씩 2~3일 연속 오디션을 강행해 시향에 꼭 필요한 연주자를 자신의 손으로 직접 인선했다. 서울 시향이 지금 그의 당초 생각에 딱 들어맞는 세계적 수준의 오케스트라로 거듭났다는 평가를 듣고 있는 것은 다 이때의 노력과 무관하지 않다고 본다.

나는 나를 경영한다

이원숙 여사의 교육 방법은 정명훈의 누나들인 정명화, 정경화에게도 대단한 효과를 발휘했다. 특히 정경화가 겪은 이와 관련한 일화는 지금도 음악을 하는 사람들 사이에서는 널리 회자될 정도로 유명하다. 그녀는 한참 승승장구해야 할 나이였던 18세 때 극심한 슬럼프에 빠진 적이 있었다. 이때 그녀는 울면서 어머니에게 절절한 하소연을 했다.

"엄마, 나 더 이상 바이올린 못하겠어요."

이원숙은 갑작스런 딸의 말에 깜짝 놀랐다. 그러나 그녀는 내색을 하지 않고 물었다.

"왜 무슨 일이 있니?"

"하루 종일 바이올린만 한다는 게 아무 의미도 없는 것 같아요. 학교에는 나보다 더 잘 하는 아이들이 많은 것도 같고요. 자신이 없어요."

"그러니? 그러면 하지 마라. 그 대신 네가 결정한 일이니까 나중에 후회하면 안 된다."

그러나 정경화는 이후 한때의 위기를 잘 극복했다. 지금은 잠시 연주를 쉬고 있으나 곧 활발한 활동을 할 것으로 기대되고 있다. 모교인 줄리어드에서 교편을 잡고 있다. 언니인 정명화 역시 한국예술종합학교에서 첼로를 가르치고 있다.

정명훈 가문의 가르침은 그대로 3대에까지 이어지고 있다. 정명훈의 3

형제를 보면 바로 알 수 있다. 큰아들인 정진의 경우 음악에 상당한 취미가 있었으나 대학 진학에 임박해서는 공부로 방향을 틀었다. 명문으로 유명한 브라운 대학 영문과를 졸업한 수재로 작가를 지망하고 있다. 이 큰아들의 진로에 대해서는 정명훈도 흔쾌히 동의했다고 한다. 반면 둘째 아들 정선과 막내 정민은 강요하지 않았는데도 아버지와 같은 길을 걷고 있다. 정선은 재즈 기타리스트, 정민은 아버지와 똑같이 피아노와 지휘를 전공했다.

당분간 필적할 만한 마에스트로가 나오지 않을 것으로 보이는 정명훈의 일상은 음악을 제외하고는 단조롭기 그지없다. 그렇다면 그는 이 단조로움을 어떻게 극복하고 있을까? 요리로 극복한다는 것이 정답이다.

그는 실제로 가족이 모여 있는 날이면 하루 종일 요리를 한다. 아침에는 김치찌개, 점심에는 파스타, 저녁에는 프랑스 요리 이런 식이다. 요리 실력 역시 가족이 운영했던 코리아 하우스에서 주방 일을 책임졌던 경력이 무색하지 않게 뛰어나다.

그가 언론과의 인터뷰에서 종종 "요리와 지휘는 유사한 점이 많다. 요리사는 갖가지 재료로 음식을 만드나 지휘자는 각기 다른 연주자들을 조화시켜 음악을 만들어 낸다. 만약 내가 요리를 좋아하는 지휘자가 안 됐더라면 지휘를 좋아하는 요리사가 됐을 것이다"라고 말하는 것은 괜히 해보는 소리가 아니다.

이처럼 진로를 스스로 선택하는 것은 한 사람의 평생을 완전 극과 극으로 달라지게 할 만큼 중요하다. 때문에 자녀 교육을 할 때 적성과 소질을 잘 개발해주면서 당사자 스스로의 선택을 존중하고 전폭적인 지원을 해야 할 필요성은 아무리 강조해도 지나치지 않다. 음악으로는 한국 최고 명문가로 부상한 정명훈 가문의 가르침은 이 교훈을 웅변적으로 말해주고 있다.

| 정명훈 가계도 |

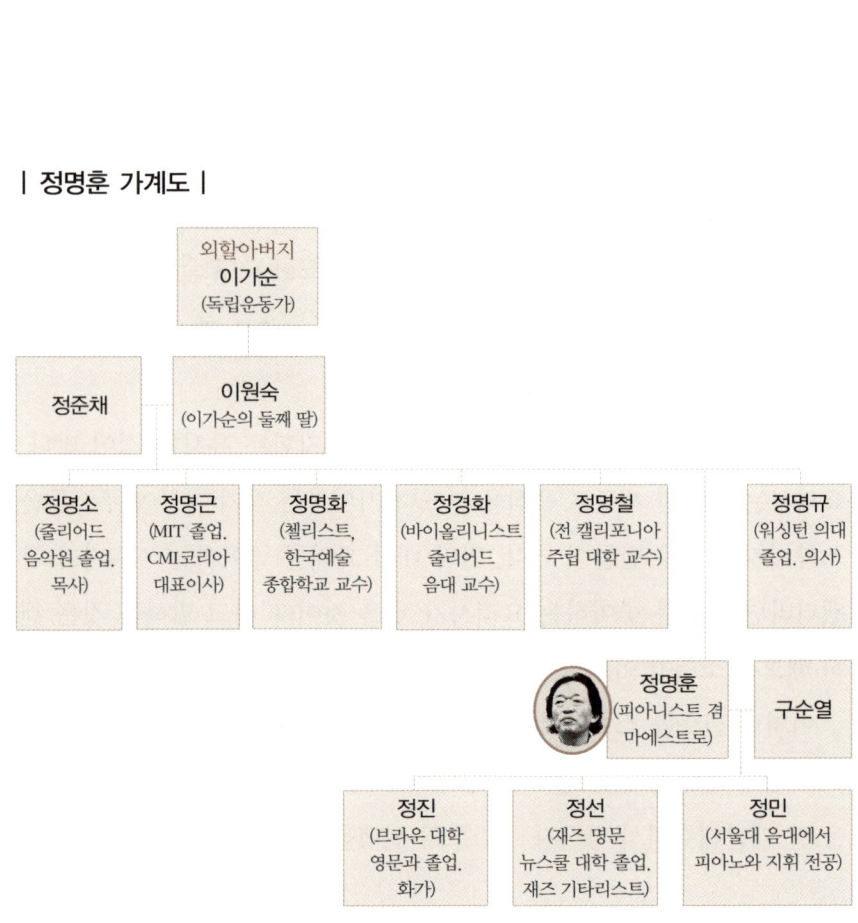

외할아버지
이가순
(독립운동가)

정준채

이원숙
(이가순의 둘째 딸)

정명소
(줄리어드
음악원 졸업.
목사)

정명근
(MIT 졸업.
CMI코리아
대표이사)

정명화
(첼리스트,
한국예술
종합학교 교수)

정경화
(바이올리니스트
줄리어드
음대 교수)

정명철
(전 캘리포니아
주립 대학 교수)

정명규
(워싱턴 의대
졸업. 의사)

정명훈
(피아니스트 겸
마에스트로)

구순열

정진
(브라운 대학
영문과 졸업.
화가)

정선
(재즈 명문
뉴스쿨 대학 졸업.
재즈 기타리스트)

정민
(서울대 음대에서
피아노와 지휘 전공)

주는 사람이 받는 사람보다
훨씬 더 행복하다

미국 록펠러 가문을 모르는 사람은 거의 없다고 해도 과언이 아
니다. 6대째 면면히 내려오는 부의 상징이라는 사실 역시
대부분 사람이 안다. 어느 정도인지는 이 가문에서 냈던 십일조를 관리
한 직원이 50여 명, 이를 통해 세운 교회가 5000여 개였다는 사실만 봐도
잘 알 수 있다. 솔직히 말해서 상상이 잘 안 될 정도다.

록펠러 가문을 오늘의 명문가로 일으킨 존 데이비슨 록펠러는 소위 석
유 왕으로 불린 사람이었다. 1870년 설립한 오하이오 스탠더드 오일이
미국의 경제부흥과 궤를 같이하면서 불처럼 일어나 그를 일거에 백만장
자로 만든 것이다. 나쁜 말로 졸부가 됐다고 할 수도 있다. 이때 그의 나
이는 요즘 같으면 백수로 있다가 늦게 취직을 할 수도 있는 고작 33세였

다. 이후에도 그의 사업은 그야말로 탄탄대로를 달렸다. 거칠 것이 없었다. 그 결과 43세 때는 가볍게 미국 최고 부자가 됐다. 또 53세 때는 누구도 넘보지 못할 세계 최고 부자로 등극했다. 지금의 시세로 따진다면 세계 최고 부호 자리를 다투는 빌 게이츠나 워런 버핏보다 3배 정도나 더 많은 재산을 보유하고 있었다는 것이 정설이다.

세계 최고 부자가 된 록펠러

그러나 돈이 완벽한 행복을 가져다주지는 못한다. 돈이 아무리 많더라도 행복을 자기 마음대로 사는 것 역시 불가능하다. 그는 남들이 생각하듯 돈이 많기 때문에 행복하지는 못했다. 더구나 주위로부터는 돈밖에 모르는 지독한 수전노, 수단과 방법을 가리지 않는 비열한 장사꾼이라는 비난도 종종 들었다. 그러던 어느 날 그의 인생에 불행이라는 극적인 전기가 찾아왔다. 돈이 많은 사람에게 불행이라는 것은 건강이나 가정문제 외에는 다른 게 있을 수 없다. 실제 그는 주치의로부터 불치병인 암으로 1년 이상 살지 못할 것이라는 사형선고를 받았다. 그의 나이 55세 때였다. 한창 일할 나이에 시한부 인생 선고를 받은 그는 풀이 죽은 채 최후의 검진을 받기 위해 평소 다니던 병원으로 가는 자동차에 몸을 실었다. 병원 로비에 막 들어섰을 때였다. 이상하게 평소에는 별로 주의를 기울여보지 않았던 병원 로비 액자의 글이 그의 눈에 천천히 들어왔다. "주는 사람이 받는 사람보다 훨씬 더 행복하다"라는 내용의 문구였다. 순간 그는 전율을 느꼈다. 눈물도 마구 흘러내리고 있었다. 그는 선한 감동의 기운이 온 몸을 감싸고 도는 것을 느끼면서 지그시 눈을 감았다. 잠시 후 시끄러운 소리가 들렸다. 그는 눈을 떴다. 입원비 문제로 다투는 소리였다. 어느 어린 소녀의 어머니가 병원비가 없어 입원이 안 된다는 병원 측에

울고불며 통사정을 하고 있었다. 록펠러는 바로 비서에게 얼마가 되든지 아끼지 말고 병원비를 지불하도록 조용히 지시했다. 또한 병원과 환자 측에게는 누가 지불했는지 절대로 모르도록 했다.

주는 문화를 실천하는 록펠러 1세

얼마 후 그가 은밀히 도운 소녀가 기적적으로 회복됐다. 그 모습을 옆에서 말없이 지켜봤던 록펠러는 기쁘지 않을 수 없었다. 얼마나 기뻐했는지는 그의 자서전의 한 구절을 읽어 보면 잘 알 수 있다. "나는 살면서 그렇게도 행복한 삶이 있는지 진짜 몰랐다"라는 구절이다. 이때부터 그는 나눔의 삶을 살기로 작정한다. 이와 동시에 그의 목숨을 위협했던 불치병은 신기하게도 깨끗하게 나았다. 이후 그는 지금은 세계적 명문이된 시카고 대학을 설립하기 위해 무려 4억1000만달러를 기부했다. 현재가치로 따지면 100억달러에 가까운 거금이었다. 이어 세계 최대 공익재단인 록펠러재단과 록펠러의학연구소를 설립하는데 가지고 있던 재산을 아낌없이 쏟아부었다. 그리고 주변의 비난에도 아랑곳하지 않고 기부로점철된 인생을 살았다.

세상에 영원한 것이 없듯 3대를 가는 부자가 없다는 말이 있다. 전 세계를 휩쓴 금융 위기로 2008년 파산한 뉴욕 월 스트리트의 투자은행 메릴린치나 리먼브러더스 등의 부도 사태를 보면 진짜 그런 것 같다. 마치 끝나지 않을 잔치처럼 천년만년 생존할 것만 같았으나 금융위기의 해일에 밀려 하루아침에 조용히 역사 속으로 사라졌다. 그러나 존 록펠러가일으켜 세운 록펠러 가문은 전혀 다르다. 이미 6대째 건재하다. 이들이가진 자산 총액도 최소한 1000억달러 이상에 이르고 있다. 한마디로 미국에서 이 가문의 영향을 받지 않고 사는 것은 거의 불가능에 가깝다고 해도 좋다. 아니 조금 더 과장해 말하면 록펠러 가문의 과거 170여 년에 걸친 발전의 역사가 바로 미국 자본주의 역사의 축소판이라고 할 수 있다. 재단을 통해 세계 각지에 엄청난 영향을 미치고 있는 현실은 굳이 더 설명할 필요조차 없다.

이 정도 되면 이제 "록펠러 가문은 어떻게 해서 이토록 세계적인 영향력을 가지는 명문가가 됐을까"라는 의문을 가지지 않을 수 없다. 결론부터 말하면 이들 가문의 교육 방법에 힘입은 바가 크다고 할 수 있다. 그렇다면 이들은 어떻게 후세들을 가르쳤고 또 가르치고 있을까? 우선 "사람을 믿을 때는 신중해라"고 다소 뜬금없은 교육을 했다는 게 정답이다.

록펠러가의 처세훈

재미있는 일화를 하나 들여다 보자. 어느 날이었다. 존 록펠러는 자신의 일곱 살 먹은 어린 손자를 1m 높이의 의자 위에 세웠다. 떨어지면 다칠 수 있는 만만치 않은 높이였다. 손자는 무서웠으나 할아버지가 시키는 일이라 그대로 따를 수밖에 없었다. 존 록펠러는 이어 두 팔을 벌려 "애야, 거기에서 뛰어내려 봐. 할아버지가 받아줄게. 할아버지는 절대로 너를 다치지 않게 할 거야"라고 손자에게 말했다. 손자는 당연히 할아버지의 말을 그대로 믿었다. 때문에 의자에서 그대로 뛰어내렸다. 그러나 존 록펠러는 손자의 믿음을 즉각 배신했다. 아이를 받아주지 않고 슬쩍 몸을 피해버린 것이다. 손자는 땅에 떨어져 부딪히자마자 울음보를 터뜨렸다. 존 록펠러는 그런 손자를 안아주면서 "기억해라. 앞으로는 사람을 믿을 때는 신중해야 한다. 설사 그 사람이 할아버지더라도 그래야 한단다"라고 말했다.

얼마 후 존 록펠러는 다시 손자를 의자에 세웠다. 또 이전처럼 "애야,

뛰어내려봐. 할아버지가 너를 받아줄게. 할아버지를 믿어라"라고 말했다. 할아버지의 말에 손자는 얼마 전의 교훈을 퍼뜩 떠올렸다. 바로 뛰어내리지 않은 것 역시 그 교훈이 뇌리에서 사라지지 않았기 때문이었다. 하지만 할아버지의 말은 너무나도 자애로웠다. 게다가 얼굴에는 인자한 미소가 계속 잔잔하게 감돌고 있었다. 그런 할아버지가 자신을 속인다는 것은 있을 수 없는 일 아닌가. 그는 결국 한참을 고민하다 의자에서 뛰어내렸다. 존 록펠러는 이때만큼은 손자의 기대에 잘 부응했다. 손자가 다치지 않게 받아준 것이다. 그는 손자를 품안에 꼭 안으면서 "잘 기억해라. 세상에는 믿을 만한 사람이 전혀 없는 것은 아니란다"라고 웃으며 말했다.

존 록펠러는 이처럼 독특하게 자신의 후세들을 가르쳤다. 이것이 나중에는 가훈으로 굳어지기까지 했다. 그는 그러면 왜 이렇게 얼핏 들으면 별로 교훈적인 것 같지 않은 말로 자신의 후세들을 가르쳤을까? 그 이유는 무엇일까?

사람은 누구나 수 많은 사람들과 각양각색의 관계를 가지면서 살아 간다. 그러나 아무리 뛰어나다고 해도 사람의 능력에는 한계가 있다. 교유하는 사람들의 마음을 속속들이 다 완벽하게 알기가 쉽지 않다. 특히 깊은 관계가 아닐 경우에는 더욱 그렇다.

사실 "열길 물 속은 알아도 한 길 사람 속은 모른다"라는 속담도 있다. 외면적으로는 친절하고 상냥하나 내심은 교활하거나 사이코 패스 같은 성격을 가지고 있을 수도 있다. 이런 사람을 잘못 믿었다가는 큰 낭패를 당하기 정말 십상이다. 금전적인 손실만 입으면 좋겠으나 아차 하다가는 큰 화를 당할 수도 있다. 록펠러는 바로 이처럼 사악하게 될 수도 있는 사람의 기본 심성에 주목했다. 어떻게 보면 성악설을 주장한 춘추전국 시대의 순자와 닮았다.

그러나 55세 이전까지는 몰라도 이후의 그의 인생 자체는 엉뚱하게도 이런 가르침과는 거리가 멀었다. 오히려 기업인이라기보다 자선가로 불러도 좋을 만큼 선행으로 일관한 인생이었다. 인간에 대한 깊은 애정이 없었다면 실천하기 힘든 선행이라고 할 수 있었다. 그가 손자에게 사람을 함부로 믿지 말라고 했으면서도 "세상에는 믿을 만한 사람이 전혀 없는 것은 아니다"라고 부언한 것은 역설적이지만 인간에 대한 깊은 애정이 있었기에 가능한 가르침이 아니었나 싶다.

불필요한 낭비 절대로 하지마라

그는 오랫동안 세계 최고 부자라는 타이틀을 고수했으면서도 돈을 물 쓰듯 함부로 펑펑 쓰지는 않았다. 대신 절약의 미덕을 언제나 강조했다. 그가 엄청난 부를 쌓았던 19세기 말과 20세기 초 미국은 자유방임적인 자본주의 시대였다. 강한 자가 이기는 것이 아니라 이기는 자가 강하다는 잔혹한 정글의 법칙이 지배했을 때였다. 돈을 벌기 위해 온갖 부정이 자행되던 시대이기도 했다. 당연히 향락과 사치의 소비문화가 판을 쳤다. 한마디로 '돈이 있으면 개도 멍첨지'라는 말이 유행일 정도였다. 모럴 해저드로 몰락한 지금의 월 스트리트는 어떻게 보면 당시의 축소판인지도 모른다.

그러나 그는 그런 졸부들과는 확연하게 달랐다. 유행병처럼 번지던 사치를 싫어한 것에서 한참이나 더 나아가 극도로 혐오했다. 외아들인 록펠러 2세에게 매주 많지 않은 돈을 주고서 용돈 기입장을 쓰도록 철저하게 교육한 것만 봐도 어느 정도로 낭비를 혐오했는지 잘 알 수 있다. 그는 심지어 향락에 빠지면 낭비벽이 생긴다고 생각해 아들이 겨우 열 살일 때 술과 담배를 멀리 하겠다는 서약서까지 받기도 했다.

록펠러 2세 역시 아버지 못지않았다. 어려서부터 누나들의 옷을 물려 입고 자전거 한 대를 나눠 탄 절약정신이 몸에 밴 덕에 다른 재벌 2세들과는 달리 자식들에게 "낭비라는 죄악을 절대로 저지르지 말라. 그것처럼 큰 죄악은 없다"고 늘 가르쳤다. 그래서일까, 그의 집안에서는 쓸데없이 실내에 불을 훤히 켜 놓는 법이 없었다. 음식 역시 남기지 않는 것이 철칙이었다.

그는 밖에서도 자신의 철학을 적극적으로 실천했다. 1920년 봄 그는 부부 동반으로 아이들과 함께 미국 전역을 둘러보는 2개월 간의 장기 가족 여행에 올랐다. 이때 그의 가족이 이용한 열차는 식당과 전망대까지 갖춘 멋진 전용 열차였다. 일반인이 보기에는 매우 화려한 여행이었다. 그러나 그는 여행기간 내내 불필요한 낭비를 하지 않는다는 자신의 원칙을 확고하게 지켰다. 와이오밍 주에 있는 옐로스톤 국립공원을 관람했을 때의 일화를 한 번 보자. 관광버스 이용 요금이 자신이 예상했던 것보다 비싸게 나오자 바로 공원 관리인과 입씨름을 벌인 것이다. 이때 그는 관리인에게 "나는 우리가 록펠러 집안이라고 해서 비용을 더 많이 청구하는 것을 절대로 용납할 수 없다. 우리를 일반인처럼 대하라"고 강력하게 항의했다. 물론 관리인의 자세한 설명을 듣고 청구서대로 지불을 하긴 했지만.

그의 자식들은 이후 아버지의 절약정신을 더욱 적극적으로 실천에 옮기기 위해 노력했다. 록펠러 2세의 큰아들인 록펠러 3세가 대표적인 인물이다. 그는 아버지가 세상을 떠난 후 뉴욕 록펠러재단 운영을 책임지는 자리에 앉게 됐다. 당연히 전용 기사가 있는 리무진을 타도 누가 뭐라고 할 사람이 없었다. 그는 그러나 그렇게 하지 않았다. 집에서 30분씩

걸리는 록펠러재단으로 매일 걸어서 출근하는 것을 원칙으로 삼았다. 걷지 않을 때도 물론 있었다. 비가 올 때였다. 그러나 그럴 때도 그는 값비싼 택시를 타지 않고 항상 버스를 탔다. 그가 해외 출장 때마다 핫도그 하나와 우유 한 잔으로 점심을 해결했던 것은 다 몸에 밴 절약정신 때문이었다. 그는 이런 정신을 학문에 쏟아부어 훗날 아시아 분야 연구의 대가가 되기도 했다.

록펠러가의 어제와 오늘

증손자 중에서는 아칸소주 부지사로 일하다 2006년 57세로 타계한 윈스럽 록펠러 2세가 단연 두드러진다. 1960년대와 1970년대에 각각 아칸소 주지사와 부통령을 지낸 아버지 윈스럽 록펠러와 삼촌 넬슨 록펠러의 뒤를 이어 정계에 투신해 이른바 재벌 정치인이란 곱지 않은 시선을 받았으나 삶을 검소하기 이를 데 없었다. 부지사 재임 시절 받은 연봉을 자선단체에 기부하는 등의 선행 또한 수없이 실천했다. 특히 12억달러에 이르는 재산 중 상당 부분을 학습 장애 어린이들을 위한 학교를 세우는 데 기부했다. 그는 사후에 사회봉사와 자연보호운동에도 적지 않게 기여했다는 평가를 받고 있다.

물론 록펠러 가문에 대한 일부 부정적인 평가가 전혀 없는 것은 아니다. 무엇보다도 존 록펠러가 사업을 할 당시 리베이트와 뇌물공여 등 갖가지 편법으로 엄청나게 축재했다는 평가는 록펠러 가문으로서는 너무나 뼈아프다. 게다가 사업이 절정을 향해 치달을 때 석유 산업의 동맥인 철도를 완전히 장악하고 미국 석유 중 95%를 주물렀다는 비난 역시 명에로 남아 있다. 한마디로 독점을 일삼은 재벌이었다는 오명을 완전히 벗어버리지 못하고 있는 것이다. 록펠러 2세가 아버지의 명예 회복을 위해 경영 일선에서 물러나 일찌감치 자선사업에 전념한 것도 다 그것 때문이 었다는 분석이 있을 정도다.

　그러나 그 역시 아버지와 마찬가지로 부정적인 시각에서 완전히 자유롭지 못했다. 아버지에 대한 이미지를 개선하기 위해 막대한 재산을 이용해 정치, 경제, 문화계 전반에 걸친 방대한 인적 네트워크를 구축했다는 비난이 바로 그것이다. 의도적이든 그렇지 않았든 돈으로 미국을 지배하려 했다는 평가를 받고 있는 것이다. 실제로 록펠러 2세의 다섯 아들들은 이런 아버지의 네트워크를 바탕으로 미국을 떡 주무르듯 했다는 평가를 받고 있기도 하다.

　지금도 존 록펠러의 증손과 고손들인 록펠러 가문의 4, 5대들 중 일부는 끊임없이 정신과 치료를 받는다고 한다. 심약한 후손에게는 록펠러 가문의 일원이라는 영광 못지않게 악덕 기업인의 후예라는 치욕이 굴레로 작용하고 있기 때문이 아닌가 한다. 더구나 이들은 돈과 명예를 선천적으로 갖게 되면서 자신들의 개성을 전혀 인정받지 못하고 있다. 자유로운 삶이 원천 봉쇄돼 있는 현실이 아무래도 엄청난 정신적 압박을 가했다고 볼 수 있다.

　록펠러 가문에 대한 일부 부정적 평가는 현재 진행형이다. 그러나 그가 절약정신을 근간으로 한 자선사업을 통해 미국과 전 세계에 남긴 엄청난 공헌과 족적은 아무리 강조해도 지나치지 않다. 공과를 구분하자면 과는 완벽하지 못했다는 불평 정도로 생각하면 좋을 듯하다. 공이 과와는 비교되지 않을 만큼 훨씬 더 큰 것이다. 굳이 비교할 경우 '죽음의 상인'이라는 무시무시한 별명으로 불렸음에도 불구하고 사후 모든 재산을 공익 활동에 기부한 알프레드 노벨과 비견된다. 더구나 그는 55세 이후부터 세상을 떠나는 순간까지 진심으로 자선을 행하면서 살았다. 그가 숨을 거두기 직전 "나는 인생 전반기 55년은 쫓기면서 살았다. 그러나 후반기 43년은 정말 행복하게 살았다"고 회고한 것은 진심에서 우러나온 말이 아닌가 한다. 록펠러 가문이 3대 가는 부자 없다는 말을 무색하게 만든 데에는 다 이유가 있는 것이다.

| 록펠러 가계도 |

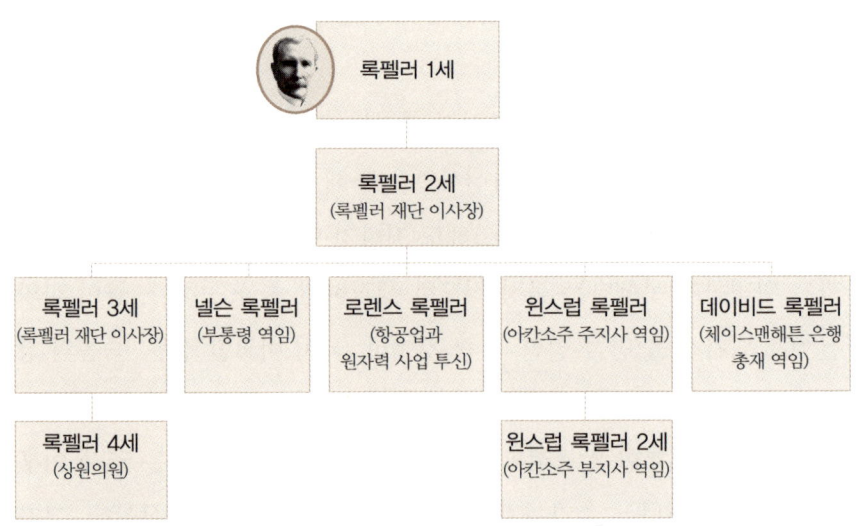

나라에 충성하고
부모님께 효도하라

일본 제국주의 침탈 아래의 조선에는 세상 사람들이 다 인정하는 이른바 인문학의 3대 천재가 있었다. 소설가로 유명한 춘원 이광수, 육당 최남선, 위당 정인보가 바로 그들이다. IQ가 진짜 괴테처럼 190에 이른 천재들이었는지는 장담하기 어려우나 후세에 남긴 학문적 업적 등을 보면 진짜 당대의 천재로 불릴 만했다. 그러나 이들은 천재라는 공통점이 있었음에도 불구하고 훗날 가는 길은 극단적으로 엇갈렸다. 이광수와 최남선은 친일로 변절한 반면 정인보는 아무리 털어도 먼지 하나 나지 않는 지사의 길을 계속 걸은 것이다.

이처럼 정인보가 그 엄혹했던 시절에도 변절하지 않고 끝까지 지조를 지키는 게 가능했던 이유는 많다. 결코 굽히지 못하는 성격, 학자로서의 양심 등을 금방 들 수 있다. 그러나 가장 큰 힘은 역시 충과 효를 강조한 집안 교육 덕이 아닌가 한다. 또 이런 정신을 끝까지 관철하고자 했던 지행합일에 대한 강한 의지도 꼽아야 할 것이다.

충효의 화신이라고 불러도 과언이 아닐 그는 조선 명종 때 대제학을 지낸 정유길의 후손이자 무려 71년 동안 일기를 쓴 것으로 유명한 정원용의 증손자로 1893년 지금의 서울 명동 부근에서 태어났다. 호조 참판을 지낸 아버지 정은조와 어머니 달성 서씨의 금쪽 같은 늦둥이 독자였다. 그러나 고종 때 좌의정에까지 오른 큰아버지 정범조가 자식이 없어 일찌감치 큰집의 양자로 들어갔다.

아버지의 뜻, 아들의 생각

그는 선비 집안의 후손답게 어려서부터 글 쓰는 재주가 넘쳤다. 주위의 많은 사람으로부터 집안의 전통을 이어 공직에 나가 나라를 위해 큰일을 할 것이라는 기대를 한 몸에 받은 것은 당연한 일이었다. 그러나 17세 때인 1910년 조국이 일제에 강제 병합되자 그는 국가를 위해 큰일을 하겠다는 생각을 과감하게 버렸다. 대신 평생을 학문과 독립운동에 바칠 것을 결심한다. 그해에 스승인 난곡 이건방 문하에 들어가 양명학을 본격적으로 배운 것은 다 이런 결심과 관련이 있다.

10대의 어린 나이에 굳게 가슴에 새긴 그의 독립운동에 대한 열망은 주로 중국에서 실현됐다. 1911년에 이어 1912년 재차 압록강을 건넌 것은 이 때문이었다. 이때 그는 이회영의 형제들에게 독립군의 열악한 상황을 전해 듣고 상당한 충격을 받았다. 그는 도저히 상황을 방치해서는 안 된다는 생각이 들자 곧 조선으로 돌아와 아버지에게 달려갔다.

"아버님, 독립군들의 생활이 굉장히 어렵습니다. 차마 눈 뜨고 보기 어려운 지경에 이르고 있습니다."

정은조는 아들이 무슨 말을 하려는지 대략 감을 잡은 듯 고개를 끄덕거리면서 물었다.

"네가 도우려는 생각을 하고 있는 것이냐?"

"그렇습니다. 하지만 부모님의 허락을 얻어야 하지 않겠습니까?"

"우리 집안은 대대로 국록을 먹은 가문이다. 무엇보다 충효의 덕목을 강조해야 하는 집안이 아니냐? 이런 시국에 우리가 할 수 있는 일은 하나밖에 없다. 독립군을 지원하는 것이다. 내 허락은 이미 네가 그런 생각을 했을 때 내려졌다. 자금이 될 만한 전답들을 다 팔아라."

정인보는 아버지의 허락이 떨어지기 무섭게 즉각 부평에 있던 논밭을 팔았다. 쌀로 따지면 500석 정도를 생산하는 만만치 않은 땅이었다. 돈은 얼마 후 신흥무관학교의 운영 자금으로 은밀히 전달됐다.

그는 1913년에는 활동 무대를 상하이로 옮겼다. 박은식을 비롯해 신규식, 신채호 등의 우국지사들과 교유하면서 비밀 항일결사인 동제사를 조직한 것은 이 시기였다. 그는 그러나 이 해 9월 첫딸을 출산한 다음 6일 만에 산고로 세상을 떠난 부인의 비보를 듣고 급거 귀국하지 않으면 안 됐다. 이때 그는 부인을 애도하고 나라 잃은 슬픔을 나타내고자 검은색 한복과 검은 안경, 고무신 차림을 하기 시작해 세상을 떠나기까지 평생 이런 모습을 보여줬다.

충효정신의 상징, 정인보

그의 충효 정신에 기반을 둔 항일운동은 1922년 연희전문학교 강사가 된 뒤에도 식을 줄을 몰랐다. 국학 및 동양사 강의를 통해 학생들에게 늘 민족의 얼을 환기시키는 것을 잊지 않았다. 또 신문이나 잡지 등에는 날

카로운 필봉을 휘두르면서 민족사관 정립에도 힘을 기울였다. 안재홍을 비롯해 신채호, 문일평, 손진태 등 당대의 지사들과 힘을 합쳐 한국 고대사를 심도 있게 연구한 것도 이 무렵이었다.

그의 행보는 급기야 일제의 탄압을 받게 된다. 연희전문학교에 개설돼 있던 국학 강의 폐지, 수시로 이어지는 경찰의 소환 등은 차라리 수차례에 걸쳐 경험한 감옥 생활이 훨씬 더 낫겠다는 말이 나올 정도로 악랄했다. 그는 일제가 창씨개명을 강요했을 때는 즉각 이에 호응한 주변의 변절한 문인이나 학자들을 꾸짖는 데 그치지 않고 아예 세상을 등지는 극단적인 결단까지 내렸다. 1943년 일본 이름을 가진다는 것이 견딜 수 없는 모욕이라는 생각에 "우리의 얼은 암흑 속에 이대로 사라지는 것인가? 이제 어디에서 우리의 얼을 찾을 수 있다는 말인가? 참으로 가증스럽다"는 말을 남긴 후 가족을 이끌고 전북 익산군 황화산으로 은거한 것이다.

그의 산중 생활은 2년 후 일제의 무조건 항복으로 다행히 길어지지는 않았다. 그는 때가 왔다고 생각하고 황급히 서울로 돌아왔다. 이어 우리의 얼을 선양하는 것이 급선무라는 생각에 국학대학 설립에 나섰다. 또 1948년에는 공무원의 기강 확립과 부정부패 일소를 위해 생애 처음이자 마지막으로 공직에 나서 새 정부의 감찰위원장에 취임했다. 그러나 생각이 180도 다른 이승만과의 갈등으로 1년여 만에 사임하고 말았다.

그는 해방된 조국에서의 최후도 평생을 충효로 일관한 사람답게 맞았다. 한국전쟁이 발발한 1950년 당시 그는 회현동 집에서 역사 연구와 집필 생활에 몰두하고 있었다. 이때 이승만 대통령은 한강 철교를 폭파하기 전에 국군이 38선을 곧 탈환할 테니 안심하라는 대국민 위무 방송을 했다. 이승만을 너무나 잘 아는 그는 방송 내용을 곧이곧대로 믿지 않았다. 그럼에도 불구하고 그는 "이 백성들을 버리고 나만 혼자 살자고 어디를 가겠는가. 더구나 나는 일제 치하에서도 버틴 사람이 아닌가"라면서 피난을 가지 않았다. 일제의 혹독한 탄압도 견뎌낸 자신이 같은 민족에게 당하기야 하겠느냐는 생각이 없지 않았던 것이다.

그러나 그의 이런 환상은 곧 깨졌다. 인민군이 서울을 점령한 지 보름이 지난 7월 어느날이었다. 정인보는 평소 앓고 있던 등창에도 아랑곳 하지 않고 아침 일찍 일어나 원고를 쓰고 있었다. 이때 그의 눈앞에 몹시 낯이 익은 남자가 나타났다. 허리의 가죽 혁대에 번쩍거리는 권총을 찬, 꽤나 계급이 높아 보이는 인민군이었다.

"자네는 기무 아닌가?"

정인보의 앞에 나타난 사람은 다름 아닌 사위 홍기무였다. 그는 동제사 활동을 같이했던 선배이자 친구인 벽초 홍명희의 둘째아들이었다. 후일 북한 사회과학원 원장을 지낸 거물이다.

"네 장인어른, 저 기무입니다."

홍기무는 장인에게 깍듯이 인사했다. 얼굴에는 정인보에 대한 존경심이 묻어나고 있었다.

"그래 어떻게 왔나?"

"조국의 해방을 위해 내려왔습니다. 이제 곧 전 조국이 해방될 겁니다."

"같은 민족에게 꼭 총부리를 겨누고 해방을 해야 하는가?"

"어쩔 수 없었습니다."

"나는 이 전쟁의 정당성을 인정할 수 없어. 내 사위지만 자네의 행동을 나는 옳다고 보지 않아. 자네가 가는 길은 내가 그토록 중요하게 생각하는 충효의 길이 아니야."

"저는 장인어른을 존경합니다. 그러나 가는 길은 다른 것 같군요."

"그럼 나를 어떻게 할 건가?"

"정중하게 모셔오라는 명령이 인민군 전사들에게 떨어졌습니다. 이왕 가실 바에야 제가 모시고 가는 것이 도리일 것 같아 찾아왔습니다."

"내가 꼭 사위에게 끌려가는 신세가 돼야 하는가?"

"모시고 가는 겁니다. 그래서 제가 오지 않았습니까."

"좋아, 가지."

정인보는 짤막한 한 마디를 토해낸 다음 사위에 앞서 집을 나섰다. 이후 그의 행적은 거의 알려지지 않았다. 미군 전투기의 폭격으로 세상을 떠난 시기가 9월과 11월로 엇갈리고 있다. 그러나 그 해에 세상을 떠난 것은 분명하다.

그가 얼마나 충효를 중시했는지를 말해주는 증거들은 많다. 아마 그중 가장 널리 알려진 것이 최남선과의 일화가 아닌가 한다. 사학자로 유명했던 최남선은 1919년 기미 독립선언서를 작성할 초창기만 해도 항일에 적극적으로 나선 대단한 지사였다. 그러나 이후 일제의 끈질긴 회유와 협박을 이기지 못하고 변절하고 말았다. 친일의 행적도 대단히 다양했다. 그가 1949년 반민특위에 의해 구금됐을 때 작성한 참회록인 이른바 자열서에만 다섯 가지 굵직한 친일 행적이 기록됐을 정도였다. 특히 일제 말기 조선 청년들에게 학병을 권유한 사실은 정말 너무나 가슴 아픈 일이었다.

정인보는 평소 절친하게 지내던 최남선이 자꾸 변절의 길로 내달리자 몇 번이나 은근하게 충고했다. 그러나 아무 소용이 없었다. 그러던 차에 1939년 최남선이 만주국의 건국대학 교수로 가게 됐다. 정인보도 이때 교수직을 제의받았으나 단호하게 거절했다. 그는 이 정도에서 그치지 않았다. 최남선이 너무나 괘씸해 그의 집으로 달려가 대문 앞에 술을 뿌리고 통곡을 하는 극단적인 행동도 서슴지 않았다. "이제 육당은 죽었다. 내가 장례까지 지내줬다"는 말을 하면서였다. 이 일이 있은 지 얼마 후 그는 우연히 길에서 최남선을 마주쳤다.

"어이, 위당 선생. 안녕하셨소."

최남선이 먼저 인사를 했다. 언제나처럼 얼굴에 미소도 잊지 않았다. 그러나 정인보의 태도는 그와는 판이했다. 입에서는 싸늘한 말이 흘러나왔다.

"최남선은 이미 죽었다고 하던데. 댁은 대체 누구시오."

최남선이 할 말이 있을 턱이 없었다. 이후 둘은 과거의 친밀했던 관계를 회복하지 못하고 각각 남과 북에서 유명을 달리했다.

아버지의 정신을 계승한 후손들

정인보는 나라에 충성하고 사랑하는 것만큼이나 부모들에 대한 효도도 유명했다. 양부모에게 지극 정성의 효도를 했으면서도 생부모에 대한 의무 역시 결코 잊지 않았다. 어머니가 세상을 떠나자 1926년에 자모사라는 유명한 연작 시조를 남겨 자신의 애끓는 심정을 노래했을 정도였다. 심지어 길을 걸어가다가도 어머니나 아버지 생각이 날 때면 그대로 눈물을 흩뿌렸다고 한다. 그가 제사 때마다 생부모와 양부모에 대한 간절한 생각에 앓아누울 정도로 슬피 울었던 것은 이런 사실에 비춰보면 당연한 일이었다.

그의 가문에 전혀 내려오는 가슴 뭉클한 교육용 일화를 하나 보자. 어느 여름날 오후였다. 정인보는 시내로 볼 일을 보기 위해 나섰다가 남대문 기차역 앞에서 웬 남루한 노인과 마주쳤다. 순간 그는 비가 내려 땅이 진흙탕으로 변해 있었음에도 "선생님"이라는 말과 함께 넙죽 엎드려 큰

절을 올렸다. 노인은 평소 존경하던 스승 이건방이었던 것이다.

집안의 가르침인 충효정신을 철저하게 지키다보니 정인보의 집안 살림은 늘 쪼들릴 수밖에 없었다. 그가 어느 정도 청렴했는지는 그와 가족이 끼니를 거를 때가 종종 있었다는 사실이 이를 대변한다. 사실 정인보는 여보란 듯 떵떵거리고 살 수 있었다. 증조할아버지가 30년 동안 정승을 지냈고 생부가 참판, 양부가 좌의정이 아니었던가. 더구나 그는 최남선처럼 일제에 조금만 협력했더라도 고생을 하지 않을 수 있었다. 그러나 그는 그렇게 하지 않았다. 오히려 독립운동을 위해 거의 모든 재산을 정리한 탓에 나중에는 집 한 채, 땅 한 평조차 없는 가난한 선비 생활을 이어가야 했다.

이런 그의 정신은 해방이 돼 국학대학 초대 학장이 됐을 때에도 달라지지 않았다. 학장에게 나오는 전용 승용차를 끝까지 마다한 것이 대표적인 사례. 멀쩡한 두 다리로 전차를 타고 다니면 된다는 것이 당시 그가 승용차를 고사한 변이었다. 권력이 막강한 감찰위원장이라는 공직에 취임했을 때에도 전혀 달라지지 않았다. 셋집을 전전하는 것은 기본이었고 자녀들의 학비를 제때에 내지 못하는 경우도 있었다. 한 번은 셋째딸인 정양완이 근심스런 얼굴로 그에게 조심스럽게 입을 열었다.

"아버지, 대학 등록금을 내야 하는데요."

정인보는 딸이 내민 고지서에 눈길을 돌렸다. 액수가 생활비로도 모자랄 자신의 월급보다 두 배는 많았다. 그는 한참을 생각하더니 책상에서 뭔가를 쓰기 시작했다. 곧 그가 딸에게 말했다.

"너 이 편지 들고 가서 손진태하고 이숭녕 선생을 찾아가거라. 아마 모른 체하지는 않을 거다."

딸은 편지를 들고 아버지가 말한 후배들이 교수로 있는 서울대학으로 달려갔다. 마침 두 사람은 모두 학교에 있었다. 둘은 약속이나 한 듯 즉석에서 가불을 해서 정양완에게 돈을 쥐어줬다. 특히 손진태는 "네 아버지 성품에 무슨 월급 외의 돈을 받을 수 있겠니. 감찰위원장 월급으로는 너를 대학에 보낼 수 없지. 위당 선생이 어떤 분인데"라는 말을 독백처럼 흘렸다. 평생을 충효와 지행합일로 일관한 정인보의 정신을 너무나 잘 안다는 의미였다.

정인보 가문의 충효와 지행합일 정신은 당연히 후손들도 지키고 실천하기 위한 노력을 아끼지 않았다. 정인보의 큰딸 정정완을 보면 이해하기가 쉽다. 1913년생인 그녀는 아래로 동생을 줄줄이 일곱 명이나 둔 맏딸이었다. 늘 어머니를 도와 여러 동생들을 보살피고 키우는 일을 게을리하지 않아야 했다. 그녀는 부모의 기대를 저버리지 않고 이 일을 무던히도 잘 해냈다. 또 바느질과 수놓기에는 남다른 재주와 취미를 가지고 있었던 덕에 6세 때부터 이 일을 했다. 그녀는 13세 때 진명여학원에 입학했으나 17세 때인 1930년에 자퇴하고 만다. 이해에 결혼한 광평대군의 후손 이규일의 집안에서 학교 다니는 며느리는 싫다고 하자 시댁의 뜻을 따르겠다면서 깨끗하게 포기한 것이다. 그녀는 또 그 아버지에 그 딸답게 9남매를 낳고 기르면서 친정의 가르침과 본분을 끝까지 잊지 않았다. 특히 시어머니에게는 친정어머니에게 했던 것보다 더 정성을 다해 섬겼다. 시어머니 역시 그녀의 지극한 효성에 감복했는지 자신이 대대로 며느리에게 전수해준 바느질 기능을 아낌없이 물려줬다. 그녀는 나중에는 시어머니를 능가하는 대가의 반열에 올랐다.

그녀의 기능이 활짝 빛을 본 것은 놀랍게도 나이 76세 때였다. 사회의 안정 및 발전과 함께 전통 문화에 대한 관심이 높아짐에 따라 바느질이 전통예술로 인정돼 중요무형문화재 89호인 전통 복식 침선장으로 지정된 것이다. 대기만성이라는 말조차 무색할 정도였다. 더구나 그녀는 이때 자신은 아직 대가의 반열에 오르지 않았다면서 영광을 고사하기까지 했다. 그러나 가족과 문화재 당국의 설득과 아버지처럼 우리 문화의 맥을 이어야 한다는 생각에 침선장 지정을 받아들였다. 이후 그녀는 팔순을 바라보는 나이가 무색하게 왕성한 공식 활동을 전개했다. 후진 양성을 비롯해 작품 창작, 전시회 개최 등 그녀 생애의 대부분 공식 활동은 전부 이때부터 이뤄진 것들이었다. 지난 2005년 정확히 93세의 나이에 현역에서 은퇴한 후 타계한 그녀의 침선 기능은 현재 집안 전통에 따라 큰며느리인 구혜자가 그대로 물려받았다.

둘째딸 정경완은 아버지가 강조한 정신에 따라 살다 이산가족이 된 사례에 해당한다. 원래 그녀의 집안과 시댁인 홍명희 집안은 살붙이 이상으로 가깝게 지내던 사이였다. 경기고녀 출신이었던 그녀는 어린 시절부터 9세 위인 남편 홍기무와 시숙 홍기문을 잘 알고 지냈다. 나중에는 자연스럽게 도쿄 유학생 출신답게 학식이 풍부하고 총명한 홍기무에게 연정을 느껴 결혼을 한다. 그녀의 나이 25세 때였다. 정인보는 이때 특별히 딸에게 마음가짐을 단단히 하라고 교육했다고 한다.

"너는 지금부터 홍씨 집안의 사람이야. 시부모를 잘 모시고 언제나 홍씨 집안을 위해 효를 다해야 한다. 그것이 이 아버지와 정씨 집안을 부끄럽게 하지 않는 거야."

"아버님 말씀 명심할게요. 시부모님을 전력을 다해 모시겠어요. 남편도 잘 내조하고요."

정경완은 이때만 해도 이 대답에 친정 식구들과 영원히 헤어져야 하는 비극이 잉태돼 있을 줄은 꿈에서조차 알지 못했다. 그러나 시아버지는 세상이 다 아는 사회주의 혁명가, 남편은 해방 전부터 형 홍기문과 함께 사회주의 계열 항일투쟁을 벌여온 열혈 청년이었다. 결국 그녀의 시댁은 조국이 분단되자 과감하게 전 가족을 대동하고 48년 월북을 단행했다. 그녀 역시 시아버지와 남편을 따를 수밖에 없었다. 현재 생존해 있는 것으로 알려지고 있다. 시아버지와 남편, 시숙에 이어 시댁 조카들인 홍석형, 홍석중 등이 북한 권력 핵심부에서 지금도 맹활약하고 있다. 이 집안은 북한에서는 몽양 여운형의 집안만큼이나 명문가로 대우받고 있다고 한다.

셋째딸 정양완은 학문적으로 아버지를 계승했다고 볼 수 있다. 현재 80대 초반인 그녀는 서울대학 국문과를 졸업한 다음 교직에 투신해 국어학계 거목인 남편 강신항과 부부 교수로 이름을 날렸다. 양명학 전공자들 사이에서는 정인보의 학맥을 계승한 의발전인으로 불린다. 피도 모자라 정신과 학문까지 다 물려받았다는 얘기다. 또 그녀는 아버지의 판박이였던 만큼 일화가 매우 많다. 한번은 정인보가 대학에 갓 입학한 그녀를 불러 앉혔다.

"너 이제 대학생이 됐으니 네가 알아서 공부해야 한다. 그래, 요즘 무슨 공부를 하고 있니?"

"외국어 공부를 좀 더 하려고 해요."

"맞다. 그중에서도 영어를 열심히 공부해야 한다. 알겠니?"

"아버지는 평소 국어의 중요성을 강조하셨잖아요. 그런데 지금은 영어를 열심히 공부하라고 하시니 조금 이상하네요."

"다 이유가 있지. 나중에 네가 내 글들을 영어로 번역하는 것을 보고 싶어 그런다. 함께 외국 여행을 할 때 통역으로도 내세우고 싶기도 하고. 또 우리말을 잘 하는 사람이 외국어도 잘 하는 법이란다. 그러니 너도 영어를 잘 해서 우리말을 잘 하는 국문학자라는 소리를 들어라."

정양완은 아버지의 가르침대로 대학 시절 국문과 학생이면서도 틈틈이 영어를 공부했다. 나중 그녀가 또래 교수들보다 영어를 잘한다는 소문이 난 것은 다 이유가 있었던 것이다.

그녀가 국학분야 학자로서 일군 업적은 학계에서 인정하는 것만 해도 한두 가지가 아니다. 19세기 초반 출간된 가정 백과전서인 《규합총서》를 완역한 것이 가장 대표적으로 꼽힌다. 특히 이 번역본은 일본의 유명한 가네자와 문고의 소장본까지 필사해 역주하는 노력을 기울인 역작이다. 가네자와 문고의 소장본이 화재로 소실됐다는 사실을 감안하면 얼마나 귀중한 작업이었는지 잘 알 수 있다.

아버지의 한문 문집을 무려 7년의 공을 들여 번역해 3권짜리 《담원문록》으로 출판한 업적은 한국 국학 연구의 쾌거로까지 불리고 있다. 이 공로로 그녀는 2008년에 위암 장지연상을 수상하는 영광도 안았다.

정인보의 정신과 학문은 정양완의 대에서 끊어지지 않고 있다. 외손자인 강석화가 외할아버지와 부모의 대를 이어 국사를 전공해 국학 연구의 대를 잇고 있기 때문이다. 현재 경인교대 교수로 재직하면서 중진 국학 연구자로 맹활약하고 있다.

막내아들인 정양모 역시 누나인 정양완과 걸어온 길이 비슷하다. 서울대 사학과를 졸업한 후 평생 미술사와 고고학 연구에 매달려 1993년부터 6년 동안이나 국립 중앙박물관장을 역임했다. 도자기 분야에서는 한국 최고 전문가로 괄목할 만한 저서를 여러 권 출간한 바 있다. 아버지를 닮아 그런지 학계에서는 부드러우면서도 강직한 성품으로 유명하다.

그는 아버지의 강직한 성품 탓에 쓰라리기는 했으나 가슴 찡한 일을 경험하기도 했다. 하루는 아버지가 학교에서 돌아온 그를 조용히 불렀다. 일제가 창씨개명까지 식민지 백성에게 강요하고 있을 때였다.

"양모야, 너 학교 다니기 어떠니?"

정양모는 아버지가 엉뚱한 말을 한다고 생각했으나 솔직하게 대답했다.

"재미가 없어요. 아이들은 창씨개명을 하지 않는다고 놀리죠. 선생님들은 일본어를 못한다고 혼내죠."

"그래? 네 생각이 진짜 그러냐?"

"그럼요, 너무 심하게 놀릴 때는 일본어도 공부하고 창씨개명도 하고 싶어요."

"이 녀석아, 그건 절대 안 된다. 우리의 글과 말이 분명히 있는데 일본어를 배워 공부를 하겠다니 그게 말이 되느냐? 더구나 조상의 정기와 얼이 서려 있는 이름을 바꾸는 것은 더욱 안 될 일이야. 그건 죽음을 무릅쓰고서라도 지켜야 하는 거다."

"알았어요."

"너 이렇게 하자. 당분간 학교에 가지 마라. 일본 이름으로 일본어로 교육을 받는 것은 아무 의미가 없다. 그건 치욕적인 일이야. 차라리 네 형이나 누나들한테 공부를 배우는 게 낫겠다."

정양모는 이렇게 해서 해방이 될 때까지 학교를 가지 못하는 신세가 되고 말았다. 어린 나이에 쉽지 않았을 산중생활 역시 꽤 오랫동안이나 해야 했다. 유순하게 보이는 그의 얼굴에 종종 부러질지언정 휘어질 줄 모르는 듯한 강단이 엿보이는 데에는 다 까닭이 있는 것이다.

정인보가 육십 평생 남긴 학문적 업적 또한 일가를 이뤘을 정도로 대단하다. 더구나 그는 이런 업적들 모두 36년 동안에 걸친 일제의 강압 통치를 이겨내고 일궈냈다. 그의 업적이 더 빛나 보이는 이유가 아닌가 싶다. 광복 70주년을 바라보는 지금까지 친일파 청산이 사회적 이슈가 되고 있다는 사실을 감안하면 정말 그렇다고 해야 한다.

지금 한국에는 친일 의혹이 있거나 친일파임이 분명한 인물들을 기념하는 각종 상은 무수히 많다. 하지만 정작 이들과 비교하는 것이 미안할 지경인 정인보를 기리는 그럴 듯한 상은 하나도 없다. 만약 지하의 그가 이 현실을 안다면 과연 무슨 생각을 할까. 평생을 뇌리에서 지우지 않은 충효와 지행합일이라는 덕목을 간직하라고 과연 후학들에게 강조할 수 있을지 모르겠다.

| 정인보 가계도 |

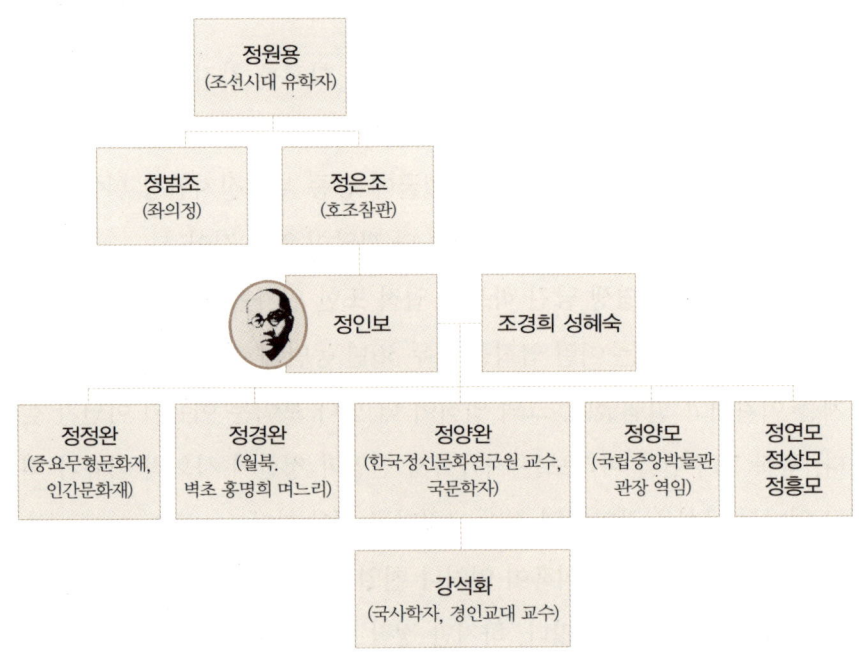

대를 이어 같은 학문을 하라

대를 이어 같은 집안에서 특정 학문을 연구한다는 것은 결코 쉬운 일이 아니다. 학자나 교수들이 줄줄이 나오는 집안이야 지구촌 곳곳에 무수히 많겠으나 특정 학문에서 대를 잇는다는 것은 결코 평범한 일이 아니기 때문이다. 더구나 이런 경우가 있다고 해도 대대로 세계적인 명성을 날린다는 것은 매우 어려운 일이다. 아무리 천하의 명문가라고 해도 그럴 것이다.

그런 점에서 보면 진화론을 완성한 영국의 찰스 다윈 가문은 오늘날에 봐도 좀 유별난 명가이다. 아예 "대를 이어 학문을 하라"는 대전제를 가훈으로 정해 그대로 실행에 옮겼고 결과적으로 엄청난 신화를 일궈냈으니까 말이다.

극단적으로 말해 인류의 조상이 원숭이와 비슷했다고 주장하는 찰스 다윈의 진화론은 이처럼 그의 가문이 대대로 쏟아부은 노력의 소산이었다. 출발은 그의 할아버지 때부터였다. 1731년 영국 리치필드에서 태어난 할아버지 에라스무스 다윈은 아주 다양한 재주를 가진 사람이었다. 어떻게 보면 천재였다. 과학자에다 의사, 시인이었으므로 이런 평가는 절대로 지나치지 않다.

왕의 부름을 거절한 젊은이

그는 천재답게 젊은 시절부터 의술에서도 두각을 나타냈다. 특히 불치병 치료에서는 단연 발군이라고 할 수 있었다. 다른 의사들이 포기하는 환자들을 별로 어렵지 않게 치료하곤 했다. 죽어가는 사람조차 살리는 명의로 불리는 데에는 그다지 많은 시간이 걸리지 않았다. 급기야 소문은 영국 왕 조지 3세의 귀에까지 들어갔다. 그러나 그는 조지 3세가 제의한 왕실 주치의 자리를 고향을 떠나고 싶지 않다는 핑계를 대고 정중하게 사양했다. 더구나 그는 이때 진화론에 관심이 많았기 때문에 명예와 돈보다는 자신의 대에서 결실을 보지 못하더라도 대대손손 이어갈 필생의 연구에 매진하고 싶었던 것이다.

그는 중년에 들어선 1776년에는 자신의 연구를 널리 알리기 위해 당시 최고 과학자들과 함께 '루나 소사이어티'라는 사교 클럽을 만들었다. 증기기관을 발명한 제임스 와트, 산소의 존재를 증명한 조셉 프리스틀리, 기체 등불을 발명한 윌리엄 머독 등이 회원이었던 이 클럽에는 당시 유명한 도예가인 조지아 웨지우드도 자주 얼굴을 내밀었다. 그가 설립한 웨지우드 도자기는 250년이 지난 지금까지 영국을 대표하는 브랜드로 전 세계에 명성을 떨치고 있다.

에라스무스와 웨지우드는 원래 절친한 친구 사이였다. 에라스무스가 클럽을 만들기 전부터 끈끈한 우정을 나누고 있었던 것이다. 그러나 두 사람은 루나 소사이어티를 통해 이전보다 더 확실한 우정을 나누게 된다. 특히 황실 납품까지 했던 도자기 사업을 통해 거부가 된 웨지우드의 그에 대한 지원은 대단했다. 진화론 연구를 위한 물적 도움을 조금도 아끼지 않았다. 이들의 우정은 날이 가면서 보다 끈끈한 인연으로 발전하는 전기를 맞게 된다. 그건 다른 회원들 없이 단 둘이 만난 어느 주말 저녁이었다.

"조지아, 그동안의 도움 고마웠어. 나는 마음 속으로 자네의 물심양면 후원에 깊이 감사하고 있네."

에라스무스는 평소에 잘 표시하지 않던 감사의 마음을 웨지우드에게 은근히 건넸다. 웨지우드는 뜬금없는 친구의 갑작스런 말에 멀뚱한 표정을 짓다 천천히 입을 열었다.

"이 사람, 고맙기는. 자네는 내 오랜 친구 아닌가. 게다가 내 주치의이기도 하고. 오히려 내가 고마워해야지."

"아니야. 나는 자네의 후원 덕에 내 진화론에 대한 확신을 더욱 확고하게 가질 수 있게 됐어. 만약 자네마저도 내 학설에 등을 돌렸다면 나는 굉장히 괴로웠을 거야."

"자네의 학설이 엉터리였다면 나는 자네를 지지하지 않았을 걸세. 자네의 학설을 나는 굳게 믿네."

"고마워. 그래서 말인데…."

"자네 무슨 할 말이 있는 모양이군."

"사실 그래. 나한테 장성한 아들이 있다는 것은 자네도 잘 알고 있는 사실이 아닌가?"

"그렇지. 로버트는 진짜 괜찮은 아이야. 자네의 뒤를 이어 훌륭한 의사로 활동하고 있지 않나."

"참 좋은 아이지. 내 진화론에 관심을 가져 그 방면의 연구를 하면 더 좋은 아들이 될 텐데 말이야."

"그게 어디 자네 뜻대로 되나. 대를 이어 학문을 한다는 것은 의지도 중요하나 후손의 적성도 고려해야 하지 않을까?"

"아니야. 어릴 때부터 철저히 교육을 하면 되네. 교육의 힘은 위대하다고."

"자네는 손자한테 대를 잇게 할 생각을 하고 있군."

"솔직히 말해 그래. 로버트가 내 열망을 실현시켜줄 것 같지 않으니 그런 생각이 들어."

"자네 할 말이라는 게 그러면…."

"맞아. 나도 이제 손자를 봐야 할 나이 아닌가. 내 아들은 어떤가? 자네 딸 수잔나하고 잘 어울리잖아."

"그래. 어릴 때부터 친하게 지냈으니 잘 어울릴 수 있을 거야."

"결혼할 생각도 하고 있겠지?"

"그렇지 않으면 우리가 적극적으로 나서야겠지."

"좋아. 손자를 낳으면 그 아이도 자네 집안의 사위로 삼으라고. 그 아이는 틀림없이 내 진화론을 학문적으로 더 발전시키 게 될 걸세."

"하하, 그렇게 되면 자네 집안은 2대를 이어 우리 가문의 사위가 되는 거구먼."

"좋지 않나? 의사도 3대, 결혼 역시 더 나아가 3대가 되면 얼마나 좋겠어. 나는 그렇게 될 것으로 믿어. 그렇게 되면 후손에게도 꼭 진화론을 완성하도록 권유할 거야. 그게 가업이 되도록 하겠어. 두고 보라고."

대를 이어 같은 학문을 연구하다

놀랍게도 두 친구의 의기투합은 현실로 나타났다. 둘의 아들과 딸인 로버트와 수잔나가 진짜 결혼을 하게 된 것이다. 또 찰스 다윈 역시 나중 장성해 아버지처럼 외가 처녀인 엠마 웨지우드와 결혼하는 진기록을 남기는 주인공이 됐다. 찰스 다윈이 태어나기 전에 그의 할아버지가 세상을 떠난 것이 못내 아쉬운 대목이기는 하지만.

이런 범상치 않은 출생 배경을 가진 다윈은 런던에서 자동차로 서너 시간 정도 걸리는 한적한 중소도시인 슈루즈베리에서 태어났다. 그의 어린 시절은 어머니가 여덟 살 때 세상을 떠난 것만 빼면 부족함이 없는 삶이었다. 누나들이 어머니를 대신해 그를 잘 가르쳤을 뿐 아니라 대부호인 외가의 경제적 지원이 큰 힘이 됐던 것이다. 아버지 역시 그가 어머니의 부재를 느낄 틈을 없게 만들었다. 짬만 나면 둘째아들인 그를 데리고 꽃들이 지천으로 널려 있는 정원에서 시간을 보내곤 했다. 정원에는 그의 할아버지 에라스무스가 애지중지 키우던 희귀한 종류의 식물들이 적지 않았다. 아마 그의 아버지는 자신이 이뤄주지 못한 부친의 열망을 아들이 대신 해줬으면 하고 바랐는지도 몰랐다. 실제로 그의 아버지는 부친으로부터 들은 동식물들에 대한 지식을 아들에게 들려주기를 좋아했다. 다윈 역시 아버지의 가르침에 깊은 흥미를 가졌다. 나중에는 길버트 화이트의 《셀본의 자연사》까지 읽을 수준에 이르게 됐다. 그는 또 할아버지인 에라스무스가 지은 진화론에 대한 연구서인 《주노미아》도 무척 감명 깊게 읽었다. 출간과 동시에 미국, 독일, 프랑스, 이탈리아 등에서도 번역된 이 책의 요지는 한마디로 말해 "모든 생물은 조개에서부터 왔다"는 것이었다. 진화론에 대한 다윈의 관심은 이때 이 학문에 평생을 바쳐야겠다는 결심으로 즉시 이어졌다.

로버트 다윈은 아들이 장성하자 장래를 걱정하지 않을 수 없었다. 아버지가 평소 들려주던 가르침 또한 그의 머릿속을 떠나지 않았다. 그는 그래서 날을 잡아 아들과 대화를 나눴다.

"찰스, 너는 무슨 공부를 하고 싶니? 이제 대학을 가는 문제도 생각해야 할 나이가 됐구나."

"글쎄요. 저는 자연을 연구하는 것이 좋은데요. 할아버지도 연구하셨고. 아버지도 늘 대를 이어 학문을 하라고 하셨잖아요."

"그래 참 좋은 생각이다. 그러나 연구도 좋지만 직업은 반드시 있어야 해. 돈이 있어야 연구도 마음껏 할 수 있는 거야. 이렇게 하자. 할아버지와 나의 대를 이어 의사가 되는 것이 어떻겠니. 마침 네 형도 의학을 전공하고 있잖아. 자연사 연구는 의사 생활을 하면서도 틈틈이 할 수 있어. 네할아버지도 그러셨어. 나는 네가 꼭 네 할아버지처럼 그런 사람이 되는 것을 보고 싶구나. 내 말 무슨 뜻인지 알아들었겠지."

"그렇게 하겠습니다. 의대에 진학하겠어요. 더불어 자연사 공부도 열심히 하겠습니다."

다윈은 이렇게 해서 아버지의 뜻에 따라 할아버지를 비롯한 집안 대부분의 어른들이 다녔던 에든버러 대학 의학부에 입학한다. 그러나 의학은 다윈과는 궁합이 별로 맞지 않았다. 당시만 해도 병원에서는 마취제가 거의 사용되지 않았다. 따라서 병원의 수술실이라는 곳은 고통을 감내해야 하는 환자들의 비명으로 뒤덮이는 끔찍한 현장일 수밖에 없었다. 다윈은 그 모습에 치를 떨었다. 더구나 그에게는 시신의 해부를 하다 얻은 패혈증으로 고작 20세의 젊은 나이에 요절한 삼촌에 대한 아픈 기억이 있었다. 그는 갈수록 의학에 대해 매력을 잃었다. 고민 끝에 그가 의학 공부를 접은 것은 의대에 입학한 지 딱 2년이 지난 후였다. 그의 아버지는 다시 아들의 장래에 대해 고민했다. 그러다 곤충 채집을 취미로 하는 목사들이 많았던 당시 현실에 착안했다. 신학 공부를 하면 대를 이어 학문을 하는 것과 직업을 병행하는 게 가능할 것이라는 판단이 내려졌다. 그는 케임브리지 대학 신학과로 즉각 편입했다. 하지만 다윈은 신학 공부에는 그다지 관심이 없었다. 그의 관심은 오로지 딱정벌레에 있었다.

그를 딱정벌레의 세계로 이끈 사람은 집안 내력답게 네 살 많은 육촌 형 윌리엄 다윈 폭스였다. 둘은 거의 매일이다시피 어울려 다니면서 곤충을 열심히 잡았다. 하루도 쉬는 날이 없을 정도였다.

이때 그가 얼마나 딱정벌레에 열중했는지는 마치 지어낸 것 같은 일화 한 토막을 보자. 어느 날 그는 집 주변의 오래된 나무의 껍질을 벗기다 희귀한 딱정벌레 두 마리를 발견했다. 그는 얼른 그것들을 양손에 하나씩 쥐었다. 그때 다른 종류의 딱정벌레가 다시 그의 눈앞에 나타났다. 다급해진 그는 손에 쥐고 있던 한 마리를 입에 불쑥 집어넣으면서 손을 뻗었다. 그는 그러나 결과적으로 세 마리 모두를 놓치고 말았다. 입에 들어 있던 딱정벌레가 악취를 내뿜자 그가 기절할 지경에까지 이르렀던 것이다.

그는 케임브리지 대학에서는 훌륭한 스승들을 만났다. 식물학자인 스티븐스 헨슬로 교수와 지질학자인 아담 세지위크 교수였다. 비로소 동식물에 대한 체계적인 연구를 하기 시작한 것도 이때부터였다. 특히 헨슬로 교수는 그에게 세계를 항해할 기회까지 제공했다. 해안을 조사하기 위해 태평양과 인도양을 항해할 영국 군함 비글호에 승선하지 않겠느냐고 제안한 것이다. 그의 나이 고작 22세 때였다. 이후 다윈은 4년 9개월 동안의 항해를 통해 진화론을 규명하는 증거들을 수없이 많이 수집했다.

당시 그에게는 위기의 순간이 한 번 있었다. 아버지가 처음부터 반대하고 나선 것이다. 그러나 그의 태도는 아들의 여행이 진화론 연구에 도움이 된다는 사실을 알고부터는 적극적인 지지자로 변했다. 의사에다 대부호인 처가를 둔 것에서 보듯 부자였던 만큼 재정 지원도 아끼지 않았다. 실제로 그는 비글호의 선장이 아들에게 월급을 주겠다고 한 제안도 거절했다. 오히려 비글호가 항해에 쓸 재원이 부족하면 그 돈까지 보충해 줄 정도였다.

집념을 불태워라

아버지의 적극적 지원을 통해 여행을 성공적으로 마치고 귀국한 다윈은 자신이 본 신비한 세계를 《비글호 항해기》라는 책으로 소개했다. 이어 갈라파고스 제도에서 얻은 진화론에 대한 영감을 증명할 자료를 찾는 데 무려 20여 년의 세월을 보냈다. 그가 귀국 이후 40여 년 동안 영국 밖으로 한 번도 나가지 않았던 것은 바로 이런 집념이 있었기에 가능한 것이었다. 1859년에는 전 인생을 바쳐 연구한 성과가 나왔다. 불후의 저서 《종의 기원》이었다. 이 책 한 권으로 그는 일거에 무명의 자연학자에서 세계적인 학자 반열에 올라서게 된다.

다윈은 자신이 아버지와 누나들로부터 받은 지극한 사랑을 무려 10명이나 되는 자식들에게도 그대로 쏟아부었다. 자신처럼 자식들 중 누군가가 집안의 학문을 이어주기를 틈나는 대로 귀띔하는 것도 잊지 않았다. 다음의 일화를 보면 잘 알 수 있다.

어느 화창한 봄날이었다. 다윈은 여느 날과 마찬가지로 자신의 집 정원에서 아이들과 함께 꽃을 관찰하고 있었다. 꽃 주위에는 꿀벌들이 꿀을 만들기 위해 이리저리 날아다니고 있었다. 그때 갑자기 다윈이 셋째 아들 프란시스에게 엉뚱한 부탁을 했다.

"프란시스, 부엌에 가서 밀가루 좀 가지고 와 주겠니?"

"왜요, 아버지?"

"실험을 한 번 해 보려고."

어린 프란시스는 의문을 잠시 뒤로 하고 부엌에 가서 밀가루 한 봉지를 가져왔다. 다윈은 아이들에게 그 밀가루를 꿀벌들에게 뿌리라고 지시했다. 아이들은 영문도 모르고 밀가루를 뿌렸다. 다윈이 다시 입을 열었다.

"얘들아, 잘 봐라. 꿀벌들이 어떻게 반응을 하는지."

아이들은 그제야 아버지의 깊은 뜻을 알겠다는 듯 고개를 끄덕였다. 다윈은 꿀벌이 밀가루가 흩날리는 상황에서도 습관적으로 날아가는 길을 잃지 않는 모습을 관찰할 수 있도록 하려 했던 것이다.

이뿐만 아니었다. 그는 교육을 위해서라면 훨씬 더 파격적인 행위도 서슴지 않았다. 어느 밤이었다. 그는 아내 엠마와 아이들이 모여 있는 거실에 들어와 뒤에 감추고 있던 뭔가를 불쑥 내밀었다. 아내 엠마와 아이들은 동시에 비명을 질렀다. 그가 내민 유리컵에는 살아 있는 지렁이가 가득 들어 있었다.

"아버지, 그게 도대체 뭐예요?"

딸인 헨리에타가 가슴을 쓸어내리면서 물었다.

"설마 지렁이를 모르지는 않겠지?"

"그걸 왜 모르겠어요. 저는 도대체 왜 그 징그러운 걸 들고 들어오셨느냐고 묻는 거예요."

"얘기를 해 주마. 지렁이가 피아노 소리에 어떻게 반응하는지를 관찰하려고 그런다. 너희들도 잘 보아라."

다윈은 유리컵을 피아노 위에 올려놓고는 아내에게 눈을 돌렸다. 피아노를 쳐달라는 무언의 부탁이었다. 그러나 그녀는 피아노를 칠 수 없었다. 아무리 자식들 앞이라지만 징그러운 것은 어쩔 수 없었던 것이다.

"아이들 교육을 위해서요. 한 번 부탁하오."

아내는 아이들 교육이라는 다윈의 간절한 말에 더 이상 거절하지 못했다. 다윈은 아내가 피아노를 치자 아이들을 유리컵 가까이로 데리고 가 관찰을 하도록 했다. 아이들 역시 아버지의 뜻을 이해했는지 열심히 관찰을 시작했다. 안타깝게도 지렁이들은 아무런 반응을 보이지 않았다.

대를 이어 연구를 하도록 교육에 각별히 신경을 쓴 다윈의 노력은 둘째아들 조지 다윈의 진로에 결정적 영향을 미쳤다. 아버지를 닮아 거의 천재에 가까웠던 조지는 젊은 시절 일찌감치 변호사 자격증을 취득했다. 그때나 지금이나 변호사는 괜찮은 직업에 속했으니 그에게는 평탄한 앞날이 보장됐던 셈이다. 그러나 그는 변호사로 활동하지 않았다. 대신 아버지의 권유로 천문학을 전공하는 쉽지 않은 결정을 내렸다. 아버지가 인류의 진화를 필생의 업으로 삼았다면 그는 우주의 진화에 눈을 돌렸다고 할 수 있었다. 그는 나중에 케임브리지 대학을 졸업한 다음 1883년부터 종신 천문학 교수를 지냈다. 셋째아들 프란시스 역시 형과 비슷했다. 아버지의 전공이라고 할 수 있는 식물학을 전공해 당대 최고라는 명성을 얻었다.

생명공학의 선구자, 다윈

두 아들 조지와 프란시스는 훗날 아버지와 함께 공동 연구도 했다. 이 연구는 《식물의 운동력》이라는 책으로 출간되기도 했다. 대를 이어 연구하는 단계를 한참이나 넘어선 수준이었다.

다윈 가문의 전통과 정신은 손녀인 노라 발로에게도 계승됐다. 이에 대해 얘기하려면 우선 기독교 신앙과 관련된 그의 고충을 먼저 살펴봐야 할 듯하다. 그는 반기독교적 성향이 대단히 강했던 할아버지 에라스무스와는 달리 기독교를 배척하지 않았다. 이는 케임브리지 대학에서 신학을 공부하고 목사가 되려고 했던 사실만 봐도 잘 알 수 있다. 더구나 아내 엠마는 신앙심이 대단히 깊었다. 때문에 기독교의 창조론을 부정하는 《종의 기원》을 출간한다는 것은 그로서는 아내에게 상처를 주는 행위일 수밖에 없었다. 그가 집필에 착수한 지 무려 20년이 넘도록 《종의 기원》을 출간하지 못한 것은 다 그런 이유가 있었던 것이다. 실제로 후손의 증언을 종합하면 그는 이로 인해 상당히 괴로워했다고 한다.

그는 그러나 이 어려움을 아내와의 대화로 해결한다. 그건 그가 50세를 바라보던 때였다.

"찰스, 나는 당신이 점점 하느님을 당신 마음에서 밀어내고 있는 것 같아요. 그렇지 않은가요?"

아내가 근심이 가득한 얼굴을 한 채 그에게 물었다.

"나도 그 생각을 하면 당신에게 미안해. 내가 책을 빨리 출판하지 않는 것도 다 그래서야."

다윈은 자신의 생각을 솔직하게 밝혔다. 그 역시 얼굴에 착잡한 표정이 어려 있었다.

"당신의 연구는 아무런 오류가 없는 정확한 것인가요. 정말로 인류가 동물이 진화한 것인가요?"

"나는 내 이론을 무쇠처럼 믿고 있어. 절대적이야. 할아버지의 이론은 정말로 옳았어."

"당신이 만약 그 이론을 발표하게 되면 어떻게 된다고 생각하세요?"

"세상이 발칵 뒤집어지겠지. 사실은 나도 그게 두려워. 엠마 당신한테 미안한 것만큼이나 그렇다고."

"그러나 아닌 것을 그렇다고 할 수야 없는 일 아니에요."

"솔직히 말하면 그래. 세상이 받아주고 당신이 이해해주면 내 이론을 발표하고 싶어."

"그렇다면 발표하세요. 가슴이 아프지만 내 마음을 상하지 않으려고 대를 이어 연구한 당신의 이론을 묻어놓을 수야 없는 것 아니겠어요."

"그렇게 생각해주니 정말 고마워."

《종의 기원》은 이런 우여곡절 끝에 햇빛을 보게 됐다. 그러나 그는 자신의 자서전인 《찰스 다윈의 삶과 편지들》은 생전에 출판하지 못했다. 사망하기 전까지 6년 동안이나 공을 들여 썼으나 책이 나온 것은 그가 세상을 떠난 지 5년 후였다. 충격적인 내용들이 큰 사회적인 파장을 일으킬 수 있다는 게 그 이유였다. 더구나 상당히 많은 분량이 당시 사회에 미칠 영향을 고려해 삭제됐다. 그의 손녀 노라 발로는 이 자서전을 정리했다. 그것도 그가 사망한 지 77년이 지난 1959년에야 간신히 출간했다. 할아버지의 이론을 이해하고 분석할 학문적 능력이 있었기에 가능한 일이었다.

다윈은 평생 동안 직업을 갖지 않았다. 번 돈도 세상을 떠날 때까지 쓴 10여 권의 책에서 나온 인세 10만파운드 정도에 불과했다. 요즘 시세로 하면 5억원 정도에 지나지 않는다. 그럼에도 불구하고 그는 궁색하게 살지 않았다. 아니 오히려 돈 걱정을 하지 않고도 10명이나 되는 자녀들과 함께 유복한 생활을 했다. 심지어 세상을 떠날 때에는 그때까지 생존해 있던 8명의 자녀들에게 상당한 유산까지 남겼다. 아버지인 로버트 다윈과 외가가 엄청나게 부유했기 때문이다. 그런 점에서 보면 그는 행운아였다. 그러나 그의 진짜 행운은 대를 이어 연구하라는 목표를 정해준 할아버지, 아들의 연구를 위해 거액을 아끼지 않은 아버지, 자신의 생각을 잘 따라준 아들과 손녀를 둔 것이 아닐까. 《종의 기원》이 설파한 진화론이 아이작 뉴튼의 만유인력과 비견될 정도로 대단한 학설이라는 사실을 상기하면 진짜 그렇다.

| 다원 가계도 |

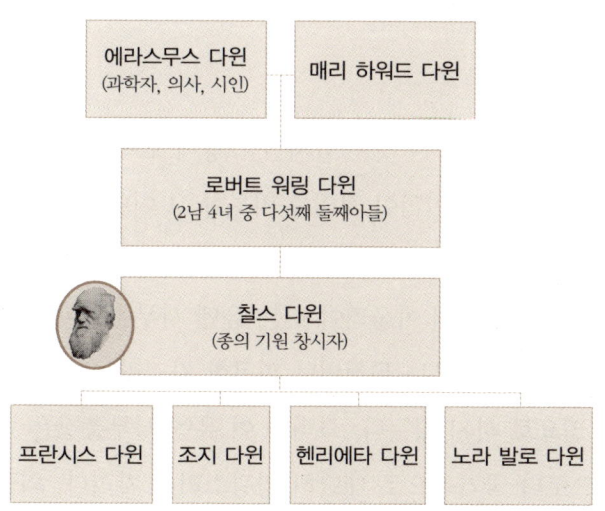

*어머니 수잔나 웨지우드:조지아 웨지우드의 딸
*부인 엠마 웨지우드, 조수이자 외사촌
*형 이래즈머스 다윈
*사촌 프랜시스 골턴 다윈

배려의 리더십을
실천하라

◦◦◦◦◦◦

남을 배려한다는 것은 말처럼 그렇게 호락호락하지 않다. 특히 국가의 이익이 정의를 비롯한 그 어떤 가치보다 우선시되는 국제사회에서 이런 배려라는 덕목은 더욱 실천하기가 어렵다. 전 지구촌을 하나로 조화롭게 아울러야 하는 유엔 사무총장이라는 자리가 대단하게는 보여도 실제로는 무척이나 피곤한 자리라는 것은 그래서 구구한 설명을 필요로 하지 않는다. 그러나 이 유엔 사무총장은 머리는 아파도 개인적으로나 국가적으로 대단히 영광스러운 자리다. 외국을 방문할 때 국가 원수나 총리급 대우를 받을 뿐 아니라 4만여 명에 이르는 유엔 직원들의 인사권과 막대한 예산을 집행하는 권한을 가지는 것만 봐도 어떤 자리인지 알 수 있다.

지난 2006년 10월 바로 이 자리에 한국의 외교통상부 장관을 지낸 반기문이 거의 만장일치로 선출됐다. 경제력에 비해 국제사회에서 제 목소리를 내지 못하고 있다는 평가를 들어온 우리나라에 그야말로 역사적인 사건이 발생한 것이다.

유엔 사무총장이 된 충청도 아이

물론 당시 선거를 앞두고 제8대 유엔 사무총장 자리는 미국을 비롯한 강대국들의 물밑 조정 작업을 거치면서 한국의 몫이라는 분위기가 어느 정도 조성되기는 했다. 더구나 더 중요한 사실은 한국 정부에서 당초 내정한 후보자는 그가 아니었다는 데 있었다. 말하자면 그는 다른 유력한 후보자의 낙마에 따른 대타로 나서 유엔 사무총장 자리를 거머쥔 셈이다. 그러나 그는 이런 우여곡절을 겪고 골치 아픈 유엔 사무총장 자리에 올랐음에도 3년이나 지난 지금까지 큰 과오 없이 임무를 잘 수행하고 있다. 마치 오래 전부터 단단히 준비를 하고 있었던 것처럼. 이 정도 되면 막연하게 때를 잘 타고 났다거나 관운이 기가 막히게 좋았다고 하기보다는 그에게 뭔가 뛰어난 장점이 있다고 봐야 한다. 주변의 평가와 각종 외교비사 등을 종합하면 확실히 그렇다는 단정을 성급하게 내려도 좋다. 그에게는 따뜻한 리더십을 가능케 하는 타인에 대한 배려라는 뛰어난 장점이 있었던 것이다.

특별한 일이 없는 한 연임을 통해 2016년까지 사무총장으로 일하게 될 그는 충북 음성군 원남면 상당리 행치 마을에서 1944년 6월 태어났다. 아버지 반명환과 어머니 신현순의 4남 2녀 중 장남이었다. 집안은 아버지가 물류업체인 충북산업의 소장을 지낸 덕에 50년대 말까지는 비교적 유복한 생활을 했으나 나중에 가세가 기울어 어려운 생활을 했다고 한다.

충주중·고등학교와 서울대 외교학과를 졸업한 그는 1970년 외무고
시에 차석으로 합격해 공무원이 됐다. 이어 72년 주인도 총영사관 근무
를 시작으로 국제연합과 과장, 장관 보좌관을 지낸 다음 미주국장, 주오
스트리아 대사를 거쳐 외교부와 확대 개편된 외교통상부 장관을 역임했
다. 특기할 만한 점은 그가 고등학교 재학 시절 각각 학교와 한국 대표로
변영태 외무부 장관과 존 F 케네디 대통령을 만났다는 사실이다. 이때부
터 그는 운명적으로 외교관의 길을 걷게 될 조짐을 보였다고 할 수 있다.

배려의 미덕을 지킨 아버지

유엔 사무총장직을 무리 없이 수행하도록 만드는 따뜻한 리더십의 배
경인 타인에 대한 배려는 당연히 어린 시절부터 길러졌다. 특히 그의 인
생관에 적지 않은 영향을 미친 아버지 반명환의 이웃 사람에 대한 배려
는 마을 일대에서 소문이 자자할 정도였다. 오죽했으면 주변 지인들이
팔러 다니는 전집류 책을 사준다거나 하는 일로 어머니 신현순과 한 달
에도 몇 번씩이나 다퉜을까. 그뿐만 아니었다. 반기문의 집이 갑작스럽
게 경제적으로 어려워진 것도 아버지가 흔쾌하게 서준 몇 차례의 보증
탓이었다. 더 심한 경우도 있었다. 반기문이 초등학교 저학년 때 일이다.
하루는 그가 학교에서 집으로 돌아오고 있었다. 그의 귀에 웬일로 평소
듣지 못하던 큰 소리가 들려왔다. 좋은 일로 나는 소리가 아닌 듯했다.

"기문이 엄마, 이 동네에 기문이네만 사는 것이 아니잖아? 다른 사람
들 생각도 좀 해줘야 하는 것 아니야? 더구나 병이 아이들한테 옮으면 어
떻게 할 거야? 기문이 엄마가 책임질 거냐고."

반기문은 고개를 갸웃거리면서 집안으로 들어갔다. 어머니가 동네 아

주머니 몇 명에게 고개를 조아리는 모습이 눈에 보였다.

"그분이 어디로 돌아다니는 것은 아니잖아. 집안에만 계시는데 이해
해주면 안 될까. 행동 역시 조심스럽잖아. 또 그 병은 절대로 전염되는 병
이 아니야. 우리 식구도 함께 밥 먹고 세수를 하는데 아무 일이 없었어.
그 병에 걸린 사람이 누가 있어?"

어머니는 다소곳하나 단호한 어조로 동네 아주머니들에게 대답했다.
아주머니들은 어머니의 말에 조금 마음이 누그러진 듯해 보였다. 그러나
아주머니들은 "아무튼 빨리 내보내라고. 우리는 그런 사람하고 같이 한
동네에 살기 싫으니까"라는 최후통첩의 말을 하면서 집을 나서는 것을
잊지 않았다.

반기문은 곧 모든 상황을 이해할 수 있었다. 아버지가 얼마 전부터 집
에 데려와 돌보고 있는 나병환자 친구를 동네 아주머니들이 작당해 동네
에서 쫓아내려 했던 것이다. 그때 그의 귀에 얼마 전 아버지가 했던 말이
조용히 떠올랐다.

"기문아, 너 이 병에 대해 잘 알아야 한다. 이 병은 절대로 전염되는 게
아니야. 그러니 겁먹을 필요 없어. 더군다나 이 친구는 나하고는 둘도 없
는 고등학교 동창생이야. 잘 모르는 사람도 도와줘야 하는데 어떻게 친
구를 모른 척 하겠니. 너도 나중에 남의 어려움을 모르는 척 하면 절대 안
된다. 너한테 다소 손해가 나더라도 말이야."

반기문은 어린 마음에도 아버지가 하는 일이 옳다는 사실은 모르지 않
았다. 하지만 그 역시 일반인과는 다른 흉한 얼굴을 한 아버지의 친구가
무서운 것은 어쩔 도리가 없었다. 나중에 천사와 같은 심성을 가진 그와
곧 가까워져 허물없는 사이가 됐지만. 그러나 이후 아버지 친구는 동네
아주머니들의 성화에 못 이겨 그랬는지 나병 전문 병원이 있는 소록도로

들어가 버리고 말았다. 반기문은 그게 두고두고 아쉬웠다고 술회한 바 있다.

공과 사를 구분한 어머니

남들이 다 껄끄러워하는 나병환자 친구를 선뜻 집에서 같이 살도록 해준 데서 보듯 그의 어머니 역시 남을 배려하는 마음 씀씀이는 아버지 못지않았다. 특히 그가 공직에서 승승장구할 때는 모시고 살려는 아들과 며느리를 배려해 고향 충주를 떠나지 않겠다는 원칙을 세우기까지 했다. 그가 외교부 장관에 취임했을 때의 일화는 이 사실을 잘 말해준다.

"어머니, 이제는 저희들과 함께 사셔도 되잖아요? 장관 공관은 어머니 한 분 정도 더 오신다고 해도 비좁지 않을 정도로 넓어요. 정 같이 사는 것이 어려우면 왔다 갔다 하시면 되지 않겠어요?"

반기문이 간절하게 당부했다. 하기야 80대 나이를 훌쩍 넘은 어머니는 아버지가 교통사고로 세상을 떠난 후 죽 혼자 살아왔으니 그럴 수밖에 없었다. 더구나 그 자신은 장남이 아닌가. 하지만 어머니는 아들의 제의를 한사코 받아들이지 않았다.

"아니다, 애야. 내가 네 공관에 머무르게 되면 너와 네 집 사람이 얼마나 불편하겠니. 더구나 너는 나랏일에 매진해야 하는 공인이 아니냐. 공연히 내가 가서 나랏일을 방해하면 어떡하니. 공관이 사적인 공간도 아닌데. 나는 그냥 여기 충주에서 살겠다."

반기문은 훗날을 기약할 수밖에 어쩔 도리가 없다고 생각했다. 그러나 어머니의 태도는 그가 뉴욕에 있는 유엔 사무총장 공관으로 들어가게 됐을 때에도 좀처럼 달라지지 않았다.

"어머니, 제가 미국에 있게 되면 전보다 더 자주 뵙지 못하게 돼요. 이제 진짜 저와 집사람이 있는 공관에 들어와 사시는 게 어떻겠어요?"

반기문의 어조는 몇 년 전보다 더 간절해져 있었다. 어머니는 함께 살 것을 생각도 하지 않았다. 마치 미리 대답을 준비라도 한 듯 조용히 입을 열었다.

"너는 이제 세계 각국의 문제를 생각하고 조정해야 하는 입장이야. 나는 신경 쓰지 않아도 된다. 나중에 생각이 나거든 꼭 한 번 들를 테니 너는 그쪽 일이나 잘 해라."

낮은 자리를 선택한 고위 공직자

반기문은 어머니의 말에 가슴이 뭉클해 졌다. 더 이상 권해봐야 자신의 말을 들을 것 같지도 않았다. 자신이 이만큼 승승장구하게 된 데에는 역시 어머니와 가정교육의 힘이 컸다는 생각을 하지 않을 수 없었다.

사실 그는 외교부 안에서 승승장구라는 말이 과언이 아닐 만큼 출세가도를 달린 전설적인 인물이었다. 외무고시 합격자를 대상으로 실시하는 연수원 교육에서 수석을 차지한 사실만을 봐도 그렇다. 성적만 놓고 보면 1970년대 초인 그때 그는 모든 외교관이 선호하는 미국 대사관 근무를 할 기회도 있었다. 지원만 하면 별 문제가 없는 한 발령이 나게 돼 있었다.

그러나 그는 주위의 모든 사람들의 예상을 깨고 첫 근무지로 모두가 기피하는 인도를 선택했다. 왜 그랬을까? 본인은 이에 대해 늘 "많은 나라를 경험하고 싶었다. 인도는 나중에는 경험을 해 볼 기회가 없을 것 같아 지원했다"고 말하곤 했다. 그러나 주변 인사들의 증언에 따르면 집안에 대한 배려가 크게 작용한 결과로 알려져 있다. 물가가 싼 가난한 나라에서 월급과 체재비를 알뜰하게 모아 집안 살림에 보태고자 했던 것이다. 실제로 그가 송금한 돈으로 부모와 동생들은 상당한 경제적 도움을 받았다고 한다. 동생들이 금융인, 약사, 교사로 훌륭하게 성장할 수 있었던 데에는 그의 배려가 적지 않았다는 얘기다.

그는 승승장구한 것에서 보듯 늘 외무고시 동기들에 비해 몇 발짝 일찍 승진했다. 심지어 선배들까지 제치는 경우가 적지 않았다. 웬만한 사람이라면 이때 조금은 우쭐해지는 게 일반적이다. 모든 게 내가 잘 나서 그런 것이라고 생각할 수 있다. 그러나 그는 전혀 그렇지 않았다. 오히려 승진을 할 때마다 자신의 수많은 동기들이나 선배들에게 일일이 "특별한 능력을 가지고 있지 못함에도 먼저 승진을 해 죄송합니다"라는 내용의 편지를 보내는 배려의 정신을 먼저 실천했다. 이랬으니 후배에게 승진에서 추월당한 선배들조차 그를 마음 속 깊이 인정하게 됐다. 그의 태도가 남에 대한 진정한 배려의 마음을 담고 있다는 사실에 모두 공감했기 때문이다.

그렇다고 그에게 전혀 위기가 없었던 것은 아니었다. 때는 2001년 이뤄진 김대중 대통령과 블라디미르 푸틴 러시아 대통령의 정상 회담이 열리기 전후였다. 그는 당시 외교부 차관으로 이 회담을 총괄하는 자리에 있었다. 당연히 관계 부처 직원들을 몇 달 전부터 진두지휘하면서 밤을 새워 철저하게 준비했다. 성공은 믿어 의심치 않아도 될 분위기였다. 그러나 정작 회담이 끝나고 공동성명을 발표하게 됐을 때 상황은 엉뚱하게 변해 있었다. 실무진의 실수로 미국 부시 행정부가 강력하게 폐기를 주장한 'ABM(탄도탄 요격 미사일) 조약'을 인정하는 문장이 엉뚱하게 포함된 것이다. 당연히 미국을 비롯한 서방세계는 한국 정부에 엄청난 비판을 가했다. 한국 정부 역시 생각지도 않은 실수에 난리가 났다. 김대중 대통령은 이후 부시 대통령을 비롯한 미국 측 인사들을 만날 때마다 이에 대해 사과를 해야 했다. 정부 측에서도 누군가가 책임을 지지 않으면 안 됐다. 관운 좋기로 소문난 그지만 이때만큼은 횡액을 피하지 못했다. 그러나 그는 공직 생활을 마감해야 할 위기에 몰린 이때에도 실무진을 전혀 탓하지 않았다. 그저 본인의 부족함만을 탓했다. 이에 대해 당시 측근들은 "그때도 부하 직원이 아무리 큰 잘못을 저지르더라도 다른 사람 앞에서 큰 소리를 내지 않는 특유한 성격을 그대로 보여줬다"면서 그의 평상심을 잃지 않는 태도에 혀를 내둘렀다고 한다.

그의 배려는 이 정도에서 그치지 않았다. 그는 묘하게 차관에서 해임되던 그날 부하 여직원의 결혼식 주례를 서 주기로 이미 약속이 돼 있었다. 상황이 상황인지라 주례를 다른 사람으로 바꿔달라고 할 수도 있었다. 하지만 그는 그게 결코 예의가 아니라고 생각했다. 오히려 신부와 그의 가족이 자신이 펑크를 낼 수밖에 없는 상황을 걱정하고 있을 것이라며 측근들에게 결혼식에 대해 걱정하기도 했다. 결국 그는 당초 약속 시간보다 1시간이나 먼저 결혼식장에 도착해 신부의 가족을 안심시키고 주례를 무사히 마쳤다. 훗날 이 시기가 최대 시련의 순간이었다고 한 그의 말로 미뤄볼 때 사실 그가 주례를 무사히 마친 것은 거의 기적에 가까운 일이었다.

어쨌든 그는 생애 최초로 찾아온 이 위기로 인해 4개월 동안 본의 아니게 실업자 생활을 해야 했다. 그러나 곧 유엔 총회 의장 비서실장이라는 자리로 부임하게 된다. 그 자리는 지금도 그렇지만 통상 한 나라의 외무부 국장급에게 주어지는 자리다. 차관까지 지낸 그가 가기에는 레벨이 두 직급 정도 아래였다. 그럼에도 그는 개의치 않고 받아들이며 열심히 일했다. 다른 사람들 눈에는 대수롭지 않아 보일지 모르는 자리였으나 일에 대한 열정과 신념이 그를 그렇게 만들었다. 새옹지마라는 말이 있듯 이때의 경험이 그를 유엔 사무총장으로 만든 밑거름이 되기도 했지만.

21세기가 낳은 한국의 신흥 명문가

주변의 시선을 아랑곳하지 않고 유엔에서 1년여 동안 근무한 그는 다시 재기의 기회를 맞는다. 불미스런 일로 옷을 벗었음에도 불구하고 2004년 1월 외교부 장관으로 화려하게 컴백한 것이다. 그러나 이번에는 이라크에 선교를 하러 갔던 김선일이 과격 무장단체에 의해 살해되는 끔찍한 사건이 5개월 후에 그를 기다리고 있었다. 문제는 사건이 전개되는 과정에서 외교부 직원들의 대응이 허술하기 짝이 없었다는 사실에 있었다. 더구나 이 시기는 3년 전 중국에서 대사관의 무관심 속에 사형당한 신모 마약 사범 사건의 악몽이 아직 국민의 뇌리에서 완전히 사라지지 않고 있을 때였다. 당연히 외교부가 사건을 축소 은폐했다는 데에서 더 나아가 국민보호 책무를 방기했다는 비난 여론이 들끓었다. 겨우 재기한 그에 대한 인책론도 다시 고개를 들었다.

놀랍게 그는 이때 평생 처음으로 평상시와는 완전히 다른 모습을 보인다. 여론을 주도하는 언론에 강한 거부 반응을 보인 것이다. 특히 언론사 간부들과 식사를 하는 자리에서 그답지 않게 이례적으로 목소리를 높였다. 그의 입장은 분명했다. 김선일의 사건은 분명 잘못된 것이고 유감스러운 일이기는 하나 외교부가 필요 이상으로 비난받고 있다는 것이었다.

그는 그렇다면 왜 평소와는 달리 이때 이런 모습을 보였을까? 외교부의 사기가 땅에 떨어진 상태에서 국민으로부터 비난의 대상이 됐기 때문에 어쩔 수 없었다는 것이 지배적인 분석이다. 한마디로 고육지책이었다는 얘기다. 이에 대해서는 그 역시 "외교부 장관이 움직일 때마다 사진기

자들이 수십 명씩 몰려와 마치 범죄자의 사진을 찍듯 하는 것은 우리의 대외 관계에도 좋지 않다"는 말로 당시 고충을 토로하기도 했다. 외교부 직원들의 사기를 고려했다는 얘기가 아닌가 보인다.

그렇다고 그가 사고에 대해 어물쩍 넘어간 것은 아니었다. 무엇보다 사고 이후 국민 만족을 위한 영사 서비스 체제 구축을 적극적으로 추진 하겠다는 입장을 피력한 후 실천에 옮겼다. 외교관이라면 언제 어디서나 영사 역할을 담당할 수 있도록 적극적인 영사 교육을 실시한 것은 이를 위한 첫 단계 조치였다. 또 외교부 내 차관보급의 재외국민 담당 대사 자 리를 신설한 것도 사고 이후 그의 지시에 따라 이뤄졌다.

그는 유엔 사무총장에 취임하기 위해 한국을 떠나기 직전에는 김선일 죽음에 대한 자신의 가슴 아픈 심정을 솔직하게 토로하기도 했다. 2년 전 보여줬던 평소와는 다른 강한 모습이었다. 뒤늦게나마 고인의 죽음을 안 타깝게 생각하는 배려심을 보인 셈이다.

그는 남에 대한 배려는 철저하게 했으나 자신의 처신에 대해서는 엄격 했다. 1990년대 말 그의 오스트리아 대사 시절의 일화를 돌이켜보면 그 사실을 잘 알 수 있다. 하루는 그가 자신의 집무실로 행정 담당 서기관을 불렀다.

"왜 내 방에는 전화가 한 대밖에 없는 건가?"

"예? 아, 알겠습니다. 한 대 더 설치하라는 말씀이군요. 즉시 그렇게 하겠습니다."

"내 말을 잘 듣게. 전화를 하나 더 설치하는 것은 자네 말이 맞네. 그러 나 전화 요금은 내가 낼 테니 그리 알게."

서기관은 그제야 자신이 왜 불려왔는지를 알 것 같았다. 그는 즉각 지 시대로 대사용 개인 전화를 설치했다. 이후 오스트리아 대사관의 대사

집무실에는 오랫동안 대사 개인이 요금을 내는 대사 전용 전화가 있었다고 한다.

이런 그였으므로 공직을 이용한 축재와는 거리가 멀 수밖에 없었다. 총재산이 20억 원 전후로 적은 것은 아니었으나 30여 년 동안 전세를 전전하다 2000년에야 청약저축을 통해 아파트를 분양받은 것을 보면 비교적 청렴했다고 봐야 한다.

타인에 대한 그의 배려의 정신은 여전히 현재진행형이다. 무엇보다 가족에게 유난히 이 덕목을 강조한다는 점에서 그렇다. 외교부 장관 시절에 치른 큰딸 반선용의 결혼식은 이 덕목에 입각해 치른 대표적인 그의 집안 행사에 해당한다. 당시 그는 한 집안의 가장으로서 꺼내기 쉽지 않은 말을 부인 유순택에게 한다.

"이번 결혼식은 최대한 간소하게 치러야 해. 절대로 주변에 부담을 주면 안 돼. 내 뜻 알겠지. 선용이에게도 내 뜻을 충분히 전달했으니까 이해해주리라고 믿어."

"그래야죠. 당신이라는 분은 항상 그랬으니까요. 가까운 친척 외에는 알리지 않겠어요."

유순택은 당연하다는 어조로 대답했다. 평소 남편의 태도로 볼 때 그렇게 하지 않는 게 이상한 것 아니냐는 투였다.

"그러지도 마. 딱 우리 가족만 참석하면 돼. 청첩장은 아예 만들지도 말고. 공연히 구설수에 올라서는 안 돼. 정부에서도 내 비서관 외에는 아무도 모르고 있어. 그렇게 알고 있으라고."

반기문은 진짜 결혼식 날 비서관조차 대동하지 않은 채 조용히 혼자 결혼식장을 찾았다. 당연히 신랑 측의 축하 하객이나 화환은 많았다. 뚜

렷하게 비교가 될 수밖에 없었다. 신랑 측에서 신부 측의 하객이 거의 없자 신부가 진짜 외교부 장관의 딸이 맞는지 수군거리기까지 했을 정도였다. 다행히 청와대에서 결혼식 30분 전에 어떻게 알고 축하 화환을 보내 겨우 외교부 장관으로서의 체면을 세워줬다고 한다.

말보다 실천을 앞세우는 신흥 명가

주위에 부담을 주지 않는 심성은 둘째딸인 반현희에게 그대로 유전됐다. 그녀는 아버지가 유엔 사무총장으로 선출되기 전부터 유엔 산하 기관인 유엔아동기금에서 근무하고 있었다. 그러나 지금도 주위에는 아버지가 유엔 사무총장이라는 사실을 전혀 알리지 않은 채 현업에 충실하고 있다.

현재 아프리카 일대 사무소에서 근무 중인 것으로 알려진다. 이 점에서는 아들 반우현 역시 오십 보 백 보 아닌가 싶다. 미국 UCLA 대학 경영학 석사 과정을 밟을 때 평소 친하게 사귀던 친구들조차 그가 반기문의 외아들인지 몰랐다고 한다.

모두에서 말한 것처럼 국제사회는 영원한 우방도 적도 없는 잔인한 정글의 법칙이 작용하는 곳이다. 그래서 유엔 같은 기구가 더 필요한지 모른다. 물론 부시 집권 아래 미국이 독주할 때에는 제대로 견제 역할을 하지 못해 존재의 의미에 의문을 잔뜩 불러일으키기까지 했다.

그러나 역설적이게도 바로 그렇기 때문에 남을 배려할 줄 아는 덕목을 가진 사무총장이 더욱 절실하게 요구되고 있지 않나 싶다. 이런 점에서 보면 따뜻한 리더십을 가능케 하는 배려에 관한 한 타의 추종을 불허하는 것으로 국제 외교가에서 유명한 반기문은 준비된 유엔 사무총장이라고 해도 좋을 듯하다.

그리고 그 싹은 그의 집안 교훈으로 볼 때 가정교육에서부터 움텄다고
해도 틀리지 않다.

| 반기문 가계도 |

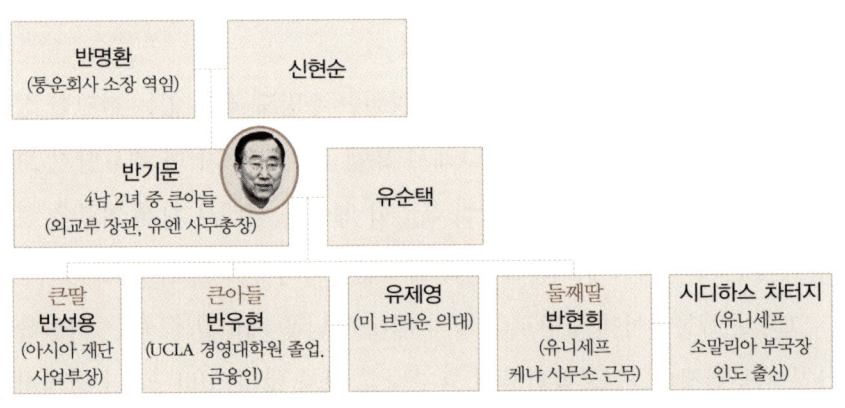

반명환
(통운회사 소장 역임)

신현순

반기문
4남 2녀 중 큰아들
(외교부 장관, 유엔 사무총장)

유순택

큰딸
반선용
(아시아 재단
사업부장)

큰아들
반우현
(UCLA 경영대학원 졸업.
금융인)

유제영
(미 브라운 의대)

둘째딸
반현희
(유니세프
케냐 사무소 근무)

시디하스 차터지
(유니세프
소말리아 부국장
인도 출신)

*반기상(제일은행 지점장, 이사 역임)
*반기호(보험금융감독원 호남 지부장)
*반기하(무역업)
*반경희(약사)
*반정란(초등학교 교사)

네가 하고 싶은 일을
열심히 하며 살아라

사람이 남에게 전혀 폐를 끼치지 않고 자신이 하고 싶은 일을 독야청청 줄기차게 하고 산다는 것은 결코 쉬운 일이 아니다. 아무리 엄청난 돈과 권력을 타고날 때부터 가졌다고 하더라도 크게 다르지 않다. 그 타고난 복을 무뇌아처럼 아무 생각 없이 무작정 즐긴다면 모를까 조금이라도 다른 취향이나 성향을 가지고 있다면 자신의 의지와 관계가 없는 돈과 권력은 정말 애물단지가 아닐 수 없다. 그걸 지키기 위해 노력하지 않으면 안 되니 말이다. 얼마나 괴로울지는 말을 하지 않아도 짐작이 충분히 가고도 남는다.

물론 아무 것도 가지지 않은 사람은 가진 자들보다 훨씬 더 고통이 심할지도 모른다. 무소유 철학을 신앙처럼 가지고 있지 않다면 하고 싶은 일을 하고 싶어도 먹고사는 일에 신경을 써야 하는 운명을 결코 거역해서는 안 되니까 말이다. 이런 사람은 돈도, 권력도, 명예도 다 싫다는 가진 자들의 괴로움을 도무지 알 턱이 없다. 그저 가진 인간들의 배부른 소리라고 화를 내지 않을까 싶다. 따라서 세상에서 가장 행복한 사람은 아무런 심적 부담이나 집착 없이 자신이 하고 싶은 일을 실컷 하고 사는 사람이라고 할 수 있다.

세계적인 고전 《레미제라블》의 저자인 빅토르 위고는 19세기에 활약한 프랑스 시인이며 소설가로 유명하다. 초등학교 다니는 학생들도 대부분 잘 안다. 그러나 그는 잘 알려지지 않은 점도 많은 사람이다. 화가였다는 사실이 이를테면 그렇다. 그는 전문적으로 그림을 배우지 않았다. 그럼에도 300여 점에 이르는 엄청난 작품을 남겼다. 대부분이 당대 거장들의 작품과 비교해도 크게 뒤지지 않는다. 이는 그가 천부적으로 그림에 소질이 있었기 때문에 가능한 일이기는 했으나 무엇보다 자신이 하고 싶은 일을 하고자 했던 의지와도 밀접한 관계가 있다.

사랑보다 더 큰 교육은 없다

그가 이처럼 자신이 하고 싶은 일을 마음껏 하게 된 데에는 어머니의 가르침이 결정적인 역할을 했다고 할 수 있다. 그의 부모는 둘 모두 프랑스의 내로라하는 귀족 가문 출신이다. 그 역시 두말할 것 없는 귀족이었다. 귀족적인 습관이나 취미를 가지는 것이 자연스러운 일로 치부될 수 있었다. 그러나 그는 어렸을 때부터 귀족답지 않게 문학을 좋아했다. 틈만 나면 조용히 시를 쓰면서 창작열을 불태운 것도 다 이런 성향 때문이었다. 학교에 들어가면서부터 그의 문학에 대한 흥미는 더욱 고조됐다. 그러나 당시 문학을 하는 것은 크게 환영받지 못하는 일이었다. 시쳇말로 밥 벌어 먹기가 간단하지 않은 직업으로 연결될 가능성이 높았다. 그를 지도했던 교사는 당연히 그걸 달갑지 않게 생각했다. 제자가 시를 쓰는 것을 막기 위해 일부러 많은 숙제를 내준 것도 다 그런 이유 때문이었다.

그러나 위고의 어머니는 교사의 생각과 완전히 달랐다. 귀족 출신이었음에도 세속의 천박한 시류에 영합하고 싶지 않았다. 더구나 부모로서 아이가 좋아하는 일을 실컷 하게 해주는 것이 진정한 교육이라고 생각했다. 그녀는 어느날 조용히 아들에게 "빅토르, 나는 네가 시를 쓰는 것에 찬성한다. 너는 앞으로 네가 하고 싶은 일을 열심히 하며 살아라. 그게 주변의 다른 사람들이 너에게 하도록 강요하는 것보다 훨씬 좋은 일일 거야"라고 격려를 아끼지 않았다. 조용히 아들을 관찰한 결과 시를 쓰도록 해주는 것이 가장 올바른 선택이라는 결정을 내린 것이다.

그의 어머니는 말로만 그런 것이 아니었다. 아들이 쓰고 싶은 시에 대한 영감을 받을 수 있도록 적극적으로 돕는 것도 잊지 않았다. 어머니의 이런 전폭적인 지원으로 그는 빠른 속도로 발전했다. 15세 때인 1817년에는 《공부의 이로움》이라는 제목의 시로 기성 시인들이 참여하는 경연대회에 참가하기도 했다. 반응 역시 놀라웠다. 대가들의 극찬을 받기에 이른 것이다. 이후 앳된 소년에 불과했던 그의 이름은 파리 전역에 널리 알려지게 됐다.

그의 문학적 천재성은 시간이 지남에 따라 더욱 빛을 발했다. 특히 그는 자신의 재능을 일찌감치 간파하고 그 방향으로 매진하게 해준 어머니의 생일 때면 애정이 넘치는 시를 써서 바치곤 했다. 또 18세 때는 툴루즈 대학에서 주최한 시 경연대회에 참가해 4개나 되는 상을 휩쓸었다. 프랑스에서 인정받는 명실상부한 기성시인이 된 셈이었다. 그 해는 특히 프랑스 정부가 16세기 국왕이었던 앙리 4세의 동상 건립을 추진하면서 거액의 상금을 내걸고 그곳에 새길 시를 공모한 해이기도 했다. 위고는 당연히 그 천재일우의 기회를 놓치지 않겠다고 결심했다. 그러나 호사다마라고 갑자기 예기치 않은 불행이 찾아왔다. 정신적 지주라고 해도 좋을 어머니가 돌연 병으로 쓰러진 것이다. 게다가 병은 갈수록 위중해졌다. 나을 기미조차 보이지 않았다. 그로서는 당초 계획을 포기하지 않으면 안 되는 절박한 상황이었다. 위고는 결국 시 공모에 응하지 않기로 했다. 하지만 어머니는 아니었다. 자주 오지 않을 기회를 놓쳐서는 안 된다는 생각이었다. 그녀는 조용히 병석으로 아들을 불러 "빅토르, 너 시 응모하는 것 어떻게 돼 가니"라고 물었다. 위고는 자신의 생각을 그대로 솔직하게 털어놨다.

"어머니, 저는 어머니를 간호해야 해요. 형을 비롯한 식구들이 돌아가면서 간호를 하고 있는데 제가 어떻게 편히 앉아서 글을 쓰겠어요?"

"너 설마 그걸 포기하려는 것은 아니겠지? 그건 네가 그렇게나 기다리던 일이었는데."

위고는 어머니를 실망시켜서는 안 된다는 생각에 서둘러 대답했다.

"저는 이미 다른 작품을 써서 일반 부문 경연에 응모했어요. 걱정하지 마세요."

어머니는 아들의 말에 가슴이 아팠다. 그러나 그녀는 야윈 손으로 아들의 손을 꽉 잡고 "나는 네가 최고 상을 받기를 원한다. 너는 그럴 능력이 있어"라고 말하는 것을 잊지 않았다.

"이미 늦었어요, 어머니. 내일이 원고 마감일이에요. 어떻게 짧은 시간에 제 마음에 들 만한 훌륭한 시를 쓸 수 있겠어요."

"아니야, 빅토르. 내일이면 절대로 늦지 않아. 몇 편은 족히 쓸 수 있어. 게다가 우편으로 시를 붙여도 충분히 도착할 수 있는 시간이야. 엄마의 병은 걱정하지 마라. 곧 좋아질 거야. 엄마는 어려운 일을 당했을 때 위축되는 사람을 가장 싫어해. 알겠니?"

위고는 격려와 애정이 물씬나는 어머니의 말에 용기를 얻었다. 그 다음에는 거칠 것이 없었다. 바로 어머니의 병상 옆에 앉아 쉬지 않고 시를 썼다. 천재다운 순발력이었다. 이렇게 해서 그는 120행의 장시를 하룻밤 만에 가볍게 완성할 수 있었다.

네가 하고 싶은 일을 하라

6개월 후 위고의 시는 경연 대회 특별상을 받았다. 동시에 어머니의 병도 씻은 듯이 나았다. 이후 그는 어머니의 지원 아래 더욱 자신이 하고 싶은 일에 매진할 수 있었다. 급기야는 소설에서도 일가를 이뤄 불후의 명작 《레미제라블》을 완성했다. 더불어 그림 역시 웬만한 화가들도 엄두를 내지 못할 수준인 300여 점까지 그렸다.

그는 작가로 성공한 다음에는 정치에도 상당한 관심을 기울였다. 그러다가 마침내 나폴레옹 3세의 집권에 반대하는 민중혁명을 일으키고자 했다. 그러나 거사 계획은 실패했다. 그로서는 절체절명의 그 순간 뜻이 맞는 동지들과 망명의 길을 선택하게 된다. 이때 자의반 타의반 선택한 망명지가 다름 아닌 프랑스 해안에서 불과 48Km밖에 떨어지지 않은 영국령 건지 섬이었다. 그곳에서 그는 어머니의 평소 가르침대로 좋아하는 창작 활동에 전념한다. 성과물들도 대단했다. 이곳에 마련한 자신의 집 오트빌 하우스에서 15년 동안 거주하면서 수많은 작품들을 쏟아낸 것이다. 세계최고 명작 《레미제라블》도 이곳에서 탄생했다. 그는 1861년 6월 이곳에서 하고 싶은 일을 마음대로 하는 자신의 심경을 다음과 같이 술회했다. "나는 폭풍을 즐기는 새와 같다. 나는 구름과 바다와 폭풍을 제대로 즐기기 시작했다. 이제 나는 다시는 도시에서 살아가지 못할 것 같다. 바다에 대한 향수병에 걸릴지도 모르니까."

하지만 그는 자신의 생각과는 달리 망명한 지 정확하게 15년 만에 파리로 돌아온다. 1870년 삼촌 나폴레옹 1세처럼 종신 황제가 되고자 했던 나폴레옹 3세의 몰락으로 정치적으로 복권이 된 것이다. 이후 그는 다시 상원의원으로 활동하면서 《끔찍한 해》, 《할아버지가 되는 법》, 《93년》 등의 작품을 집필하는 창작열을 불살랐다.

그는 당연히 샤를, 레오폴딘, 프랑수아, 아델 등 2남2녀의 자식들에게도 어머니가 남긴 가르침을 깊이 심어주기 위해 부단히 노력했다. 언제나 자식들이 흥미를 느끼는 것을 잘 하도록 격려하고 지도하는 노력을 게을리 하지 않았다.

사례 역시 꼽아볼 수 있다. 큰아들 샤를 위고와의 일화가 그렇다. 사실 위고 정도의 대문호라면 아들 중 최소한 한 명은 자신의 뒤를 잇기를 희망할 수 있지 않을까 싶다. 하지만 그는 그렇게 하지 않았다. 일말의 아쉬움을 접고 아들이 자신이 하고 싶은 일을 하도록 격려하고 배려하는 것을 잊지 않았다.

샤를 위고가 자신의 평생을 바치고자 했던 것은 다름 아닌 당시에는 생소했던 사진 예술이었다. 결국 그는 그 방면에서 당당한 일가를 이뤘다. 지금도 사진예술을 전공하는 사람들에게는 그의 이름이 경외의 대상이 될 정도다. 그는 사진 예술을 통해 훗날 자신의 적성과 취미를 이해하고 적극적으로 밀어준 아버지를 위해서도 적지 않은 공헌을 했다. 아버지의 활동 장면을 사진으로 찍어 훗날 그 어느 것보다 귀중한 사료로 남긴 것이다.

손자, 손녀들도 가문의 전통을 그대로 계승했다. 이 중 가장 주목되는 인물은 손녀인 조르주 위고다. 어릴 때부터 뛰어난 실력을 보인 조르주는 그림에 매진해 유화와 소묘에서는 20세기 초반 프랑스 최고 화가로 성장했다. 증손자 중 한 명인 랭 위고 역시 그림에서 성공한 사례에 속한다. 풍경화와 평범한 소시민들의 가정생활을 그리는 화가로 명성을 떨친 바 있다.

이 밖에도 또 다른 증손자인 프랑수아 위고는 금은 공예에서 두각을 나타내 후세에도 가문이 여전히 살아 있다는 사실을 증명했다. 특히 그의 아들인 피에르 위고는 아버지의 가업을 그대로 물려받아 일을 하고 있다. 최근 고조할아버지의 작품 《레미제라블》의 속편에 해당하는 《코제트 혹은 환상의 시대》, 《마리우스 혹은 도망자》를 함부로 집필한 언론인 출신 소설가인 프랑수아 세레사와 7년 동안에 이르는 지적재산권 관련 법적 분쟁을 벌여 화제를 불러일으킨 바 있다.

프랑스 최고 노블레스 오블리주

위고의 후손 중에는 그가 갔던 길을 그대로 따라간 자식들도 없지는 않다. 대표적인 인물이 둘째 딸이자 막내인 아델 위고였다. 아버지의 재능을 그대로 물려받은 것으로 알려진 그녀는 어릴 때부터 작가로 대성할 소질을 보였다. 게다가 아버지의 적극적인 지원도 있었다. 그러나 그녀는 영국에 여행하던 중 현지 군인이었던 알버트 핀슨과 만나 사랑에 빠지면서 인생을 그르치게 된다. 그에게 너무 집착하다 경미하게 앓고 있던 정신병이 더욱 심해진 것이다. 심지어 그녀는 병이 채 낫지 않은 상태에서 전근을 간 핀슨을 만나기 위해 유럽에서 미국까지 배를 타고 가는 모험을 감행하기도 했다. 이 과정에서 그녀의 병은 더욱 치유하기 어려운 상태가 된다. 나중에는 망명지에서 프랑스로 귀환한 아버지를 따라 다시 파리로 돌아오지만. 그녀는 정신병원에서 누구도 알아보기 힘든 암호로 가득한 글을 쓰면서 불운한 일생을 마쳤다. 그녀의 이 비극은 1975년 《아델의 이야기》라는 영화로 제작돼 유럽에서 흥행에 성공했다. 주연은 전성기에는 소피 마르소보다 더 인기를 누렸던 유명한 배우 이자벨 아자니였다.

일반적으로 빅토르 위고는 완고하고 고집 센 문호로 알려져 있다. 이 사실을 뒷받침해주는 사례들도 적지 않다. 자신처럼 귀족 출신 장교가 될 것을 권유한 아버지에게 "저는 군인이 체질에 맞지 않습니다. 문학이 아니면 평생 아무 것도 하지 않겠습니다"라고 말한 것이나 나폴레옹 3세에게 저항하다 망명한 다음 두 번에 걸친 사면령과 끈질긴 귀국 권유를 받았음에도 15년 동안이나 한 귀로 흘려버린 사실은 그의 기질을 무엇보다 잘 보여준다고 해도 좋다. 결혼 역시 크게 다르지 않았다. 어머니의 간곡한 만류에도 불구하고 어릴 때 친구인 아델 포셔와 22세 때 결혼한 것은 확실히 자신이 하고 싶은 일은 기필코 하는 그의 기질에 연유하지 않았나 싶다. 이런 점에서 보면 옥에도 티가 있듯 그의 성격에도 약간의 문제가 있었다고 해도 틀리지 않다.

그러나 그는 84세로 세상을 떠난 다음에 국장으로 장례를 치르는 대우를 받았다. 프랑스를 빛낸 위인들만 묻힌다는 명예의 전당인 팡테옹에 안장됐다. 어디 그뿐인가. 고작 23세의 약관 나이 때는 지금도 세계 최고 영광스런 훈장으로 불리는 레지옹 드뇌르를 수상했다. 계관시인으로 불렸다는 사실을 굳이 들먹일 필요조차 없다. 게다가 그의 자손들은 모두 자신들이 하고 싶은 일을 해 하나같이 프랑스 주류 사회에서 성공했다. 이런 성과는 빅토르 위고가 "네가 하고 싶은 일을 열심히 하며 살아라"라는 어머니의 창조적인 가르침을 실천한 결실이라고 단언해도 좋다.

| 빅토르 위고 가계도 |

세상에 공짜 점심은 없다

부모 로부터 큰 유산을 물려받지 않고 오로지 자신의 힘만으로 사업에 성공하는 것을 일컬어 당대발복이라고 한다. 말이 하기 쉬워 그렇지 이 당대발복은 결코 간단치 않다. 진입 장벽이 상대적으로 높은 미디어 분야에서는 더욱 그렇다. 이탈리아 총리인 실비오 베를루스코니와 호주 출신 미디어 재벌인 미국의 루퍼트 머독 정도가 이 당대발복에 성공한 기업인 반열에 오를 수 있지 않을까 싶다. 특히 뉴스코프라는 미디어 제국을 통해 전 세계 언론을 장악하고 있다는 평가를 받는 이른바 '미디어의 황제' 머독은 그 엄청난 영향력을 고려하면 더욱 그렇다고 봐야 한다.

그가 이렇듯 크게 성공한 비결은 하나 둘이 아니다. 타고난 사업 수완,

남보다 앞서는 혜안, 과감한 인수·합병 등이 아마 그 비결이 아닐까 싶다. 그러나 그를 잘 아는 주위 사람들은 보다 근본적인 비결로 다른 이유를 꼽는다. 바로 사업은 자기 자신이 독립적으로 일궈나가는 것이라는 생각을 어릴 때부터 가졌기 때문이라고. 한마디로 말해 그는 소년 시절부터 당대발복할 수밖에 없는 조건을 가지고 있었다.

미디어 제국을 세운 살아있는 전설

그가 어릴 때부터 이런 독립적 사업 마인드를 가지게 된 것은 당연히 부모의 영향이 절대적이었다. 특히 어머니 엘리자베스 이사벨라 머독의 가르침은 그의 일생을 지배했을 정도로 큰 영향을 미쳤다고 해도 과언이 아니다.

그는 1931년 호주 멜버른에서 남쪽으로 약 50km 떨어진 작은 마을에서 태어났다. 아버지는 종군기자 출신 언론인으로 조그마한 지역 신문의 발행인이었던 키스 머독이었다. 그의 아버지는 4남매 중 유일한 아들인 그에 대한 기대가 남달랐다. 호주에서도 명문으로 명성이 자자했던 지롱 그래머에 입학시킨 것도 다 그런 기대와 깊은 관련이 있다. 그러나 그는 아버지의 기대와는 달리 학과 성적이 그다지 좋지 못했다. 겨우 중위권을 유지할 정도였다. 공부하기를 싫어하고 뜻이 맞는 친구들과 어울리기를 좋아하는 성격 탓이었다. 그럼에도 불구하고 아버지는 아들을 꾸짖지 않았다. 오히려 그런 아들을 감싸고 돌았다. 맹목적인 사랑이 지나쳤다고 할 수 있었다.

하지만 어머니 엘리자베스 머독은 달랐다. 아들에게 대단히 엄격했다. 나쁘게 말하면 혹독했다. 그에게 요구하는 기대 수준 또한 무척 높았다. 목표를 정해놓고 달성하기 위해 노력하도록 아들을 마구 다그쳤다. 그의 아버지는 그렇게 내몰리는 아들이 안쓰러웠다. 가능하면 조금 느슨하게 아들을 대하라고 부인에게 말하기도 했다. 그러나 어머니는 아버지의 만류에도 불구하고 아들을 엄격하게 교육시켰다. 자신의 방을 청소하게 하는 것은 당연했고 시간이 날 때마다 정원을 정성스레 관리하도록 시켰다. 집에 있던 말을 돌보는 것 역시 그의 소관이었다. 그렇지만 어머니는 노동에 대한 대가는 철저히 지불했다. 그녀는 그때마다 "네가 나를 구식 어머니나 잔인한 어머니라고 할지도 모른다. 그러나 너는 훗날 이런 경험이 너에게 큰 도움이 될 것이라는 사실을 깨닫게 것이다. 세상에는 공짜 점심은 결코 없는 법이다. 재물이라는 것은 자신의 힘으로 만들어내는 거야"라고 강조했다. 이에 대해 머독은 일찍이 어느 신문과의 인터뷰에서 "그렇습니다. 나는 어머니가 나에게 요구했던 엄격한 기대 수준이 오늘날의 나를 만들었다고 생각합니다. 제 어머니 말씀대로 세상에는 공짜 점심이 없는 법입니다. 재물이라는 것은 자신이 만드는 것입니다. 자신의 일은 자신이 혼자 완수해야 합니다"라면서 적극적으로 어머니를 옹호하는 발언을 하기도 했다.

부모님의 스파르타식 교육

　어머니는 이 정도에 그치지 않았다. 10세가 넘은 후로는 아들을 더욱 강인하게 만들기 위해 모질게 마음먹고 보다 혹독한 훈련까지 시켰다. 그건 정원에다 지은 작은 오두막 위에서 잠을 자도록 하는 일이었다. 그는 이렇게 해서 추운 겨울을 제외한 봄에서 가을까지 밤만 되면 오두막에서 잠을 자는 생활을 몇 년씩이나 지속하게 했다. 그러나 아버지는 아들이 고생하는 것이 못내 가슴이 아팠다. 종종 그에게 방으로 들어와 자라고 권유했다. 그럴 때마다 어머니는 "제발 참으세요. 나는 루퍼트가 밖에서 자는 게 좋다고 생각해요. 몇 가지 좋은 점을 들어볼까요. 우선 밖에서 자게 되면 루퍼트의 나약한 마음을 굳세게 단련시킬 수 있어요. 또 자연과 어둠에 친숙해지는 것도 배울 수 있어 좋아요. 게다가 혼자 있는 습관을 들이게 되면 아이가 용감해질 수 있어요. 루퍼트를 사랑한다면 밖에서 자게 내버려두세요"라면서 자신의 생각을 끝까지 굽히지 않았다.

머독은 나중에는 어머니의 말대로 진짜 오두막에 사는 습관이 들었다. 오히려 집에서 편안하게 있으면 잠을 자지 못할 정도가 되기에 이르렀다. 독립심을 키워주려는 어머니의 교육이 성공했다고 할 수 있다.

그는 어머니로부터 혹독한 교육을 받은 다음 영국으로 유학을 떠나 옥스퍼드의 우스터 칼리지에서 정치학과 철학, 경제학을 공부했다. 놀랍게도 이때에는 아버지가 어머니를 대신해 그를 혹독하게 교육했다. 자신이 경영하는 신문사 기자를 겸하게 하면서 많은 양의 기사를 쓰게 한 것이다. 아들의 글쓰기 능력을 키워줌과 동시에 기자정신을 키워주기 위해 그런 것이었다. 어쨌거나 아버지 역시 어머니의 교육 방식에 물든 것이 분명했다.

그는 옥스퍼드 시절 사회주의에 심취하는 엉뚱한 면도 보였다. 영국에서는 금기시된 인물인 레닌의 흉상을 기숙사의 방에 놓고 늘 바라볼 정도였다. 행동 역시 그랬다. 공산당에 가입만 하지 않았을 뿐이었다. 따라서 그가 친구들로부터 '레드 루퍼트'로 불린 것은 이상한 일이 아니었다.

그는 그러나 홀로 서서 사업에 성공하기를 바라는 부모의 기대를 저버리지 않았다. 시작은 옥스퍼드 대학을 졸업하고 런던의 대중지인 데일리 익스프레스 수습기자로 첫 발을 내디딘 1952년이었다. 수습기자 딱지를 막 뗐을 즈음, 그는 청천벽력 같은 소식을 들었다. 아버지가 돌아가신 것이다. 그는 급거 호주로 돌아갔다. 이어 부친이 물려준 적자투성이인 '뉴스'와 '데일리 메일'이라는 작은 신문사의 경영에 본격적으로 나섰다. 그의 나이 고작 22세 때였다.

너무 이른 나이에 신문사 운영을 책임지게 된 그는 한때 사회주의에 심취했던 진보적 젊은이답지 않게 전혀 다른 경영 방식을 선보였다. 신문의 색깔을 스캔들, 섹스, 스포츠 등의 뉴스를 다루는 이른바 옐로 페이퍼에 맞춘 것이다. 아마도 세상에 공짜 점심은 없다는 어머니의 가르침이 머릿속에 박혀 그의 마음을 그렇게 움직였는지 모를 일이었다. 오로지 신문 판매 부수 확장만 노리고 채택한 콘텐츠의 연성화 전략은 예상대로 대성공을 거뒀다. 그는 성공의 여세를 몰아 호주의 미디어들을 하나씩 사들였다. 그에게 호주는 너무 좁았다. 완전히 시장을 평정하는 데에는 채 몇 년이 걸리지 않았다. 그는 바로 영국으로 눈을 돌렸다. 곧 일요 신문인 '뉴스 오프 더 월드'와 일간지인 '선', '더 타임스', '선데이 타임스' 등이 그의 먹이가 됐다. 그의 다음 목표는 세계 최고 시장인 미국이었다. 때는 76년이었다. 그의 식탐은 너무나도 왕성했다. 뉴욕 포스트와 폭스 TV를 비롯해 잡지, 방송 등 돈이 되는 것이면 뭐가 됐든 다 먹어치웠다. 상황이 이랬으니 그에 대한 비판의 소리가 나오지 않을 까닭이 없었다. 심지어 호주 사람이 미국 언론을 완전히 초토화시킨다는 비난까지 일었다. 그는 이때 예의 과감한 결단을 다시 내렸다. 국적을 아예 호주에서 미국으로 바꿔 버린 것이다.

국적을 바꾸어 세계를 경영하다

국적 변경이라는 초강수로 걸림돌을 단 한 방에 가볍게 날린 그는 다음 아시아로 눈을 돌렸다. 아니나 다를까 90년 초부터 일본 위성방송인 JskyB 지분과 홍콩 위성방송 스타TV 지분이 그의 손에 속속 들어갔다.

그는 내친 김에 메이저리그 명문 구단 LA 다저스까지 사들인 데 이어 2000년대 들어서는 미국의 자존심인 다우존스마저 인수했다.

현재 그는 미디어와 관련된 총 780종의 사업을 52개국에서 전개하고 있다. 이 정도면 더 이상 사업을 확장할 필요가 없을 만도 하다. 하지만 그렇지 않다. 고이면 썩는다는 진리를 알고 있다는 듯 끊임없는 변신을 시도하고 있다. 대표적인 사례가 2005년 무려 6억달러 가까운 금액을 투자해 마이스페이스닷컴을 사들인 게 아닐까 한다. 닷컴 산업도 미디어 산업이라는 생각으로 과감하게 베팅했다고 해도 좋을 것 같다. 현재 이 회사는 예상 외로 연매출 20억달러의 황금알을 낳는 거위로 훌쩍 성장했다.

그는 자신의 부모가 그랬던 것처럼 장성한 네 명의 자식들에게도 자기 자신의 독립된 힘으로 사업을 이끌어가는 홀로서기를 강조한다. 자녀들 역시 그 가르침을 항상 가슴에 새기고 있다고 한다. 자녀들의 활약상을 살펴보면 진짜 그렇다는 사실을 알 수 있다. 우선 40대 초반인 둘째 딸 엘리자베스 머독의 행보가 딱 그래 보인다. 그녀는 지긋한 나이에 미국으로 사업 기반을 옮긴 아버지와는 달리 뉴욕 맨해튼의 최고 부촌으로 꼽히는 어퍼 이스트사이드에서 자랐다. 학교 역시 뉴욕주 파우킵시에 있는 바사르 칼리지를 졸업했다. 사회생활은 아버지 소유 회사인 영국 위성 방송 브리티시 스카이 브로드캐스팅에서 시작했다. 그러나 그녀는 곧 독립해 샤인이라는 TV드라마 제작사를 영국에 설립했다. 실적 역시 나쁘지 않다. 자체 제작한 드라마인 '슈가 러시'가 2006년 에미상 드라마 부문을 수상하게 된 것이다. 이로 인해 샤인과 엘리자베스는 바로 유명세를 탔다. 그녀는 하지만 여기에 만족하지 않았다. 얼마 후에는 미국 TV 드라마 제작사인 레베이유 프러덕션RP 인수에도 나섰다. 세계 최대 시장인 미국에도 본격 진출하게 된 셈이다. 실제로 그녀의 회사들은 지금 RP를 사들인 시너지 효과로 전체 수입 중 50% 이상을 미국 시장에서 벌어들이는 것으로 알려지고 있다.

지그문트 프로이트의 증손자와 결혼해 한때 언론의 주목을 끌었던 그녀는 미디어그룹 CEO라는 신분에 무색하지 않게 자주 인터뷰에 응하는 것으로도 유명하다. 이때마다 그녀는 "나는 어릴 때부터 독립 기업가로 나서야 한다는 어떤 운명 같은 것을 느끼면서 살았다. 그게 우리 집안 분위기라고 단언할 수 있다. 나는 혼자 힘으로 모든 것을 해결해야 했다. 내가 언제 아버지 회사인 뉴스 코프로 돌아갈지는 아무도 알 수 없다. 하지만 나는 결코 샤인과 RP를 떠나고 싶지는 않다"고 강조한다. 홀로서기를 강조하는 집안 분위기가 자신의 사업에 결정적인 영향을 줬다는 얘기다. 그녀는 자신의 말대로 지난 2009년 초 열린 뉴스코프 이사회에서 결정한 이사 복귀 제의를 즉각 거절했다. 자신이 뉴스코프 이사진에 합류할 경우 샤인과 RP가 법적으로 독립 제작사의 지위를 잃게 돼 BBC, 채널4 등의 방송사가 독립제작사에 제공하는 혜택을 받을 수 없게 되는 현실을 고려한 것이라는 관측이 있기도 했으나 무엇보다 독립 사업에 대한 그녀의 의지가 강했기 때문이 아닌가 한다. 집안의 전통이나 자신의 의지로 미뤄볼 때 그녀의 이런 태도는 상당 기간 계속될 가능성이 크다.

대를 이어 사업을 확장하다

큰아들 라클란 머독의 행보 또한 주목해야 할 것 같다. 현재 30대 후반인 그는 미국 동부 아이비리그 대학인 프린스턴 대학을 졸업한 다음 아버지의 고향인 호주의 뉴스코프 계열사에서 경영 수업을 받았다. 이어 90년대 말 미국에 입성해 뉴욕 포스트의 경영에 나섰다. 이때 그는 발행

부수를 무려 40% 늘리는 경영능력을 발휘했다. 아버지 바로 밑의 부회장으로까지 승진한 것도 이런 실적과 무관하지 않았다. 후계자로 낙점받은 것은 너무나 당연한 일이었다. 그러나 그는 2005년 스스로 부회장 자리를 박차고 나왔다. 호주로 돌아가 자기가 하고 싶은 사업을 하겠다는 것이 사퇴 이유였다. 평소 집안의 가르침인 독립을 강조해온 머독이고 보면 별로 이상할 것도 없다.

이 점에서는 40대 후반인 장녀 프루던스 머독도 크게 다를 게 없다. 아예 처음부터 아버지 회사의 경영과 관련해서는 특별한 관심을 기울이지도 않았다고 한다. 유산 상속의 경우 일정한 지분이 보장돼 있으나 그녀의 태도로 볼 때 자신의 권리를 공개적으로 행사할 것으로 보이지 않는다.

둘째아들인 제임스 머독은 장성한 자녀 중에서 가장 어린 30대 중반이나 누나들과 형의 독립으로 인해 졸지에 후계자 물망에 오르고 있다. 하버드 대학을 중퇴한 그는 20대 중반부터 뉴스코프에서 닦은 경영 수업이 큰 재산으로 꼽힌다. 그의 경영 능력에 대한 평가 또한 후하다. 특히 20대 후반에 경영에 참여한 아시아 TV 채널인 홍콩 스타TV를 그 누구보다도 성공적으로 이끌었다는 평가를 받고 있다. 이 공로로 그는 뉴스코프 유럽 및 아시아 담당 CEO 겸 브리티시 스카이 브로드캐스팅 회장으로 발탁되기도 했다.

뉴스코프는 머독 일가가 주식 중 30% 전후를 보유하고 있는 전형적인 가족 회사다. 루퍼트 머독이 전문 경영인에게 경영을 맡기지 않는 한 그의 사후 자식들 중 누군가가 회사를 책임져야 한다. 이 경우 그가 가장 적임자일 수밖에 없다. 이 점에 대해서는 루퍼트 머독도 공공연하게 강조하고 있다. 그러나 정작 그는 자신이 그렇게 될 것이라는 추측에 대해서는 강하게 부정하고 있다. 자녀 중에서 유일하게 경영에 참여하는 상징성으로 볼 때 그의 말을 액면 그대로 믿을 수는 없겠으나 독립을 강조하는 머독 가문의 아들다운 생각이라고 해도 좋겠다.

재미있는 점은 루퍼트 머독의 세 번째 부인인 웬디 덩까지 남편의 인생관에 영향을 받은 듯 내조에 만족하지 않고 적극적으로 경영에 간여하고 있다는 사실이다. 머독은 큰딸 프루던스의 생모인 첫 번째부인과 사별한 다음 엘리자베스를 비롯해 라클란, 제임스를 낳은 두 번째 부인 애너와 31년을 살았다. 그러나 그는 일과 가정 중에 하나를 선택하라는 부인의 최후통첩을 받고 일을 택했다가 1999년 이혼을 당하고 말았다. 이후 그는 기다리고 있었다는 듯 뉴스코프의 계열사 스타TV 부사장이었던 30대 초반의 웬디 덩과 결혼을 하는 파격적인 결정을 한다. 이후 그녀와의 사이에 여덟 살과 여섯 살짜리 두 딸을 낳는 노익장도 과시했다. 문제는 이 딸들의 존재로 인해 세 번째 부인 웬디 덩이 재산 분배와 관련된 문제에서 적극적으로 변했다는 사실이다.

사실 원칙대로 하면 루퍼트 머독의 어린 두 딸은 아버지 회사의 지분을 상속받을 권리가 없다. 머독의 두 번째 부인인 애너가 이혼 당시 뉴스코프 주식의 지분을 장성한 네 자녀에게만 물려준다는 내용을 조건으로 내걸었고 그 또한 이를 수락했기 때문이다. 당연히 젊은 나이에 아버지뻘 되는 남편의 딸을 두 명씩이나 낳은 웬디 덩으로서는 이 약속을 탐탁지 않게 생각할 것이다. 남편을 들들 볶았을 것이라는 추측은 굳이 보지 않아도 뻔하다. 결국 머독은 자신의 약속을 번복해 법적으로 아무 문제 없이 두 명의 어린 딸에게 재산을 상속할 수 있는 방안을 최근 마련한 것으로 알려지고 있다. 장성한 자녀들의 반발은 당연할 수밖에 없었다. 게

다가 웬디 덩의 뉴스코프 내에서의 발언권은 점점 강해지고 있다. 부회장 자리를 박차고 독립을 선언한 라클란의 행보는 반발의 여파라는 분석은 그래서 설득력이 전혀 없지도 않다. 뉴스 코프가 지역이나 업종별로 뿔뿔이 갈라질 가능성이 제기되고 있는 것 역시 마찬가지다.

공짜 점심은 없다

그러나 현 상황에서 볼 때 80세를 바라보는 루퍼트 머독이 은퇴할 가능성은 거의 없다. 이는 그가 수년 전 "내 어머니가 아직까지 살아계신다. 100세를 넘으셨다. 나도 아마 수십 년은 더 살 것이다. 그때까지 은퇴라는 것은 없다. 공짜 점심은 없다는 사실을 나는 한시도 잊어본 적이 없다"고 말한 데에서도 알 수 있다. 더구나 웬디 덩의 자녀들은 아직 어리다. 단기간에 회사가 분할될 가능성은 없다. 그럼에도 역시 화합이 쉽지 않을 것 같은 남매들의 엄청난 나이 격차, 독립을 강조하는 가문의 전통 등을 감안하면 뉴스코프의 분할은 언젠가는 이뤄질 가능성이 크다. 심지어는 필연적이라는 전망도 없지 않다.

루퍼트 머독은 다른 재벌들 상당수가 그렇듯 완전히 극과 극의 평가를 받고 있는 인물이다. '21세기 경영의 승자', '존경받을 만한 사업 수완의 소유자'라는 찬사가 무엇보다 그렇다. 이와는 반대되는 비판 역시 찬사의 강도만큼이나 혹독하다. '민주주의를 위협하는 인물'이라거나 '지구촌의 정보통신부 장관'이라는 혹평 등이 대표적으로 꼽힌다. 그러나 방법이야 어쨌든 그가 자기 자신의 능력으로 거대한 미디어그룹을 구축했고 엄청난 돈을 번 것 또한 분명한 사실이다. 그리고 그의 자녀들이 아버지의 후광과 지원으로 출발선상이 다르기는 했으나 독자적으로 각자 사

업을 이끌고 가는 것도 부인하기 어렵다. 인정할 부분은 인정해야 한다
는 얘기이다. 루퍼트 머독 가문을 존경하는 것까지는 몰라도 그들의 정
신만큼은 배울 가치가 있는 덕목으로 간주해야 하는 이유는 이로 보면
분명해진다.

| 머독 가계도 |

명가의 탄생

감동으로 엮은 리세스 오블리주 이야기

초판 1쇄 인쇄 | 2009년 10월 30일
초판 1쇄 발행 | 2009년 11월 10일
지은이 | 홍순도
펴낸이 | 김정동
펴낸곳 | 서교출판사

주소 | 서울시 마포구 합정동 385-22(가나다빌딩 2F)
전화 | 3142-1471(대)
팩스 | 3142-8225
등록번호 | 제10-1534호

Email | seokyodong1@naver.com
홈페이지 | www.skbook.net

ISBN 978-89-88027-79-0 03320